부모가 된다는 것의 의미를 생각하게 됩니다.
겉은 어른이지만 내면에 자리 잡은, 때로는 상처입고,
때로는 덜 자란 어린아이가 진정한 어른으로 성장하는 것.
이렇게 부모가 되어가는 과정을 〈60분 부모〉가 함께합니다.

7년 여의 시간 동안 대한민국 부모들과 함께한 EBS 〈생방송 60분 부모〉.
앞으로도 〈60분 부모〉는 대한민국 모든 아이에게 또 하나의 부모가 되어
이 땅의 모든 부모와 함께 아이들을 키울 것이다.

EBS 60분 부모 - 성장 발달 편

초판 1쇄 발행 2010년 1월 28일
초판 22쇄 발행 2020년 4월 10일

지은이 | EBS 〈생방송 60분 부모〉 제작팀
책임감수 | 김수연
발행인 | 윤호권

임프린트 대표 | 김경섭
기획편집 | 정은미 · 정상미 · 정인경 · 송현경 · 김하영
디자인 | 정정은 · 김덕오
본문구성 · 정리 | 同 글, 남정희 · 김미연
마케팅 | 윤주환 · 어윤지 · 이강희
제작 | 정웅래 · 김영훈

발행처 | 지식채널
출판등록 | 2008년 11월 13일 (제321-2008-00139호)
주소 | 서울특별시 서초구 사임당로 82 (우편번호 137-879)
문의전화 | 편집 (02) 3487-1151, 영업 (02) 3471-8044

ISBN 978-89-527-5681-7 (13590)
      978-89-527-5680-0 (SET)

이 책의 내용을 무단 복제하는 것은 저작권법에 의해 금지되어 있습니다.
파본이나 잘못된 책은 구입하신 곳에서 교환해드립니다.
이 책은 EBS와의 출판권 설정을 통해 EBS 〈생방송 60분 부모〉를 단행본으로 엮었습니다.

ⓒ 2010, EBS

아이와 부모가 함께 성장하는
대한민국 대표 육아 안내서

EBS 60분 부모

성장 발달 편

EBS 〈생방송 60분 부모〉 제작팀 지음

지식너머

추천의 글

아이와 부모가 함께
성장하는 자녀교육서

2004년 초 무렵이었습니다. 그날은 〈생방송 60분 부모〉에서 양육 스트레스를 주제로 방송을 하고 있었습니다. 전화 연결을 통해 상담을 신청한 엄마는 양육 스트레스 때문에 아이가 잘못을 저지를 때마다 너무 많이 때렸다며 울먹이는 목소리로 죄책감을 토로했습니다. 그때 그 엄마에게 들려준 말이 있습니다.

"아이에게 잘못했을 때에는 미안하다고 꼭 사과하자. 그리고 아이가 나의 부족함을 알고도 나를 엄마로 선택하고 내게 와 주었음을 기억하자. 엄마인 내가 최선을 다할 때 아이는 나의 부족함으로 인한 상처를 극복해나갈 수 있다고 믿어야 한다."

과학적으로 증명할 수는 없지만 이 조언은 육아에 지쳐 고통스러워하는 엄마들에게 커다란 울림을 선사했습니다.

아이가 양육과 교육을 받아야 하는 이유는 아이는 스스로 문제를 해결하는 능력은 부족하지만 자기중심적으로 판단하고 행동하는 존재이기 때문입니다. 피곤

한 엄마와 회사에서 힘들었을 아빠의 상황을 배려할 수 없는 자기중심적인 사고를 하는 존재가 '아이', 특히 '영유아기의 아이들'입니다. 우리 사회는 이렇게 자기중심적인 존재를 더불어 살아갈 수 있는 성품을 지닌 존재로 성장시키는 책임을 모두 '부모'에게 지우고 있습니다. 그렇기 때문에 그 책임을 다하지 못하고 아이에게 윽박지르고 체벌을 가하는 부모는 자괴감으로 힘들어하게 마련입니다.

생방송으로 진행되는 〈60분 부모〉는 어렵고 힘든 육아를 감당하는 우리 사회의 초보 부모들에게 친정엄마와 같은 다정한 멘토가 되기 위해 태어났습니다. 마냥 사랑스럽다가도 극도로 자기중심적이 되어 울고 떼쓰는 아이를 키우기란 즐겁고 행복하기만 한 일은 아닐 것입니다. 〈60분 부모〉는 아이를 키우면서 겪어야 할 부모의 고통과 자책, 고민 등을 마음 깊이 이해하고, 각 가정에 필요한 실질적인 도움을 주기 위해 마련한 프로그램이었습니다.

월요일부터 금요일까지, 매일 오전 10시 생방송을 위해 아침 일찍 잠이 덜 깬 아이를 들쳐 업고 방송국으로 달려와야 했던 부모들, 같은 시각 자기 아이들을 부모님이나 어린이집에 맡기고 방송국으로 향해야 했던 PD와 작가들, 누구보다 일찍 도착해서 방송을 준비하고 방송 중에는 출연자의 아기를 대신 돌봐야 했던 스태프들, 낯선 스태프 이모들과 방송이 끝날 때까지 엄마를 기다려야 했던 아이들, 아이 어머니의 표정과 전문가의 멘트를 생생하게 화면에 담기 위해 애써준 카메라 감독에 이르기까지, 모두가 아이들의 엄마, 아빠라는 심정으로 프로그램을 제작했습니다. 지난 7여 년 간 매일 아침, 방송이 지속될 수 있었던 원천에는 제작진과 출연진, 그리고 시청자 사이에 '부모라는 공감대'가 있었기 때문이었습니다.

언젠가 건강상의 이유로 방송을 그만두고 싶었습니다. 그때 한 작가가 저에게 했던 말이 있습니다. "아이 키우는 일은 고통스럽고 힘들다. 그나마 〈60분 부모〉의 도움을 받을 수 있는 출연자들은 다행이다. 하지만 우리 도움을 받을 수 있는 부모는 한정되어 있다. 방송에 출연할 수도 없고 전문가의 상담을 받을 수도 없는 우리나라의 구석지고 외딴 곳에 사는 엄마, 아빠는 이 방송을 통해 도움을 받고 희망을 얻는다. 이런 엄마, 아빠를 위해 힘들어도 방송을 지속해나가야 하지 않겠는가"라고 말입니다. 방송을 준비하는 PD와 작가는 이 사회 구석구석의 모든 아이가 행복하게 성장할 수 있도록 고민하는 사람들이었습니다.

이렇게 많은 이들의 수고로 제작된 방송 프로그램에 출판사의 노고가 더해져 한 권의 책으로 선보이게 된 것은 진심으로 환영할 만한 일입니다. 책이라는 매체는 방송을 접하기 힘들었던 사람들에게까지 도움을 줄 수 있습니다. 그런 의미에서 이 책의 출간은 프로그램 제작에 참여하는 전문가의 한 사람으로서 무척 기쁨을 느끼게 해주는 일입니다.

아이를 키우는 일은 어렵고, 지치고, 힘든 일의 연속입니다. 좋은 육아법이란 양육자의 고민과 고통을 이해하고 어떻게 문제를 해결해 나갈지 냉철하게 분석하여 현실적으로 가능한 해결방법을 제시해주는 것입니다. 무조건 아이에게 어떻게, 무엇을 해주어라 부모를 다그치기보다, 엄마와 아빠가 역할을 어떻게 분담하고 가족과 이웃에게 어떻게 도움을 구하며 내가 사는 지역사회에서 제공받을 수 있는 프로그램은 무엇인지 알아보고 어떻게 활용해야 하는지까지도 구체적으로 가이드해줄 수 있어야 합니다.

EBS〈생방송 60분 부모〉가 많은 사람들에게 도움이 되었듯이 이 책을 통해 부모들이 자신에게 맞는 육아법을 찾아갈 수 있는 좋은 기회가 되기를 기대합니다. 완성된 부모가 아이를 키우는 것이 아니라 부모 역할을 감당하기에 부족했던 사람이 주위의 도움을 받으며 지혜로운 부모로 성장해가는 것입니다. 『EBS 60분 부모 – 성장 발달 편』은 우리나라 부모들이 현명한 부모로 성장하는 길에 좋은 길잡이가 되어줄 것입니다.

2010년 1월 18일, 서대문의 연구소에서

아기발달 전문가 김수연

여는 말

〈60분 부모〉가 우리에게 주는 의미

"엄마, 오늘도 회사 가?"

"응"

"엄마가 회사 안 가면 좋겠다. 엄마랑 헤어지기 싫은데"

"엄마도 헤어지는 거 싫어. 그래도 토요일이 되면 엄마가 회사 안 가고 함께 놀 수 있잖아. 그때 많이 놀자"

토요일이라는 말만 듣고도 아이 얼굴에 행복한 미소가 번집니다. 매일 아침마다 반복되는 네 살 된 둘째아이와의 대화입니다. 사실, 토요일이 되면 저도 집에서 편히 쉬고 싶습니다. 하지만 아이의 투정을 부드럽게 받아넘길 수 있는 것은 바로 EBS 〈생방송 60분 부모〉 때문입니다.

몇 해 전, 모신문사와의 인터뷰에서 저를 키워낸 것은 8할이 어머니라고 말한 적이 있습니다. 어머니가 들으시면 섭섭해 하시겠지만, 이제 그 말을 수정하려고 합니다. 5할은 어머니가 키워주셨지만 나머지 저를 키운 5할은 바로 〈60분 부모〉

라고 말입니다.

제가 〈60분 부모〉를 처음 만난 건 2003년. 큰아이가 네 살 때였습니다. 아이는 제법 말을 잘 하게 되어 충분하게 의사소통을 할 수 있었고 서서히 주도성을 발휘하면서 어른의 시각으로는 이해하지 못할 행동을 하기 시작했지요. 그리고 어린이집에 다니게 되었습니다. 자연스레 아이의 성장과 발달, 아이와 엄마를 둘러싼 양육환경, 그리고 현재 우리나라의 보육시스템은 저의 주관심사가 되었습니다. 그래서인지 시청자들과 나눌 얘기가 참 많았습니다.

프로그램은 일이기도 했지만 곧 저의 삶이었습니다. 제 문제였기 때문에 절실했고 지루할 틈이 없었습니다. 첫 아이를 낳은 엄마들이 새로운 시청자가 되었고, 기존에 있던 시청자의 아이들이 자랐습니다. 그때마다 아이들의 성장과 발달단계에 대해 친절히 안내해야 했고, 아이들의 행동을 이해하지 못하는 부모에게는 아이 행동에 담긴 속마음을 알려주어야 했습니다.

결혼을 한다는 것, 부모가 된다는 것에 대해 제대로 배워본 적이 없는 초보 부모들에게 '제대로 부모되기'는 피할 수 없는 당면과제였고 매일매일 부딪치는 문제였습니다. 아이를 키우는 일은 오로지 엄마의 몫이라 여겨지는 상황에서 〈60분 부모〉는 감히 엄마들의 '사회적 부모'가 될 것을 목표로 출발했습니다.

육아는 정말 쉽지 않습니다. 수학공식처럼 A와 B를 곱한다고 AB가 얻어지지 않습니다. 공식처럼 주어지는 '육아정보'는 다양한 아이의 기질, 아이를 키우는 부모의 방식, 주어지는 주변 환경으로 인해 조금씩 어긋나기 시작하지요. 결국 내 아이와 똑같은 사례, 나와 똑같은 육아고민은 어디에도 존재하지 않습니다. 그렇다고 아주 사소한 것까지 전문가를 찾아다니며 물어볼 수도 없는 노릇입니다. 부모들은 방송에 출연하여 자신의 이야기를 털어놓고, 전문가에게 1시간 동안 속 시원하게 상담을 받았습니다.

상담은 부모가 가지고 나온 '문제' 하나만을 다루지 않고 눈에 보이는 아이의 문제, 육아 갈등뿐 아니라 부모가 가지고 있는 고민까지 접근했습니다. 이런 과정을 통해서 출연 부모들은 고민에 대한 근본적인 해답을 얻게 되었지요. '내가 왜 육아를 힘들어했는가?' '우리 아이는 왜 이런 행동을 한 것일까?' '나는 왜 남편을 이해할 수 없었던가' '우리 아이는 왜 이렇게 발달이 늦는가?' '아이를 위해 내가 해야 하는 일은 과연 무엇인가?' 등 눈앞에 보이는 표면적인 문제가 아니라, 문제를 정말 문제로 만들었던 '그것'에 대한 해답을 스스로 찾아가는 계기가 되었습니다.

어느새 프로그램이 시작된 지 7년이 되었습니다. 그동안 많은 아이와 엄마 그리고 아빠를 만났습니다. 하나부터 열까지 육아가 어렵다는 스무 살 초보 엄마 윤지 씨, 방송 이틀 전 가족의 반대에 부딪혀 출연을 할 수 없었던 민철이 엄마, 아이 셋을 혼자 힘으로 키우면서 날마다 술을 마시게 된다는 남현 씨, 남편의 폭력과 경제적 압박으로 하루하루를 전전긍긍하며 살던 스물다섯 성민 씨, 쌍둥이를 키우며 하루에도 몇 번씩 3층 계단을 오르내리느라 끼니를 제때 못 챙기는 은미 씨, 두 돌이 넘도록 아이가 걸음마를 떼지 못해 무던히도 애를 태우던 윤하 엄마

등 기억에 남는 분들이 참 많습니다.

　육아의 어려움에 고민하고 힘들어하던 이분들을 '어머니의 마음'으로 살펴주셨던 김수연 선생님을 비롯하여 그동안 EBS 〈생방송 60분 부모〉를 마음으로, 정성으로, 사랑으로 채워주셨던 선생님들께 이 자리를 빌어 감사인사를 전합니다.

　2010년의 어느 날, EBS와 출판사가 뜻을 모아, 정성껏 〈60분 부모〉를 책으로 만들었습니다. 지금까지의 〈60분 부모〉를 책으로 엮어내는 일은 지난 〈60분 부모〉의 따뜻한 공감을 기억하고 싶은 부모나 여건상 방송을 볼 수 없었던 부모에게는 꼭 필요한 일이었습니다.

　프로그램에서 그랬듯이, 구체적인 상황에 대해 전문가들의 조언과 해법을 꼼꼼하게 정리하였으니 많은 부모들이 아이를 키우면서 도움을 받게 되리라 믿습니다. 아이 젖 먹이느라, 집안일 하느라, 뒤늦은 아침식사를 하느라, 직장일 하느라 미처 챙겨보지 못한 분들께 더 소중히 쓰여지길 바랍니다. 곁에 두고, 엄마에게 묻듯이 그렇게 책을 보시면 좋겠습니다. 방송에 출연했던 부모들이 육아 고민을 해결했던 것처럼, 이 책이 초보 부모들에게 육아의 대장정에서 든든한 나침반이 되리라 생각합니다.

　10년 차 엄마가 되었지만, 아직도 저는 '부모'라는 말이 버겁습니다. 아이를 낳은 것만으로 부모가 되는 것은 아니겠지요. 어떤 책에서는 아이를 키우는 일을 '난장판'이라고도 표현했고, '엄마는 미친 짓'이라고까지 말하고 있습니다. 그만

큰 부모노릇에는 역할과 책임이 뒤따른다는 얘기일 겁니다. 하지만 지금까지 잘 해오셨던 것처럼, 앞으로도 잘 해내실 수 있을 거라 믿고 멀리서나마 응원을 보냅니다. 항상 〈60분 부모〉가 여러분과 동행하겠습니다.

EBS 〈생방송 60분 부모〉의 제작진을 대표하여

강영숙 PD

방송을 통해 얻은 부모와의 소중한 공감대를 책을 통해 다시 만들어갑니다.

『EBS 60분 부모 – 성장 발달 편』을 만든 사람들
EBS 〈생방송 60분 부모〉 제작팀

프로듀서

안재희
대표작_EBS 〈생방송 60분 부모〉 〈세계의 도시〉 〈세계의 가정교육 – 이스라엘〉 〈교육의 용기-발도르프학교〉 〈러시아 과학교육〉 등

김혜영
대표작_EBS 〈생방송 60분 부모〉 〈생방송 톡톡 보니하니〉 〈튀는지식 – 팝콘〉 등

강영숙
대표작_EBS 〈생방송 60분 부모〉 〈육아일기〉 〈21세기 여성특강〉 등

방송 작가

박선주
대표작_EBS 〈생방송 60분 부모〉 KBS 〈영상기록 병원 24시〉 MBC 〈피자의 아침〉 등

류문진
대표작_EBS 〈생방송 60분 부모〉 〈TV 우리집 주치의〉 KBS 〈건강365일〉 〈무엇이든 물어보세요〉 등

김희정
대표작_EBS 〈생방송 60분 부모〉 〈명의〉 〈하나뿐인 지구〉 〈대한민국 어린이〉 등

정정임
대표작_EBS 〈생방송 60분 부모〉 〈생방송 톡톡 보니 하니〉 KBS 〈아침마당〉 〈한국 한국인〉 등

이선영
대표작_EBS 〈생방송 60분 부모〉 SBS 〈잘 먹고 잘 사는 법〉 KBS 〈도전 지구 탐험대〉 등

송 화
대표작_EBS 〈생방송 60분 부모〉 〈하나뿐인 지구〉 MBC 〈지구촌기행〉 〈세계로 가는 테마여행〉 등

전문가와 함께

최고의 육아 전문가들,
흔들리는 부모 곁으로 다가오다

각계 전문가들이 선사하는 따뜻한 공감
육아에 대한 자신감을 불어넣다

　'내 아이는 잘 자라고 있을까' 하는 사소하지만 중요한 발달 문제, '아이 공부는 어떻게 가르쳐야 하나' 하는 교육 문제, '도대체 우리 아이는 왜 그럴까' 할 만큼 부모가 제어할 수 없는 아이의 문제행동, '우리 아이 건강에 문제는 없을까?' 하는 아이 건강은 물론 '우리 부부 이렇게 살아도 될까'라는 부부 고민까지, 〈60분 부모〉는 7여 년 간 다양한 주제를 깊이 있게 다뤄왔다. 그동안 200여 명이 넘는 전문가가 출연해 부모들을 직접 만나고 그들의 육아에 자신감을 불어넣었다.

　요즘 부모들은 '죄책감'이 너무 많다. 육아에 대한 의식이 높아지다 보니 지나치게 '자기 탓'을 많이 하고, 쉽사리 자신감을 잃는다. 〈60분 부모〉가 부모들에게 찾아주려고 하는 것은 육아에 대한 자신감이다. 전문가는 부모의 잘못된 육아방식을 교정해주기보다는 부모가 처한 상황에서 어떻게 자신감을 회복하고 아이를 올바르게 키울 것인가에 초점을 둔다. 그렇기 때문에 출연한 부모와 아이를 뼛속 깊이 이해하고 공감하는 것을 최우선으로 한다.

〈60분 부모〉에 참여하는 전문가들은 사명감이 대단하다. 부모 교육을 시작한 지 얼마 되지 않은 우리나라에서 그들도 초보 부모의 세세한 고민을 잘 몰랐고, 초보 부모에게 꼭 필요한 정보를 이해하기 쉽게 풀어서 제공하지 못했기에 방송으로라도 부모에게 정보를 전달하는 것이 필요하다고 느꼈다. 그런 까닭에 EBS 〈생방송 60분 부모〉는 부모 교육 프로그램으로는 가장 오랫동안 방송되었고, 그에 걸맞게 최고의 전문가들이 출연했다. 소아청소년과 전문의, 소아정신과 전문의, 정형외과 전문의, 안과 전문의, 소아이비인후과 전문의, 한의사, 유아교육학과 교수, 놀이치료 전문가, 아이 발달 전문가, 부모교육 전문가, 임상심리 전문가, 상담심리 전문가, 뇌과학 전문가 등 나열할 수 없을 정도로 많은 전문가들이 출연했다. 전문가들은 다양한 측면에서 독특한 특성을 지닌 요즘 부모들을 누구보다 잘 이해하고 어루만졌다. 〈60분 부모〉는 부모들이 간절히 원하는 정보를 가장 신뢰할 만한 전문가의 입을 빌려 전하면서 초보 부모에게 최고의 멘토가 되어왔다.

방송과 책에서 부모의 성장을 함께해주신 전문가들 (가나다순)

- 구성애 (성교육 전문가, 사단법인푸른아우성 대표)
- 김달래 (한의학 박사, 동서신의학병원 사상체질학과 전문의)
- 김수연 (아기발달 전문가, 김수연아기발달연구소 소장)
- 김영훈 (가톨릭대의과대학 소아청소년과 교수, 의정부가톨릭성모병원 병원장)
- 노건웅 (소아알레르기 전문의, 서울알레르기클리닉 원장)
- 배정원 (배정원의행복한성연구소 소장)
- 서유헌 (서울대의과대학 교수, 인지과학연구소 소장)
- 오은영 (신경정신과 전문의, 오은영소아청소년클리닉 원장)
- 유미숙 (숙명여자대학교 아동복지학과 교수)
- 유태우 (가정의학과 전문의, 신건강인센터 소장)
- 윤태익 (인하대학교 교양학부 교수, 의식발전소 소장)
- 이보연 (아동심리전문가, 이보연아동가족상담센터 소장)
- 이영애 (놀이치료 전문가, 원광아동상담센터 소장)
- 정지행 (한의학 박사, 정지행한의원 원장)
- 조선미 (아주대의과대학 소아정신과 교수)
- 차동엽 (신부, 인천가톨릭대학교 교수, 미래사목연구소 소장)
- 하정훈 (소아청소년과 전문의, 하정훈소아청소년과 원장)

■ 전문가와 함께

대한민국 대표 부모교육 프로그램, 책으로 만나다

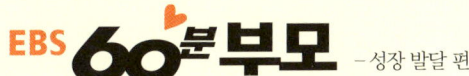
— 성장 발달 편

『EBS 60분 부모 - 성장 발달 편』은 아이 발달 정보를 담은 '부모교과서'로 구성되어 0~6세까지 영유아의 행복한 육아를 위해 꼭 알아야 하는 정보들로 꾸몄다. 양육환경, 아이의 기질, 발달에 대한 이해, 아이의 욕구를 읽는 법, 먹이는 법, 재우는 법, 씻기는 법, 애착을 형성하는 법, 오감놀이를 하는 법, 어린이집 보내는 법, 또래관계 시작하는 법, 건강이상 체크하는 법, 동네 소아청소년과 이용하는 법, 아픈 아이 돌보는 법, 성교육하는 법 등의 주제로 이루어졌다.

※ 이 책은 2003년부터 2009년까지 EBS〈생방송 60분 부모〉의 방송 중에서 좋은 부모 되는 법과 영유아의 전반적인 성장 발달에 관한 내용을 담고 있습니다. 글의 이해를 돕기 위해 나온 다양한 사례는 주제에 따라 재구성하였으며 육아 지침은 전문가의 자문을 거쳐 추가 집필하였습니다.

추천의 글	아이와 부모가 함께 성장하는 자녀교육서 ■4
여는 말	〈60분 부모〉가 우리에게 주는 의미 ■8
전문가와 함께	최고의 육아 전문가들, 흔들리는 부모 곁으로 다가오다 ■14

PART 1 부모 될 준비하셨나요?

부모 공감 편지 ■26

01 부모가 되기 위한 첫걸음 ■27
한 아이의 부모가 되기까지 | 올바른 양육해법 어디에서 찾을까 |
맞벌이 부모는 2인3각 주자이다

02 좋은 엄마, 좋은 아빠가 될 준비 ■36
초보 부모의 마음은 똑같다 | 아이는 부모의 거울 |
맞벌이 엄마, 이왕이면 즐겁게 일하라 | 이 세상에 완벽한 부모는 없다

03 진짜 부모가 된다는 것 ■46
부모 역할은 어디까지일까 | 부부관계부터 체크하라

Bonus Page
결혼한 순간 우리는 이미 부모입니다 — 조선미 교수님의 지상 강좌   ■54

 **PART 2 세상 밖으로 나온 내 아이**

부모 공감 편지 ■60

01 아이의 탄생, 육아의 시작 ■61
아이가 주는 행복의 크기 | 아이는 부모의 소유물이 아니다

02 아이에게 필요한 양육환경 ■65
양육환경이란 무엇인가 | 아이는 어떤 양육환경을 원할까 |
엄마의 불안은 아이에게 전염된다

03 아이의 기질과 발달 사이 ■80
발달에는 순서가 있다 | 기질은 타고난다 | 기질일까, 발달문제일까 |
기다릴 줄 알아야 한다

Bonus Page
제멋대로 키운 아이, 더 크게 성공한다 —윤태익 교수님의 지상 강좌   ■94

 **PART 3** 힘내라,
육아의 전진 단계

부모 공감 편지 ■ 102

01 아이를 알면 육아가 보인다   ■ 103
육아 공포에서 탈출하기 | 과잉육아는 금물이다 | 육아는 자기 훈련 과정이다

02 초보 엄마를 위한 육아의 기초   ■ 111
아이가 원할 때 먹여라 | 이유식, 모유 수유와 재우기에 달렸다 | 왜 아이는 자지 않고 보챌까 | 잠자리의식으로 수면습관을 들여라 | 반응하고, 자극하고, 놀아줘라

03 부모와 아이의 소중한 언어, 애착   ■ 130
아이의 욕구를 읽자 | 자식 사랑에는 조건이 없다 | 민감성이 애착형성의 노하우다

04 늦되거나 빠르거나 – 김수연 소장님의 1:1 상담   ■ 141
목가누기가 안 되는 7개월 아이 | 기지 않는 10개월 아이 | 너무 빨리 걸은 10개월 아이 | 부모의 재롱에 반응이 없는 11개월 아이 | 서지 못하는 15개월 아이 | 잘 안 먹고 못 걷는 17개월 아이 | 말이 늦은 20개월 아이 | 걷기도 늦고 말도 늦은 23개월 아이 | 운동능력은 좋은데 말이 늦은 26개월 아이 | 말이 늦고 혼자 노는 28개월 아이 | 말은 잘하는데 운동발달이 느린 29개월 아이 | 몇 마디 말밖에 하지 못하는 33개월 아이

Bonus Page
엄마가 알아야 할 아이 발달의 핵심 포인트 – 김수연 소장님의 지상 강좌   ■ 196

PART 4 나도 아이를 잘 키우고 싶다

부모 공감 편지 ■ 208

01 아이 두뇌의 놀라운 비밀 ■ 209
아이 두뇌는 정말 스펀지일까 | 만 3세 전에 오감각을 자극하라 |
학습이 아니라 놀이로 하라 | 두뇌발달에 좋은 장난감, 그림책 고르기 |
체험교육이 성장의 발판이다

02 바깥세상으로 나간 아이 ■ 227
또래관계, 어떻게 시작할까 | 새로운 세상에 눈뜨게 하라 |
아이의 탐험과정을 지켜봐라 | 항상 공부하는 엄마가 되어라

Bonus Page
부모가 꼭 알아야 할 두뇌강화 10계명 −서유헌 교수님의 지상 강좌 ■ 242

PART 5 우리 아이, 건강 주치의

부모 공감 편지 ■ 250

01 아이 건강의 기초 다지기 ■ 251
신체발달을 정기적으로 체크하라 | 건강 이상신호에는 어떤 것이 있나 |
동네 소아청소년과, 제대로 활용하자

02 건강은 식탁에서 시작된다 ■ 259
소아비만 부르는 정크푸드는 치워라 | 잘못된 식습관, 이렇게 바로잡자

03 잔병치레에서 벗어나려면 ■ 268
잔병치레 잦은 우리 아이, 혹시 허약체질 아닐까 |
약이 아니라 기초건강을 챙겨라 | 증상별 아픈 아이 돌보기

04 아이 괴롭히는 고질병, 어떻게 해야 할까 ■ 283
아토피, 임신 전부터 대비하라 | 원인을 알면 치료할 수 있다 |
아토피에 지지 않으려면

05 올바른 성교육의 시작 ■ 294
성교육은 인성교육이다 | 아이가 물을 때 시작한다 |
내 아이가 자위행위를 했다! | 성폭력에서 벗어나려면

Bonus Page
체질을 알아야 건강하게 키울 수 있다 – 김달래 사상체질 전문의의 지상 강좌 ■ 306

PART 6 달라지는 육아, 부모의 선택

부모 공감 편지 ■ 316

01 육아, 교육에도 유행이 있다 ■ 317
정보 홍수 속에서 내 것 찾기 | 좋은 교육기관, 어떻게 찾을까

02 부모의 소신 있는 선택 ■ 323
흔들리지 않는 육아의 방향을 잡아라 |
영유아기, 부모의 양육관을 세워라

03 아이는 스스로 자란다 ■ 329
아이 능력을 믿어라 | 행복한 부모가 행복한 아이를 만든다

<u>Bonus Page</u>
부모의 비교병이 아이를 병들게 한다 — 유태우 소장님의 지상 강좌   ■ 336

전문가 도움말 목록 ■ 342

PART

01

부모가 되기 위한 첫걸음

좋은 엄마, 좋은 아빠가 될 준비

진짜 부모가 된다는 것

부모 될 준비하셨나요?

 **부모 공감**

　　임신하면서부터 이 방송을 계속 보게 되었는데 때로는 울고, 때로는 웃으면서 부모 되는 것이 얼마나 힘들면서도 의미 있는 일인지 많이 느꼈습니다. 말은 하지 못했지만 친정 부모님께 상처도 많이 받았거든요.

　　하지만 〈60분 부모〉를 보며 위로 받고 힘을 얻었습니다. 부모가 된 이상 아이에게 그 상처가 대물림되지 않도록 노력해야겠지요. 정말 매순간 노력해야겠습니다.

　　〈60분 부모〉를 보면서 친정 부모님을 이해하고 나 자신도 치유하게 되어 더 성장한 것 같습니다.

-sooki3737

 **〈60분 부모〉 공감**

　　부모라는 역할은 누구에게나 힘이 듭니다. 잘하고 못하고는 누구의 기준에 따라 정해지는 것이 아닙니다. 아이가 부모에게서 배워야 하는 것은 '한치의 오차도 없이 완벽한 인간'이 아니라 '긍정적인 감정과 마찬가지로 부정적인 감정도 느끼고, 시행착오도 겪고 실수도 하지만 계속 고민하고 고쳐나가는 건강한 인간'의 모습입니다. 이를 통해 부모와 아이가 함께 배워나가는 것이 좋은 부모의 첫걸음입니다.

01

부모가 되기 위한 첫걸음

한 아이의 부모가 되기까지

여자는 소녀였다가 여자가 되고 아내에서 엄마가 된다. 남자 또한 소년이었다가 남자가 되고 남편에서 아빠가 된다. 여자와 남자가 만나 하나가 되는 것은 근본적으로 생물학적 이유 때문이다. 자신들의 생명을 유지하는 데 하나보다 둘이 안전하고, 2세를 낳고 성적 본능을 해소하기 위해서는 반대쪽 성이 필요하다.

남자는 '어떤 여자가 좋은 엄마가 될 수 있을까?' 하는 기준에 따라, 여자는 '어떤 남자가 좋은 아이를 갖게 할 수 있을까?' 하는 기준에 따라 각각 상대를 선택해 결혼하고 '아기'를 낳는다. 이러한 과정은 매우 자연스럽게 진행

된다. 여자와 남자는 일정한 나이에 적당하다고 생각하는 짝을 만나면 2세를 갖고 싶은 욕구를 느낀다. 그리하여 자연스럽게 엄마와 아빠, 즉 부모父母가 된다.

이렇게 자연스러운 과정을 거치는데 순간순간 왜 그토록 힘들까? 아내 또는 남편, 엄마 또는 아빠로 역할이 바뀔 때 진행 속도가 너무 빨랐거나 기간은 충분했지만 마음의 준비가 안 되었을 때 우리는 힘들다고 느낀다. 어떤 부모도 부모라는 역할과 그에 따른 능력을 다 갖추지는 못했지만 아이를 행복한 가정에서 건강하고 똑똑하게 키우고 싶은 소망은 누구나 품고 있다.

그렇게 하려면 부모가 되기 전에 준비하지 않으면 안 된다. 나름대로 충분히 준비했어도 부모가 되어 아이와 맞닥뜨리면 좌절을 겪기 때문이다. 엄마가 되면 좋겠다고 생각할 때 '아기'를 만났다면 기꺼이 여자에서 엄마로, 남자에서 아빠로 역할을 바꾸어 힘들어도 기쁘게 받아들일지 모른다. 하지만 "나는 매력적인 여자로 (혹은 멋진 남자로) 보이고 싶어" "나는 꿈을 이루고 싶어"할 때 아기가 생기면 엄마 또는 아빠라는 옷을 기꺼이 입을 수가 없다. 아이 때문에 자기가 희생한다는 생각이 들어 억울하게 느껴질 수도 있다.

아이를 키우려면 우리 부모님이 그랬듯 엄청난 희생과 헌신이 필요하다. 아이는 잠도 실컷 자지 못하게 하고 밥도 편히 먹지 못하게 한다. 또 밖으로 한 발짝도 나가지 못하게 하고 아무리 달래도 막무가내로 울기만 한다. 이런 상황이 지속되면, 누구나 힘들 수밖에 없다. 그러나 '부모'라면 이는 당연히 받아들이고 해결해야 할 문제이다.

막중한 책임감에 겁부터 먹지는 말자. 아이를 키우려면 희생하고 헌신해야 한다고 했지만 그 과정 또한 인간의 발달단계 중 하나이다. 아이가 발달단계에 맞춰 배변훈련을 해내듯 부모도 내면의 힘으로 초보 부모단계를 훌륭하게 벗어날 수 있다. 아이 키우기는 자신의 미숙한 부분을 찾아내 치유하고 성장하는 과정이다.

마음의 준비가 되어 있지 않은 상태에서 부모가 되었다면 힘든 순간이 더 자주 찾아올 수 있다. 아이를 열 달 동안 품에서 키웠던 애정으로 하나씩 배워가면서 시작하면 된다. 결혼을 하고 부모가 되었다면 누구보다 사랑과 애정을 나눌 능력이 있다.

올바른 양육해법 어디에서 찾을까

어른들은 옛날에는 밭일, 논일 다하면서도 8남매씩 낳아 키웠는데, 요즘 엄마들은 겨우 아이 하나나 둘을 키우면서 너무 힘들어한다고 말씀하신다. 어른들 말씀대로 요즘 엄마들은 너무 곱게 자라서 엄살이 심할까? 그렇지 않다. '요즘 엄마들'을 말하려면 우선 그들이 조금은 독특한 세대라는 것을 이해해야 한다.

옛날 엄마들은 당신은 못 먹어도 아이에게는 맛있는 것을 먹였다. 또 당신은 허름하게 입어도 아이에게는 예쁘고 깨끗한 옷을 입혔다. 결혼생활이 불합리해도 아이들이 '어미 없는 자식'이라고 손가락질을 받고, 새엄마 밑에서 구박받을까 봐 꾹 참고 살았다.

하지만 지금 엄마가 된 세대는 자라면서 "너 자신을 사랑하라. 너 자신이 중요하다"라고 배웠다. 아들만 공부시키고 딸들에게는 살림을 맡기던 옛날과는 달리 딸들도 교육을 많이 받았다. 이런 딸들은 엄마가 자신을 위해 참아준 것을 고마워하기도 하지만 "너희 아니면 나는 네 아버지랑 안 살았다"라는 엄마의 말을 변명처럼 생각했다. 그래서 딸들은 "나는 엄마처럼 안 살 거야"라고 부르짖는다. 딸들은 열심히 공부해 사회활동도 하고 아이도 많이 안 낳으려고 한다. 딸들은 아이를 낳으면 절대 엄마처럼 자신을 희생하면서까지 아이한테 모든 것을 쏟아 붓지 않겠다고 다짐한다.

이런 딸들도 아이를 낳으면 달라진다. 아이를 어느 학원에 보내야 하는지, 어떤 교구를 사주어야 하는지 심각하게 고민한다. 한 가지 모순은 자기는 아이 때문에 희생하지 않겠다고 하면서도 부모님에게는 손자, 손녀를 돌봐주지 않거나 경제적으로 도움을 주지 않는다고 서운해 한다는 것이다.

또 요즘 엄마들은 '내 아이는 내 방식대로 키우겠다'는 생각이 강하다. 요즘 엄마들은 똑똑하고 많이 배웠기 때문에 자기가 열심히 공부하면 아이를 최고로 키울 수 있다고 믿는다. 시어머니나 친정어머니 말보다 자신이 찾아낸 육아정보가 더 옳다고 생각한다. 누가 충고해도 받아들이려 하지 않는다.

어찌 보면 요즘 엄마들은 자신이 닮고 싶어 하지 않은 엄마 모습에서 완전히 벗어난 것처럼 보인다. 하지만 그들 또한 자라온 사회적 환경에서 완전히 벗어나지 못한데다 역할 모델이 자신의 엄마이기 때문에 육아에서 다른 사람에게 도움을 청하는 데 서툴다.

우리 사회는 부모가 아이를 키우는 것이 당연하다고 생각한다. 하지만 선진국일수록 아이는 사회 전체가 키운다고 여긴다. 사회 분위기가 이렇다보니 엄마들도 유모차를 밀고 가다가 턱을 만나면 길 가는 사람에게 도와달라고 당당히 말한다. 그러나 우리나라 엄마들은 그런 말을 잘 하지 못한다.

요즘 엄마들은 이렇듯 아이들 온전히 혼자 키우는 경우가 많다. 도움을 잘 받지도 못하고 요청하지도 못해 혼자 육아책과 씨름하거나 인터넷을 뒤지며 아이를 키운다. 그러면서 엄마들은 '내가 잘하는 걸까' '이러다 아이를 망치는 것은 아닐까'라는 생각을 많이 한다. 구체적으로 어떻게 해야 하는지 모르지만 아이를 잘 키우고 싶은 마음에 이렇게도 해보고 저렇게도 해보면서 불안해하는 것이다.

인터넷에서 육아정보를 찾지만 그 또한 일관성이 없고, 유명한 육아전문가가 강의한다고 해서 가보지만 내 아이에게는 별 도움이 되지 않는다. 육아에 확신이 없다보니 여기서 이 말 하면 이 말이 맞는 것 같고, 저기서 저 말 하면 저 말이 맞는 것 같다. 정말 열심히 키우면서도 요즘 엄마들은 자신을 '좋은 엄마'라고 생각하지 못하고 항상 '나도 좋은 엄마가 되고 싶다'며 부족함만 느끼게 된다.

그러니 요즘 엄마들의 육아 자신감은 바닥을 맴돈다. 엄마가 자기 육아방식에 자신감을 잃는 것은 육아기술이 서툴러 매일 실수하는 것보다 위험하다. 경험이 부족하고 서툴러서 실수하더라도 아이를 가장 잘 이해하는 사람은 엄마이다. 특히 엄마가 아이를 도맡아 키운다면 엄마보다 아이를 더 잘 아는 사람은 없다. 내 아이를 잘 키울 자원을 가장 많이 가지고 있는 사람은 엄마이다. 따라서 엄마는 자기 육아방식에 자신감을 가져야 한다. 이것은 전문가들이 전해주는 육아지식보다 훨씬 더 중요하다.

사람에게는 역할이 주어지게 마련이다. 그 역할은 구구단을 외듯 쉽게 익힐 수 없다. 살아가면서 저절로 몸에 배야 한다. 엄마 역할도 마찬가지여서 아무리 준비해도 쉽게 해낼 수 없다. 너무 조급해하거나 좌절하지 말자. 자신만의 육아방법을 직접 적용하고 그 과정에서 시행착오도 겪자. 누구나 이런 과정을 거쳐 부모가 되었다.

육아는 육아 전문가가 하는 것이 아니다. 아이에 대한 사랑과 애정을 가진 사람이 반복되는 관찰과 경험을 토대로 자신에게 맞는 최적의 방법을 찾아가는 길이다.

맞벌이 부모는 2인3각 주자이다

맞벌이 부부에게는 양육 분담에 따른 갈등이 존재할 수 있다. 중요한 것은 좋은 부모가 되기 위한 첫 번째 노력이 바로 부부간의 갈등 요소부터 풀어내야 한다는 사실이다. 한 가정에서 엄마가 반드시 일을 해야 하는 상황도 있고, 그렇지 않은 상황도 있을 것이다. 어떤 상황이든 부부가 '맞벌이'를 결정할 때는 그것에 대한 논의를 충분히 해야 한다. 맞벌이의 경우 부부가 '앞으로 삶을 어떻게 살아갈 것인가'에 대해서 충분히 공감대를 형성하는 것이 중요하다. 그런 후에 결정해야 한다.

선택의 여지없이 맞벌이를 해야 하는 경우도 있겠지만, 최대한 서로 대화를 나누고 발생할 문제들에 대해서 대책을 마련한 후에 시작하는 것이 좋다. '맞벌이=돈'이라는 단순한 공식으로 맞벌이를 결정했다가는 맞벌이가 오히려 부부간의 갈등을 유발하는 경우가 많다. 한 연구 통계에 의하면 아내가 일을 하게 되면서 부부간에 불만이 더 쌓인다고 한다. 특히 남자가 적게 벌고 여자가 많이 버는 경우 여자의 우울증보다 남자의 우울증이 더 심했다. 우울증뿐 아니라 불면증, 두통, 성욕감퇴를 경험하는 남자들도 많았다. 남자가 많이 벌고, 여자가 적게 버는 경우에는 여자는 자주 '이것밖에 못 버는데 아이나 키우는 것이……'라는 생각을 하게 된다.

부부간에 가장 필요한 것은 '공감과 지지'이다. 한 팀이 되어서 신뢰하고 존중하고 응원해줄 수 있어야 한다는 말이다. '맞벌이' 또한 서로 신뢰하고 존중하고 응원해주기 위한 결정이어야 한다. 단지 '돈'을 벌기 위해 결정했다손 치더라도 그것은 한 사람의 결정이 아니라 부부의 결정이므로 육아와 집안일을 공평하게 분담해야 하는 것은 당연하다. 아이를 전혀 볼 수 없는 남편이라면 집안일을 전담하든지, 집안일을 전혀 못하는 남편이라면 육아일에 적극 참여하는 것이 바람직하다. '아내의 일'은 부부가 앞으로의 삶을 살아가는 데 필요한 결정이기 때문이다. 엄마에게 조언하고 싶은 것은 맞벌이가 주위 사람의 권유에 의한 결정이 아니어야 한다는 점이다. 맞벌이 부부에게 부모 노릇은 2인3각 경주와 같다. 부부가 서로 어깨를 나란히 하고 호흡을 맞추어 달려야 넘어지지 않는다.

맞벌이는 분명히 엄마 자신이 결정해야 하고, 될 수 있다면 '자아실현'과 관련이 있어야 한다. 일을 하면서 그 자체로 자신의 존재감을 확인할 수 있거나 보람을 느낄 수 있어야 한다는 것이다. 그리고 맞벌이를 할수록 부부간에 대화를 많이 해야 한다. 제법 대화를 잘하는 부부라도 금전적인 문제가 들어가면 솔직하게 속내를 터놓지 못하는 경우를 종종 본다. 맞벌이를 하게 되면 그런 경우가 많이 발생한다. 따라서 맞벌이를 할 계획이거나 이미 하고 있다면 두 사람이 '돈'에 관해서 툭 터놓고 속내를 말할 수 있어야 한다. 돈이 결부되면 쉽게 치사해지고 쫀쫀해지고 지나치게 자존심이 상하기도 한다. 평소에 서로 솔직하고 편안하게 대화를 많이 해온 부부라면 '맞벌이'로 인해 서로 자존심이 상하는 일을 조금이라도 줄일 수 있을 것이다.

맞벌이 부부가 양육에서 가장 우선순위로 삼아야 할 것은 아이의 애착 형성과 정서적 안정이다. 이것을 가장 효과적으로 충족할 수 있는 육아법 중 하나는 바로 '스킨십'이다. 특히 맞벌이 부모는 아이와의 스킨십에 세심하게 신경 써야 한다. 스킨십만큼 부모의 사랑을 전하는 좋은 방법은 없다. 하루 종일 아이와 함께 있으면서 짜증내고 혼내는 것보다 잠깐 있는 동안이라도 많이 안아주고 뽀뽀해주는 것이 아이의 정서에는 더 좋은 영향을 끼친다. 아침에 아이가 눈을 뜰 때, 아이와 헤어질 때, 아이와 다시 만났을 때, 자기 전에 항상 안아주고 뽀뽀해준다. "엄마가 회사에서도 네 생각 많이 할게" "네가 보고 싶어서 빨리 달려왔어"라는 말을 함께 해주면 더 좋다. 이렇게 하면 아이는 자신이 사랑받고 있다는 것을 더 많이 느낄 수 있다. 아이를 맡길 때는 시간을 충분히 둔다. 맞벌이를 결정했다면 최소한 두 달의 시간은 두고 아이가 엄마가 아닌 대리양육자와 친해질 수 있는 시간을 주는 것이 좋다. 할머니에게 맡긴다면 그곳에서 최소 한 달은 아이와 함께 생활하는 것도 고려해본다. 그리고 대리양육자와 엄마가 무척 친한 사이라는 것을 아이에게 보여줘 아이가 엄마처럼 믿고 따를 수 있게 해준다. 아이도 마음의 준비를 할 시간을 주는 것이다.

아이에게 부모의 일에 대해서 이야기해주는 것도 필요하다. 엄마, 아빠가 하는 일이나 회사에 대해서 충분히 설명해준다. 할 수 있다면 엄마, 아빠가 일하는 모습을 보여주는 것도 좋다. 엄마, 아빠의 일을 긍정적으로 이야기해주고, 아이가 자랑스럽게 생각할 수 있도록 도와준다. 그리고 아이가 자라면 대화하는 시간을 많이 만든다. 집에 돌아오면 부모는 아이가 하루를 어떻게 지냈는지 너무 궁금해 취조하듯 이것저것 묻게 된다. 아이가 편안하게 대화할 수 있도록 하려면 묻기보다는 엄마가 먼저 이야기해주는 태도가 좋다. 아이에게 낮에 회사에서 있었던 일을 이야기하면서 넌지시 물어본다. 최소한 하루에 한 번은 온 가족이 식탁에 둘러앉아 이야기꽃을 피우도록 한다.

앞서 말했듯 이 모든 일은 엄마 혼자만의 노력으로 이뤄지는 게 아니다. 엄마와 아빠가 함께해야 하는 일임을 기억하자.

02

좋은 엄마,
좋은 아빠가 될 준비

초보 부모의 마음은 똑같다

첫아이라 그럴까? 아이를 막 낳았을 때는 벅찬 감동에 눈물이 나더니 산후조리가 끝나고 텅 빈 집에 아이와 단둘이 들어서자 어떻게 키워야 할까 싶어 당혹감에 눈물이 났다. 아이를 낳기 전에 육아정보를 찾아보며 그런대로 공부했지만 실제는 많이 달랐다. 아이가 밤새 자지 않고 우는지도 몰랐고, 낮에는 안고만 있어 달라고 조르는지도 몰랐다. 아이가 자라면서 나아지겠지 했는데, 시간이 지나면 지날수록 새로운 고민이 꼬리에 꼬리를 물고 생겨났다. 궁금한 것은 끝도 없이 많은데 속 시원히 물어볼 곳이 없다. 아! 아이 키우기가 왜 이렇게 힘들까? 다른 엄마들은 잘하는데 왜 나만 발을 동동 구를까?

초보 엄마는 대부분 '내 아이만 유난히 까다롭고, 다른 엄마들은 잘하는데 나만 못한다'고 생각한다. 이런 시행착오를 겪으면서 초보 엄마는 '아, 난 정말 좋은 엄마가 될 자격이 없는가 봐'라고 생각한다. 시간이 갈수록 스트레스는 극에 달하고 몸도 아프고 자존감도 떨어진다. 그러다보면 괜한 일로 아이에게 화내고, 내 아이만 유난히 까다롭다고 느껴져 육아가 더 힘들다.

그런데 알고 보면 엄마들은 모두 힘들어한다. 지식이 많건 적건, 경험이 많건 적건, 아이가 둘이건 하나건 나름대로 모두 힘들어한다. 그래서 갓 백일이 지난 아이를 키우는 엄마는 어린이집에 다니는 세 살짜리 아이를 둔 엄마가 부럽고, 세 살짜리 아이의 엄마는 초등학생을 둔 엄마가 마냥 부럽다.

부모가 이렇게 힘들어하는 것은 내 아이를 최고로 키우고 싶기 때문인지도 모른다. 부모는 순간마다 아무리 힘들고 지쳐 쓰러질 것 같아도 육아에 최선을 다한다. 그것이 좋은 부모가 되는 기본 조건이라고 믿기 때문이다. 부모의 이런 의무감은 아이가 어릴수록 크다. 하지만 이렇게 100미터 달리기에서 전력 질주하듯 아이를 키우다보면 결국 지친다. 몸과 마음이 지친 초보 엄마는 처음처럼 아이를 웃으면서 대할 수도 없고, 행복한 마음으로 육아를 할 수도 없다.

초보일수록 '육아는 장거리 마라톤'이라는 사실을 반드시 기억해야 한다. 엄마도 살고 아이도 살려면 여유를 가지고 아이를 키워야 한다. 아이가 혼자 잘 놀 때는 조금 떨어져 그냥 지켜보기만 해도 된다. 아이가 낮잠을 잘 때는 집안일을 하려고 하지 말고 아이와 같이 한숨 자도 된다.

초보 엄마가 더 힘들어하는 것은 아이에게 항상 자극을 주고 반응해야 할 것 같은 강박관념이 있기 때문이다. 하지만 전문가는 의외로 엄마 자신을 괴롭히지 말고 아이를 쉽게 키우라고, 죽을힘을 다하지 말고 쉽게 놀아주라고 조언한다. 그래야 엄마도 살고 아이도 산다. 육아가 힘들다고 느껴지면 그것을 있는 그대로 인정하고 내가 나를 도울 방법이 무엇인지 연구해야 한다. '아이' 위주로만 생각하면 답이 나오지 않는다. '엄마'를 중심에 놓고 엄마 문제부터 해결해야 궁극적으로 아이도 잘 키울 수 있다. 내가 왜 정신적으로 힘든지, 어디가 아픈지, 식사는 제대로 챙기고 있는지 점검해보자. 만약 문제가 발견된다면 어디서 도움을 구하고 어떻게 해결해야 할지 방법을 찾아보아야 한다.

아이는 부모의 거울

윤서 엄마는 세 살 된 딸, 윤서에게 독특한 버릇이 있는 것을 이제야 알았다. 윤서는 말을 할 때마다 검지 하나를 치켜든다. 누군가를 다그치는 것처럼 검지를 세우고 제법 혼을 내듯 흔들면서 말한다. 어디서 배웠을까? 이런 동작이 그렇게 좋아 보이지 않아 윤서 엄마는 오랜만에 집에 오신 친정엄마한테 윤서의 버릇을 이야기했다. 그런데 윤서 엄마는 친정엄마에게 놀라운 말을 들었다. "네가 항상 검지를 세우고 말하잖아. 몰랐니?"

아이가 부모 모습을 거울처럼 비추는 것은 쉽게 확인할 수 있다. 눈에 보이지 않아 이해하기 어려운 성격이나 정서적인 면은 접어두고라도 아이와 몇 시간만 있으면 느낄 수 있는 것은 많다. 아이는 부모도 모르게 부모 행동을 하나 하나 배우고, 부모 말을 마치 메아리처럼 그대로 자기 말에 담는다. 엄마나 아빠가 자주 쓰는 단어를 아이도 자주 쓰고, 아빠가 신발을 신는 방식도 그대로 따라 한다. 아이는 부모의 기질을 타고난다. 그 위에 수도 없이 부모의 말과 행동을 담다보니 아이는 자랄수록 또 하나의 부모가 된다.

아이가 부모를 그대로 닮게 된 것은 요즘 들어 더 심해졌다. 대가족이 함께 살 때는 부모가 생각이나 행동을 잘못하거나 부모 성격이 원만하지 못해 다른 사람과 어울리는 데 문제가 있을 때 그것을 교정해주는 어른이 있었다. 그러나 요즘은 부모의 성격이나 행동에 문제가 있어도 거름장치 없이 그대로 아이에게 전달된다. 식사할 때의 예절, 다른 사람을 대하는 방법, 화났을 때 해결하는 법 등 아이는 자라면서 필요한 모든 것을 엄마, 아빠 두 사람에게서만 배운다.

〈60분 부모〉에 나온 한 엄마는 자신이 아이를 너무 잡는 것 같다며 고민스러워했다. 엄마는 아이가 공포스러워 할 정도로 미친 듯이 화를 내고, 한번 화가 나면 도저히 통제하지 못했다. 상담 결과 그녀의 양육방식은 어린 시절 자신도 지긋지긋하게 싫어했지만 어느새 닮아버린 부모의 양육태도에서 비롯되었다는 분석이 나왔다.

그런데 이런 문제는 남편과 아내 둘이서만 산다면 서로 보듬어주고 이해하며 살 수 있는 것이지만, 아이가 있다면 문제는 달라진다. 자신과 가까운 사람에게는 불같이 화를 내며 닦달하지만 정작 다른 사람 앞에서는 아무 말도 못하는 엄마의 성격이 아이에게 그대로 대물림되기 때문이다. 결국 엄마가 사람들과 살면서 겪는 어려움을 아이도 자라면서 그대로 겪게 된다는 것이다.

아이가 어릴 때는 부모에게 받는 환경적·정서적 영향이 무엇보다 중요하다. 그래서 우리는 항상 좋은 부모가 되기 위해 노력하고 공부해야 한다. 부모라면 자기 자신과 아이를 위해 항상 자신을 뒤돌아보고, 반성하고, 교정하여 부모가 먼저 건강한 어른이 될 수 있도록 노력해야 한다. 더불어 우리 사회도 미성숙한 부모가 성숙한 인격체가 될 수 있도록 도움을 주어야 한다. 부모가 자신의 성장을 위해 쉽게 도움을 받을 수 있어야 우리 사회에 건강한 아이들이 넘쳐날 것이다.

맞벌이 엄마, 이왕이면 즐겁게 일하라

부모가 되겠다, 좋은 엄마가 되겠다는 마음의 준비 후 예정대로 아기가 태어났다. 정말 세상 무엇과도 바꿀 수 없는 소중한 존재란 무엇인지 체감하게 되었다. 아기와 육아법에 대해 책으로, 인터넷으로, 병원에서 공부하면서 현명한 엄마 노릇을 하고자 했다. 하지만 엄마의 욕심과 달리 현실은 따라주지 않는다.

> 생후 34개월과 17개월, 두 아들을 둔 혜영 씨는 프리랜서로 일을 하다 얼마 전 취업을 했다. 큰아이는 어린이집에, 작은아이는 가까이 사시는 시어머니께서 맡아 주시기로 했다. 일하기 시작한 지 두 달쯤 되자, 그녀는 육아와 회사일, 집안일이 버거워졌다. 부쩍 떼가 늘어난 큰애와 감기를 달고 있는 둘째를 보면 '이렇게 돈을 벌어서 뭘 하나'라는 죄책감이 들었다. 어느 순간, 좋은 엄마가 되기 위해 아이에게 100% 몰입하며 살아야 하지 않나 후회가 들었다.

직장에 다니는 엄마들을 보면 아이에게 죄책감을 갖는 경우가 많다. 모유 수유를 못해, 아플 때 돌보지 못해, 같이 놀아주지 못해 늘 미안하다. 그러다 어느 순간 육아와 살림을 병행하는 자신을 남편이 도와주지 않는다며 불평을 하게 된다. 소수의 아빠를 제외하고는, 남편은 힘들어하는 아내를 어떻게 도와주어야 할지 잘 모른다. 아내는 매일 무엇을 해달라, 옆집 아빠는 안 그렇다 등등 잔소리를 입에 달고 산다. 결국 남편의 입에서 "그러려면 회사 때려 치워!"라는 소리까지 터져 나온다.

육아와 직장 사이에서 아슬아슬 줄타기하는 엄마는, 자신이 결코 좋은 엄마가 아니며 남편도 좋은 아빠가 아닌 것 같다는 자격지심을 갖는다. 좋은 부모가 되기 위한 마음은 굴뚝같으나 현실은 녹록치 않은 것이다. 맞벌이 부부가 좋은 부모가 되기 위해서는 꼭 기억해야 할 몇 가지 원칙이 있다.

우선 아이를 불쌍하다거나 아이에게 미안하다는 마음을 가져서는 안 된다. 부모가 이런 마음을 품게 되면 아이의 요구를 무조건 받아주게 되고 아이는 점점 응석받이로 자랄 수 있다. 물질로 보상하려 해서도 안 된다. 많은 시간을 함께하지 못한다는 생각에 맞벌이 부부들은 돈을 주거나 장난감이나 패스트푸드를 지나치게 많이 선물한다. 좋은 부모 노릇을 물질적 풍요로 대체하는 것이다. 이것은 아이의 건강이나 버릇에 모두 좋지 않고, 아이는 부모에게 점점 더 큰 것을 요구하게 된다. 결과적으로는 아이에게 그릇된 가치관을 심어줄 수도 있다.

아이에게 일방적으로 지시하는 것도 맞벌이 부모가 경계해야 한다. 아무래도 전업주부보다 맞벌이 엄마는 아이와 함께하는 시간이 적다. 그렇다보니 이것저것 챙겨주고 싶은 마음에 일방적으로 지시할 때가 많다. 학교 다녀와서 몇 시부터 몇 시까지 학원을 갔다 오고, 학습지는 몇 장을 풀어두어야 하고, 책은 어디까지 읽어야 하는지 등 일일이 부모 욕심대로 목표를 정하고 아이에게 과제를 안겨준다.

회사 일을 마치고 집에 돌아오면 저녁 식사를 챙기기 무섭게 아이의 과제를 점검한다. 과제를 모두 완수했으면 칭찬했을 것이고 과제를 마치지 못했으면 일장 연설이 이어질 것이다. 맞벌이 부모일수록 아이와 있는 시간은 최대한 즐겁게 시간을 보내야 한다. 저녁 식사 후 아이와 보내는 짧은 시간에 잔소리하고 지시하고 간섭하면 당연히 아이와의 관계가 좋아지기 어렵다. 아이와 보내는 시간은 양보다 질이 중요하다. 짧은 시간 동안이라도, 학교에서 친구들과 어떤 일이 있었는지 아이 이야기를 들어주고, 못한 과제를 함께해주고, 재미있는 놀이를 하며 시간을 보내는 것이 좋다. 회사 일은 현관을 들어서는 순간 잊어버려야 한다.

일에 연연하다 보면 아이 눈에는 엄마, 아빠의 얼굴이 자못 심각해 보인다. 하루 종일 보고 싶었던 엄마, 아빠를 만났는데, 얼굴이 너무 심각하고 우울해 보인다면 아이 기분이 어떨까? 아이와 있는 순간은 항상 재미있고 즐거운 부모가 되도록 노력하는 것이 필요하다.

마지막으로 자신의 일에 대해 즐거워하고 만족해야 한다. 밥벌이, 돈벌이일 뿐이다, 기회만 되면 언제든 그만두겠다는 생각을 품어서는 곤란하다. 당당한 사회구성원으로서 역할과 책임을 다하고, 자아 성취를 위한 것이라고 의미를 부여한다. 어느 순간 아이는 '엄마, 아빠는 훌륭한 일을 하고 있으며, 정말 열심히 살아가는 분'이라는 것을 깨닫게 된다. 엄마, 아빠의 모습이 아이에게 롤 모델이 되어 긍정적인 자극을 주기도 한다. 양육은 아이와 보내는 시간의 양으로 그 질이 평가되지 않는다. 하루 1시간을 함께 보낸다 해도 아이와 무엇을 하며, 어떻게 보내는지에 따라 달라지는 것이다. 아이와 함께하는 순간만큼은 회사 일은 잊고 부모로서 최선을 다하면 된다.

이 세상에 완벽한 부모는 없다

　아이를 키우는 사람이라면 〈60분 부모〉를 보면서 정신없이 빠져든다. 어째서 그토록 〈60분 부모〉에 몰입할까? 그것은 아마 내 모습, 가까이에서 늘 볼 수 있는 옆집 엄마의 모습이 담겨 있기 때문일 것이다. 〈60분 부모〉에는 매주 10명 남짓한 엄마가 출연해 전문가에게 고민을 말하고 조금은 창피하기도 한 아이와의 일상을 꾸밈없이 보여준다. 그중에는 마치 내가 출연한 것으로 착각할 만큼 내 모습과 닮아 속이 뜨끔한 이야기도 있고, 그래도 저렇게까지 하면 안 되는데 하면서 자기 자신을 다독거리게 하는 이야기도 있다.

　그러면서 한편으로는 어쩌면 저렇게 많은 부모가 문제를 가지고 있을까 의아해진다. 왜 이처럼 많은 부모가 자기 자신에게 문제가 있다고 생각할까? 왜 많은 부모가 아이를 키우며 실수와 잘못을 그토록 자주 할까? 그것은 부모도 인간이기 때문이다. 인간이기에 힘들면 아무것도 모르는 아이를 앞에 두고 화를 내기도 하고, 안아달라는 아이를 외면하고 싶기도 하다.

주변 사람들에게 부지런하다는 말을 듣는 준서 엄마. 이제 만 3세 된 딸아이와 18개월짜리 남자아이 준서를 키우면서도 준서 엄마의 일상에는 빈틈이 없다. 흠잡을 데 없이 늘 깔끔한 집, 갑자기 손님이 와도 예쁜 그릇에 친환경 농산물로 차려 내오는 밥상, 깨끗하게 차려 입은 아이들. 두 아이를 키우다보면 흐트러지기 쉬울 텐데 자신도 언제나 깔끔하게 차려입는다. 게다가 준서 엄마는 준서 아빠의 아침도 매일 새 반찬으로 정성스럽게 차린다. 하루 종일 바쁘지만 준서 엄마는 모든 것을 자기 일이라 생각하고 아무 불평불만 없이 해낸다.

모든 엄마의 귀감이 될 것 같은 준서 엄마는 극심한 불안감에 시달리고 있었다. 그녀는 길을 가다가도 건물이 쓰러질 것 같고, 과일을 자르다가도 과도에 '아이가 찔릴 것 같고, 엘리베이터를 타도 엘리베이터가 갑자기 뚝 떨어질 것 같은 환상에 시달렸다. 준서 엄마가 이런 불안감에 시달리게 된 까닭은 아이를 사랑한다면 육아가 아무리 고되어도 힘들다고 생각해서는 안된다'라는 생각 때문이었다. '어떻게 이렇게 사랑스러운 아이를 키우면서 힘들다고 말할 수 있냐'고 생각하는 것이었다. 힘들면서도 자꾸 그 생각을 누르다보니 불안이 모습을 바꾸어 준서 엄마를 공격했다.

전문가는 아이가 자신을 힘들게 한다는 사실을 인정하라고 조언했다. 아이가 너무 미우면 '너 정말 밉다. 그렇지만 내가 너를 미워하면 안 되지'라고 생각하라는 것이다. 또 엄마의 부정적 감정, 즉 화, 슬픔, 분노 등을 아이가 경험할 수 있게 해야 한다고 충고했다. 아이는 부모에게서 긍정적인 감정을 배워야 하지만 부정적인 감정도 배워야 하기 때문이다. 긍정적인 감정으로 자존감을 높이는 것도 필요하지만 부정적인 감정이 생겼을 때 그것을 어떻게 표현하고 처리하는지도 반드시 배워야 한다.

　화내지 않고 웃기만 한다고 해서 좋은 부모가 되는 것은 아니다. 많은 부모들이 자신의 부정적인 감정을 표현하는 데 어려움을 겪는다. 슬프다, 짜증난다, 외롭다 등 여러 가지 감정을 모두 화로 표현하는 부모가 있는가 하면 아이에게 그런 모습을 전혀 보여주지 않으려는 부모도 있다. 두 유형의 부모 모두 아이에게 좋은 양육환경을 제공한다고 할 수 없다.

　어느 부모도 완벽하지 않고 완벽할 수도 없다. 우리 부모가 장점과 단점을 동시에 가지고 있었던 것처럼 우리 또한 그렇다. 따라서 수없이 시행착오를 겪을 수밖에 없고 그로 인해 아이에게 상처를 주기도 한다. 그런데 부모의 미숙한 육아 때문에 상처받은 아이가 이상행동이라도 하면 부모는 아이 인생을 망친 것처럼 불안해한다. 자신이 지나치게 엄격히 키워 공격성을 갖게 된 아들을 보며 '혹시 아이가 깡패가 되는 것은 아닐까?' 하는 불안감에 휩싸인다.

　하지만 너무 걱정하지 말자. 아이는 고무줄과 같다. 늘리면 늘어나고 줄이면 줄어든다. 이제라도 좋은 환경에서 키우면 아이는 금방 바뀐다. 오히려 지나친 죄책감 때문에 불안한 마음으로 아이를 대하면 그것이 더 좋지 않다. 또 아이가 부모에게서 배워야 하는 것은 '한 치의 오차도 없이 완벽한 인간'이 아니라 '긍정적인 감정과 마찬가지로 부정적인 감정도 느끼고, 시행착오도 겪고, 실수도 하지만 계속 고민하고 고쳐나가는 건강한 인간'의 모습이다. 아이를 키우는 부모는 아이를 망쳤다는 '죄책감'보다는 아이를 변화시킬 수 있다는 '자신감'을 가져야 한다.

03

진짜 부모가 된다는 것

· · · ·
부모 역할은 어디까지일까

태어난 지 12개월, 만 3세, 만 5세 된 세 아이를 키우는데 남편은 거의 육아에 관여하지 않는다. 아침에 남편 밥 챙겨주고 나서 유치원에 가는 큰아이를 씻기고 가방을 챙겨준 뒤 일어나 우는 둘째아이를 안아주기도 하고 혼내기도 하면서 두 아이에게 밥을 먹인다. 아이 옷 입히고 머리 빗기다보면 1시간이 정신없이 지나가고 유치원 차와 어린이집 차가 온다. 부랴부랴 큰아이와 둘째아이를 차에 태워 보내고 아까부터 일어나 우는 막내에게 간다. 막내를 보면서 청소하고, 세탁기 돌리고, 설거지한다. 집안일이 거의 마무리되는 점심때쯤 막내가 잠투정을 한다. 막내를 재우고 나서야 엄마는 아침을 먹는다.

숨 가쁘게 느껴지는 엄마의 생활, 도대체 부모란 존재가 무엇이기에 이렇게 힘들게 살아야 할까? 이 사례에서 엄마는 자기 역할을 잘 하고 있는 걸까? 일반적으로 부모 역할은 네 단계로 나누어 생각해볼 수 있다.

첫째, 아이의 생존을 도와주는 역할이다. 이 역할은 지금까지 우리 사회가 부모 역할이라고 이야기해온 것이다. 먹이고, 입히고, 재우고, 가르치는 등 아이의 의식주를 책임지고 교육하는 역할이다.

둘째, 심리적 안정을 주는 역할이다. 아이는 기본적으로 지나치게 의존적이다. 포유류 가운데 인간만큼 태어나서 긴 시간 반드시 보호받아야 생존할 수 있는 동물도 드물다. 이 때문에 아이는 자기 생존을 책임진 부모의 일거수일투족에 무척 민감하게 반응한다. 부모가 심리적으로 불안정하거나 화를 내면 아이는 그보다 몇 배 더 심리적으로 불안해한다.

셋째, 사회·문화적 발달을 도와주는 역할이다. 대가족 사회에서는 가족관계와 사회·문화적 교류를 중시했다. 제사를 많이 지내다보니 한 달에 한 번은 모두 모여 같이 밥을 먹었다. 대가족 속에서는 아이의 사회·문화적 발달을 도와주는 것이 어렵지 않았다. 그러나 핵가족 사회에서는 여러 가정의 문화를 접하게 하고 사람과 사람의 관계를 배우는 것이 쉽지 않다. 그렇다면 아이의 사회·문화적 발달을 어떻게 도와야 할까? 한 가지 대안으로 직장에서 새로운 가족을 만드는 것을 생각해볼 수 있다. 아이가 부모의 직장동료들과 만나고, 그 가족과 또래 아이를 사귀면서 같이 커가게 하는 것이다.

넷째, 자아성취를 도와주는 역할이다. 자아성취는 인간의 욕구 중 가장 마지막 단계이다. 자아를 성취하는 과정에는 어려움이 따른다. 생존뿐만 아니라 자아성취까지 할 수 있도록 도와주고 싶다면 아이의 꿈, 아이가 원하는 일에 관심을 가져야 한다. "엄마가 응원해줄게" "실패하면 어때. 한번 해봐" 라고 아이가 자신을 긍정적으로 생각하고 자아존중감을 가질 수 있게 해야 한다.

지금까지 우리는 아이의 생존을 도와주는 것이 부모의 가장 중요한 역할이라고 생각했기 때문에 아이를 좋은 대학에 입학시키는 데 온 힘을 쏟았다. 그런데 심리적으로 안정되지 않으면 명문대를 나와 취직하더라도 사회생활을 원만하게 할 수 없다. 또 부모가 원하는 학과에 갔다면 아이는 정작 자기

Tip

건강가정지원센터 '아이 돌보미 서비스'

이용대상 | 3개월 이상~만 12세 자녀를 둔 가정
이용시간 | 연중 24시간(한 달 최대 80시간, 연간 480시간)
이용요금
- ㉮형(저렴형) : 기본 2시간(2,000원), 추가 1시간당 500원
- ㉯형(일반형) : 기본 2시간(8,000원), 추가 1시간당 3,000원
- ㉰형(전액부담형) : 기본 2시간(10,000원), 추가 1시간당 5,000원
  심야(밤 9시~오전 8시)·주말 요금 1시간당 6,000원

이용방법 | 센터에 전화한 후, 각 지역에 맞는 신청 절차에 따라 신청한다. 보통 홈페이지에 회원가입 후 서면서류를 접수한다. 이후 건강가정사와 1:1 면담을 하면 신청이 완료된다. 각 지역 센터의 사정에 따라 신청 즉시 이용할 수도 있지만 대기해야 할 수도 있으므로 되도록 빨리 신청하도록 하자.

※㉮, ㉯, ㉰형은 국민건강보험공단에 납부하는 건강보험료로 결정된다. 전국가구 평균소득 50% 이하이면 ㉮형, 100% 이하이면 ㉯형, 100% 이상이면 ㉰형에 해당된다.

문의 | 1577-2514, 1577-9337 www.idolbom.or.kr

가 하고 싶은 일을 하지 못하고 자아실현을 하기가 쉽지 않기 때문에 힘들어한다.

요즘 부모는 아이의 생존을 위한 역할은 그런대로 잘한다. 이제는 그다음 단계인 심리적 안정을 주는 부모가 되어야 한다. 그러려면 부모 자신이 왜 심리적인 안정을 주지 못하는지 생각해야 한다.

1단계조차도 마음속으로는 울음을 삼키면서 책임감 하나로 죽기 살기로 해내는 엄마가 많다. 하지만 그 이상 해낼 수 있는 신체적·정신적 여유가 없더라도 아이를 건강하게 키우려면 부모 역할은 1단계에만 머물러서는 안 된다.

위 사례에 소개한 엄마는 가사와 양육을 당장 중단해야 할 정도로 몸이 좋지 않았고 우울증도 있었다. 시어머니와 친정어머니는 도와줄 수 있는 상황이 아니었다. 이런 경우 가사를 돌봐줄 사람을 구하거나 건강가정지원센터의 '아이 돌보미 서비스' 등을 이용해 일을 줄여야 한다. 하지만 도우미 서비스를 받는다고 해서 모든 문제가 해결되지는 않으므로 엄마가 힘들어진 근본 원인을 알아보기 위해 상담을 받는 게 좋다. 건강가정지원센터에서는 저렴한 비용으로 성격·심리검사 등을 받을 수 있다. 가능한 한 다양한 경로의 지원을 받아 부모 역할의 1단계를 넘어서도록 하자. 그래야만 2단계, 3단계, 4단계 부모 역할을 돌아볼 여유가 생긴다. 부모가 자신의 역할을 한 단계씩 업그레이드할 수 있도록 우리 사회가 다양한 제도적 지원을 아끼지 않길 기대해본다.

부부관계부터 체크하라

부부관계가 원만하지 않으면 아이는 균형 있게 자랄 수 없다. 엄마, 아빠가 행복하고 안정적이면 아이도 행복하고 안정적인 정서를 갖지만 그렇지 않으면 부모 중 한 사람이 아무리 헌신해도 안정적인 정서를 갖기 어렵다. 부모가 항상 불안정하면 그 불안은 고스란히 아이에게 전해지고 아이는 다른 사람과 생활하거나, 자라서 부모가 돼서도 그 역할을 잘 해내지 못한다. 결국 부부가 행복해야 아이가 행복해질 수 있다는 말이다.

'어떻게 해야 아이를 잘 키울까?'를 고민하기에 앞서 '우리 부부가 어떻게 행복해질까?'를 고민해야 한다. 부부가 평화롭게 의견을 말하고, 잘못된 점은 고쳐주고, 자기 감정을 솔직히 표현하는 것만큼 아이에게 좋은 것은 없다.

아이는 기본적으로 부父와 모母의 힘의 균형이 맞을 때 균형 있게 큰다. 힘의 균형이 맞지 않으면 아이는 저도 모르게 힘 센 사람의 행동을 닮아간다. 이것은 선택이 아니라 본능이다. 집 안에서 엄마의 힘이 더 강하면 아이는 아빠를 애처로워하면서도 지나치게 엄마만 닮는다. 아빠의 힘이 더 강하다고 느끼면 아빠를 두려워하면서 자신도 모르게 아빠를 닮는다. 따라서 성향이 다른 부부일수록 힘의 균형을 맞추려고 서로 노력해야 아이가 균형 있게 자란다.

부부가 힘의 균형을 맞추려면 서로 배려하고, 정서적으로 지지하고 이해해야 한다. 이것이 결혼 후 2~3년 동안 존재하던 생물학적·본능적인 사랑에서 진화한 진정한 부부 사랑이다. 부부가 상대방과 평생 동반자로 살려면 서로 진화해야 한다. 그렇다면 왜 많은 부부가 '진정한 배우자 사랑'으로 진화하는

데 어려움을 겪을까?

대표적인 원인으로 부부가 매일 경험하는 '말본새'를 들 수 있다. 부부는 상대방의 말 한마디에 평생 한을 품기도 하고 이혼을 결심하기도 한다. 하지만 상대방의 따뜻한 말 한마디를 가슴에 품고 평생 의지하며 살기도 한다. 갈등을 유발하는 말본새로는 네 가지 유형을 들 수 있다.

첫째, '무덤덤형'이다. 한참 얘기해도 "그래" "어"라고 대답하고 얼굴 표정도 없다. 그러면 상대방은 속이 터진다. 이런 유형은 상대방에게 '당신에게 무관심해. 당신에 대한 열정과 사랑이 식었어'라는 사인을 보낸다고 오해받을 수 있다. 본심은 그렇지 않은데도 상대방의 자존감을 손상시킬 수 있다.

남편이 무덤덤형인 경우가 많은데, 남편은 대개 직장에서 에너지를 다 소진했기 때문이다. 따라서 집에 들어오자마자 아내가 '따따따' 하면 대답해줄 수 없다. 이럴 때 아내가 남편에게 30분에서 1시간 정도 쉴 수 있는 시간을 주면 좀 나아진다. 퇴근한 남편이 에너지를 충전할 때는 리모콘을 이리저리 돌리며 바보처럼 텔레비전을 보건, 말도 안 되는 고스톱 게임을 하건 그냥 내버려두자.

둘째, '침묵형'이다. 말을 안 하는 사람도 의외로 많다. 이 또한 속사정을 들어보면 말을 해봤자 본전도 못 찾기 때문이라고 한다. 이것 역시 배우자에게 '나에게 관심이 없구나'라는 메시지로 읽힐 수 있다. 간혹 남편들은 본인이 해결할 수 없다고 판단되면 얘기를 안 하기도 한다. 남편이 이런 유형인 것 같을 때 "그냥 들어만 줘. 해결해달라는 게 아니야. 위로해달라는 거야"라고 말을 건네면 남편의 부담을 줄여줄 수 있다. 부부간이건 부모자식간이건 마음을 표현하지 않으면 상대가 절대로 알아주지 않는다는 사실을 분명히 알아야 한다.

셋째, '직격탄형'이다. 머리에 뭔가 떠오르면 바로 행동을 취하는 형이다. 상대방이 무슨 말을 하면 "그건 그게 아니고, 그렇게 생각하는 당신이 잘못하는 거야"라고 대답한다. 이런 유형은 자신이 논리적이고 똑똑하다고 착각한다. 남편은 아내가 고민이나 어려움을 얘기하면 그것을 해결해주어야 한다고 생각한다. 하지만 많은 경우 아내는 그냥 들어만 달라는 의도로 얘기한다는 걸 남편은 유념해야 한다. '직격탄형'의 말본새는 아무리 내용이 옳아도 아내 심장에 날카로운 화살을 날릴 수 있다.

넷째, 한마디로 '예의 없는 형'이다. 이것의 대표적인 예는 '비난형'이다. "그러기에 누가 그렇게 하래, 당신이 뭐 제대로 하는 것이 있어?" "남들은 돈도 잘 벌어온다는데 당신은 뭐 하는 사람이야?"라는 식으로 말하는 것이다. 이런 말본새는 감정을 회복하는 데 다른 말본새에 비해 매우 많은 노력이 필요하며 영원히 회복되지 않을 수도 있다. 조롱하고 비아냥대는 말이나 냉소적인 말투도 돌이킬 수 없는 아픔을 준다.

이런 말본새를 고치지 않으면 부부 사랑은 결코 진화할 수 없다. 그렇게 되면 우리 부모가 그랬듯 아이 때문에 산다는 말을 입에 달고 살 수밖에 없다. 부부 사이에 조심해야 할 말투에 대해 이야기하면 "다 아는 말이네. 그런데 고치기가 어디 쉬워야 말이지"라고 한다. 머리로 아는 것과 실천하는 것은 천지차이다. 실천하지 않으면 모르는 것과 마찬가지다. 어른도 잘못된 것을 고치려고 노력하지 않으면서 아이에게 뭘 바꾸라고 하거나 고치라고 하는 것은 앞뒤가 맞지 않는다. 꼭 필요한 것이면 쉽지 않겠지만 끊임없이 노력해 이뤄내야 한다.

아무리 부부 사이라도 꼭 지켜야 할 예의가 있다. 상대방의 아킬레스건은 절대 건드려서는 안 된다. 대학을 못 가서 학벌에 한이 맺힌 아내에게 아무 생각 없이 "저 여자는 얼굴도 예쁜데 학벌까지 끝내준대"라고 하면 아내는 발끈하며 "그럼 그 여자랑 살지 그래"라고 쏘아붙일 것이다. 좋은 가장이고 훌륭한 아빠지만 돈을 많이 벌어다주지 못해 미안해하는 남편에게 "당신이 언제 제대로 벌어다준 적 있어?"라고 하면 그 말은 원자폭탄이 되어 남편을 좌절시킨다.

부부라면 아내 혹은 남편이 어떤 부분에 민감하게 반응하는지 알아야 한다. 그러려면 배우자가 어떤 심리적인 갈등 때문에 힘들어하는지 볼 수 있는 눈을 키워야 한다. 혹시 배우자의 반응을 보고 뒤늦게 알았다면 "내가 뭘 어쨌다고 화를 내고 그래?"라고 할 것이 아니라 '아, 이 사람이 이렇게 화내는 걸 보니 이 부분에 뭔가 맺힌 것이 있나보구나' 하는 애틋한 마음으로 배우자를 봐야 한다. 또 자기가 해결하지 못한 문제 때문에 괜히 상대방에게 발끈한다는 것을 인정해야 한다. 상대방은 아무 생각 없이 그냥 말했을 뿐이다. 그것을 내 문제 때문에 크게 받아들인다는 것을 이해해야 감정이 악화되는 폭풍에 휩싸이지 않는다.

BONUS PAGE

조선미 교수님의 지상 강좌

결혼한 순간
우리는 이미 부모입니다

"부모가 원해서 태어난 아이인가요?"
아이가 어떤 문제가 있어서 상담소를 찾게 되면 가장 먼저 물어보는 말입니다. 아이의 문제행동 때문에 찾아온 엄마에게 이런 질문을 하면 다들 의아해합니다. '뜬금없이 그런 것을 왜 물을까' 하는 표정을 짓지요. 그런데 그게 그렇지 않습니다. 임신을 축복으로 받아들이고 만날 날을 손꼽아 기다리면서 낳은 아이와 '내가 왜 임신했을까? 우리는 아이를 원하지 않아'라고 생각하며 임신기간을 보낸 아이의 태내 환경은 다를 수밖에 없기 때문입니다.

부부가 임신을 행복하게 받아들여라
엄마가 임신기간 내내 평화롭고 즐거운 것이 가장 훌륭한 태교라는 말을 들어본 적이 있을 겁니다. 하지만 임신을 거부한 엄마는 그런 태교를 해줄 수 없겠지요. 이것은 또한 애착을 형성하는 데도 영향을 미칩니다. "나는 아이 때문에 공부를 못하게 됐어" "나는 이 남자가 싫은데 아이 때문에 이혼을 못해." 엄마가 이런 상황이라면 아이를 사랑스러운 눈으로 바라보기가 무척 어렵습니다. 아이는 처음부터 정상적으로 애착을 형성하는 데 좋지 않은 조건에 놓인 것입니다. 아무 힘없이 던져졌지만 아무도 아이를 축복하면서 기다리지 않습니다. 누구도 자신을 반가워하지도 않고 사랑스럽게 바라보지도 않습니다. 아이는 자신이 원해서 태어난 것도 아닌데 그 누구보다도 불리하게 삶을 시작하는 셈입니다.

양육환경이 아이의 발달을 지연시킨다
부모가 아이를 원했는가, 원하지 않았는가? 이것은 아이의 정서뿐 아니라 발달에도 영향을 미칩니다. 실례로 태어난 지 27개월 만에 걷게 된 남자아이는 다행히 언어발달은 또래 수준이었습니다. 27개월에 걸었다면 언어나 인지발달이 모두 늦어야 하는데, 언어가 또래 수준이라면 아이는 아주 빠른 시간에 발달을 따라잡은 것이지요. 이 아이의 발달잠재력은 정상이었을 것입니다. 아이가 태어나서 기고, 서고, 걷는 것은 모두 신체적으로 프로그래밍된 것입니다. 만약 아이의 프로그래밍이 전체적으로 늦었다면 그렇게 짧은 시간에 발달을 따라잡기는 쉽지 않았을 것입니다. 아이에게는 원래 정상적인 발달경로가 프로그래밍되어 있었습니다. 그런데 양육환경에 문제가 있어 발달이 늦어진 것이지요.

스킨십은 정서적 상호작용의 중요한 수단

아이를 키울 때 모유 수유를 강조하는 가장 큰 이유는 접촉, 즉 스킨십 때문입니다. 스킨십과 관련해 흥미로운 실험이 있었습니다. 아기 원숭이에게 따뜻한 헝겊으로 싼 엄마 원숭이 인형과 차갑고 딱딱한 철사로 싼 엄마 원숭이 인형을 주었지요. 철사로 싼 엄마 원숭이 인형에는 젖병을 달아놓았습니다. 그런데 아기 원숭이는 배가 고플 때만 철사로 싼 엄마 원숭이 인형에게 달려가 얼른 우유를 먹고, 대부분의 시간을 헝겊으로 싼 엄마 원숭이 인형과 보냈습니다. 부모와 아이가 상호작용하는 데는 뭔가 먹이는 것이 아니라 심리적인 안정을 주는 것이 더 중요하다는 것을 밝힌 실험이었습니다.

그런데 결혼생활이 지긋지긋하다고만 생각하는 엄마가 아이와 얼마나 따뜻하게 접촉할 수 있을까요? 아이가 뭘 원하는지 얼마나 관심을 가질 수 있을까요? 예전에는 자기 생각을 느낄 만한 나이가 되어야 우울증이 생긴다고 했습니다. 그런데 요즘은 아주 어린아이들에게서도 우울증이 속속 나타나고 있습니다. 어린아이의 우울증은 어떻게 표현될까요? 가슴 아프게도 발육지연으로 나타납니다. 유아기의 우울증은 성장지체의 원인이 되는 것이지요. 전쟁 중에 갑자기 부모를 잃어 고아원에서 크는 아이들은 충분히 먹여도 잘 자라지 않았다고 합니다. 따뜻한 접촉, 스킨십이 부족하기 때문이지요. 아이들은 스킨십을 충분히 해주지 않으면 잘 자랄 수 없습니다.

영유아기, 접촉의 시기를 절대 놓치지 마라

정상발달 스케줄이 프로그래밍된 아이가 걷기, 말하기 등이 모두 늦었다면 접촉의 시기를 엄마가 그냥 지나쳐버렸기 때문일 겁니다. 아이는 아직도 접촉을 강하게 받아야 하는 어린 시절에 머물러 있는 것입니다. 아이에게는 자신이 충분히 안전하다는 느낌, 누군가와 연결되어 있다는 느낌이 없습니다. 아이는 스스로 돌볼 수 없기 때문에 안정적인 강한 존재와 연결되어 있기를 원합니다. 그래야만 편안해지지요. 그것이 애착입니다. 그 강한 존재는 물론 엄마이지요. 5세가 되었는데도 엄마에게 안아달라고만 하고 못 떨어진다면 아직도 아이는 자신이 믿고 의지할 대상이 없기 때문입니다. 자신이 버려질까 봐 불안하기 때문입니다. 아이가 부모와 분리되려면 안정감이 형성되어야 합니다. 아이는 외부 환경이나 엄마 이외의 다른 사람을 무서워하는 것이 아니라 엄마와 떨어질 수 있는 모든 상황을 싫어하는 겁니다. 아이를 안정적이고 건강하게 키우려면 엄마가 아이와 놀이치료를 받아야 합니다. 엄마뿐 아니라 아빠도 우울증 검사나 성격검사 같은 것을 받아 행복한 사람이 되려고 노력해야 합니다. 본인들이 충분히 행복하다고 느낄 때까지 치료와 교육을 멈추지 말아야 합니다.

준비되지 않은 부모, 피해는 아이에게

부부는 아기를 낳기 전부터 성숙하고 건강해야 합니다. 결혼해서 아이를 낳으면 누구나 혼자 살 때보다 삶의 짐이 10~20배 정도 늘어납니다. 그 짐은 두 사람이 협조한다고 해도 버겁게 느껴집니다. 또 큰아이가 4~5세 정도 되고 둘째아이가 태어나는 그 시점은 부부가 남자와 여자로서 사회적으로 성취해야 하는 때이기 때문에 더욱 쉽지 않은 상황입니다. 그것을 아빠 혼자, 엄마 혼자 헤쳐나가려고 하면 너무 힘듭니다. 그럴수록 서로 감싸고 사랑해야 합니다. 하지만 사회구조상 남자는 밖에서 돈을 벌어오느라 집안일을 생각할 겨를이 없고, 여자 혼자서 아이를 키워야 하는 경우가 많지요. 그런 남자에게 "돈만 벌어오면 뭘 해? 아이도 같이 키워야"라고 말할 수는 없습니다. 가정경제를 위해서는 남자의 일도 아주 중요합니다. 그럴 때 남자가 아주 쉽게 여자를 도와주는 방법이 있습니다. 진심을 담아 여자를 한 번만 더 꼭 안아주는 것이지요. 여자가 아이를 잘 키울 수 있게 하려면 남자가 여자한테 잘해야 합니다. 남자가 준 에너지로 여자는 아이를 키웁니다. 남자가 여자에게 힘을 불어넣어주면 엄마인 여자는 아이에게 힘을 불어넣어줍니다. 여자와 남자가 이제 막 엄마, 아빠가 되는 시기에는 누구나 힘듭니다. 부디, 우리 어른들이 힘들다고 아이까지 힘들게 하지 않았으면, 그리고 아프게 하지 않았으면 합니다.

도움말_아주대의과대학 소아정신과 조선미 교수님

PART

02

아이의 탄생, 육아의 시작
아이에게 필요한 양육환경
아이의 기질과 발달 사이

세상 밖으로 나온
내 아이

 **부모 공감**

　　엄마의 걱정과 눈물로 아이는 자라나 봐요.
　저는 조산기로 병원에 입원을 했었습니다. 아기를 만나려면 아직 멀었는데 자궁문이 열려 이렇게 일찍 나오면 아기가 힘들어진다는 의사선생님 말씀에 자궁수축을 도와주는 링거를 맞으며 버티는 하루하루는 정말 길었답니다. 링거를 맞으며 누워만 지냈던 시간이 엊그제 같은데 벌써 아이는 뽈뽈뽈 기어다녀요. 뱃속에 있을 땐 그저 건강하게만 태어나달라고 기도하고 또 기도했지만 막상 태어나니 '몸무게는 정상인지, 키는 어떻게 하면 더 커질지' 뒤집기며 발달사항에 또 신경이 쓰이더군요. 하나를 하고 나면 또 다른 하나가 생기는 게 끝이 없는 육아의 길인 것 같아요.

-borara21

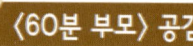 **〈60분 부모〉 공감**

　　아이의 탄생만으로도 가슴이 벅찼지만 아이가 점점 자라면서 엄마도 종종 내면의 가치와 소중함을 잊게 됩니다. 세상 모든 아이의 발달 속도가 같을 수 없고 속도가 같더라도 기질이 조금씩 다르게 나타납니다. 조금만 기다리면 지금 부모가 걱정하는 문제는 대부분 눈 녹듯 사라집니다. 하지만 양육과정에서 흔들리지 않으려면 엄마만의 소신과 육아원칙을 갖고 아이를 지켜보아야 합니다.

01

아이의 탄생, 육아의 시작

아이가 주는 행복의 크기

　엄마는 말로 표현할 수 없는 고통스러운 긴 터널을 통과해 아이를 만난다. 처음 가슴에 안아본 아이, 다시는 겪고 싶지 않을 만큼 고통스러웠지만 그 고통이 대수롭지 않게 느껴질 정도로 아이는 사랑스럽다. 누가 가르쳐주지 않았는데도 처음 만난 엄마 품에 얼굴을 비비며 젖을 찾는 아이를 보면 감동이 벅차오른다. 엄마는 처음 만난 아이의 모든 것이 사랑스러워 견딜 수 없다.
　이러한 느낌은 비단 엄마만의 것이 아니다. 아빠가 안기만 하면 뭐가 불편한지 울지만 아이는 묘하게 눈과 코 그리고 발가락까지 아빠를 닮았다. 엄마가 열 달 동안 몸 안에서 꼬물거리던 아이를 이제 막 만나 감동에 젖어 있다면, 아빠 또한 하늘에서 뚝 떨어진 것 같은 아이가 머리부터 발끝까지 자기를 닮은 것을 보면서 신기하기도 하고 고맙기도 해서 가슴 벅차오르는 행복감을 느낀다.

이렇게 아이를 품에 안으면서 시작된 행복은 아이를 키우면서 계속된다. 아이가 나를 보고 처음 웃었을 때, 아이가 처음 뒤집기를 했을 때, 아이가 처음 '엄마'라는 말을 했을 때, 아이가 걸음마에 성공했을 때 등 어제와 다른 아이 모습 하나하나가 부모에게는 무엇보다 반가운 화젯거리다. 아이가 자라면서 전해주는 이러한 재미는 부모의 지친 삶에 활력을 주고, 보람을 느끼게 하고, 부모로 살아가는 행복감을 만끽하게 해준다.

아이는 부모의 소유물이 아니다

아이를 키우다보면 분명 행복한 일만 있는 것은 아니다. 처음 가슴에 안았던 감동은 온데간데없이 사라지고 하나에서 열까지 엄마에게 의지하는 아이가 때론 부담스럽다. 엄마가 자기를 위해 모든 것을 희생하기를 바라면서 정작 자신은 크면 클수록 엄마 말을 듣지 않는다. 밥 먹을 시간도 없이 잠을 설쳐가며 키워놓은 아이가 어느새 엄마에게 반항(?)하는 것이다. 그 순간 엄마도 고민한다. 도대체 아이를 어떻게 다뤄야 하지? 어떻게 하면 아이가 말을 잘 들을까? 어떻게 하면 아이를 더 잘 키울까?

그런데 이 과정에서 부모는 조금씩 아이에게 따뜻한 사랑을 전하는 '양육자'에서 남들 눈에 반듯해 보이는 아이로 만들려는 '관리자'로 변한다. 부모가 아이의 관리자가 되려는 것은 올바르게 자라기를 바라고, 다른 사람에게 싫은 소리 듣지 않기를 바라며, 은근히 자신을 욕 먹이지 않기를 바라기 때문이다.

부모는 '다 너를 위해서'라며 아이를 닦달한다. 아이를 닦달하는 부모에게는 아이가 나와 동등한 인격체라는 생각 따위는 없다. 내가 낳았으니, 내가 키우니 온전히 '내 것'이라는 생각이 머릿속을 채운다. 모든 부모가 그런 것은 아니지만 자신이 다음과 같이 행동한다면 혹시 아이를 자기 소유물로 다루는 것은 아닌지 생각해보아야 한다.

첫째, 화를 유난히 잘 내는 경우다. 화를 잘 참지 못하는 사람들은 별것도 아닌 일에 크게 화를 낸다. 아이가 흘려도, 물건을 떨어뜨려도, 손가락을 입에 넣어도 화부터 낸다. 그러다보니 하루 종일 아이를 야단칠 일밖에 없다. 이때 내가 화내는 이유가 아이가 불편해서인지, 내가 불편해서인지 생각해 보자.

둘째, 부모 자신의 기준이 너무 높은 경우다. 자기 기준이 너무 높다보면 아이를 자꾸 잡게 된다. 옆집 아이가 네 살인데 벌써 천자문을 안다면 그 아이가 이상한 것인데 내 아이가 뒤떨어지는 것 같아 어쩔 줄 모른다. 당장 학습지를 시키고 쫓아가지 못하면 아이를 다그치고 닦달한다. 이런 부모는 자기 성적표와 아이 성적표를 혼동하는 것은 아닌지 생각해보아야 한다.

셋째, 부모 자신의 기준이 너무 경직된 경우다. 아이가 또래와 싸우다가 그 친구를 조금 할퀴었다고 하자. 그럼 부모는 바로 "너는 왜 사람을 할퀴니?" 하면서 따진다. 이렇게 따지다보면 아이를 닦달할 수밖에 없다. 부모는 자신이 아이 때문에 다른 사람에게 싫은 소리를 들을까 봐 걱정한다.

이런 세 유형의 부모는 아이를 양육하는 태도가 독재적이고 강압적이다. 그들이라고 아이를 사랑하지 않는 것은 아니지만 그 사랑은 일방적이다. 이런 부모는 사랑한다는 미명 아래 아이를 지적하고 비난하며, 끊임없이 비교하고 혼낸다.

아이는 엄마와 아빠의 사랑으로 세상에 왔지만 태어나는 순간 독립된 인격체이다. 아이가 잘못했을 때 어떻게 혼내야 하나를 고민하지 말고 내 사랑을 어떻게 전할까를 생각해보자. 아무리 내 속으로 낳은 아이라도 항상 예쁠 수는 없다. 부모도 사람인데 어떻게 미울 때가 없겠는가?

하지만 아이와 부딪칠 때나 아이가 내 생각에 반하는 행동을 할 때 아이를 내 소유물로 생각하지 말고 독립된 인격체로 보자. 그리고 아이가 그런 행동을 하는 이유를 먼저 이해하려고 해보자. 아이를 소유물 정도로 생각하는 부모는 아이가 자라면 자랄수록 아이의 '독립심'과 부딪쳐 육아를 더 힘들어한다.

02

아이에게 필요한 양육환경

양육환경이란 무엇인가

　양육환경은 아이를 키우는 환경이다. 흔히 아이의 성장발달을 돕는 엄마의 태도나 가정의 물리적·정서적 환경을 말한다. 요즘 부모는 텔레비전, 인터넷, 책 등 여러 매체에서 육아정보를 다양하게 접하므로 양육환경이 무엇인지 잘 알고 있다. 누군가 취학 전 아이를 키우는 부모에게 "아이의 초기 양육환경이 신체발달, 정서발달, 뇌발달에 결정적인 영향을 준다"라고 말한다면 별로 새로울 것도 없다는 식으로 기계적으로 고개를 서너 번 끄덕이고 말 것이다.
　서양에서도 아이가 건강하게 성장발달하는 데 필요한 양육환경의 중요성이 강조된 것은 100년 정도밖에 되지 않았다. 하지만 그 중요성이 매우 크게 인식되면서 우리나라도 20여 년 사이에 그와 관련한 연구결과와 논문이 쏟아져나왔다. 신문이나 잡지에서 빈번하게 다루었고, 관련 서적도 많이 출간되었다. 양육환경이 아이의 거의 모든 것에 영향을 미친다는 연구결과도 있다.

아이 발달에 관심을 갖고 발달에 영향을 미치는 양육환경의 중요성에 집중하는 사이, 우리는 자신도 모르게 '양육환경=엄마'라는 식으로 생각하게 되었다. 실제 아이가 신체발달이 늦어도, 말이 늦어도, 문제행동을 보여도 모두 '엄마 탓'으로 생각한다. 남편도, 시부모님도, 친정부모님도 심지어 이웃들까지 모두 "엄마인 네가 잘해야 아이가 잘 크지"라고 말한다.

아이 발달을 촉진하는 양육환경에서 무엇보다 엄마가 중요하다는 것은 의심의 여지가 없다. 엄마의 양육태도에 따라, 엄마의 육아소신에 따라, 엄마가 제공하는 물리적·정서적 환경에 따라 아이는 영향을 많이 받는다.

그러나 여기서 분명히 짚고 넘어갈 것이 있다. 엄마가 아이의 성장발달에서 가장 중요한 양육환경이지만, 엄마라는 양육환경이 제대로 기능하려면 엄마를 도와주는 또 다른 양육환경이 필요하다.

남편, 가족, 사회가 모두 여기에 포함된다. 즉 남편의 협조, 가족의 경제력, 친정식구, 시댁식구의 도움, 보육시설과 각종 의료기관의 유무, 이웃사촌의 도움 등 아이를 둘러싼 모든 환경이 포함된다.

아이는 어떤 양육환경을 원할까

　엄마들은 보통 내 아이가 자기보다 지식과 경험이 많은 엄마를 만났다면, 경제적으로 훨씬 좋은 환경에서 태어났다면 더 잘 자랐을 거라고 생각한다. 그리고 엄마 잘못 만나 소중한 내 아이가 이런저런 문제를 겪으며 고생한다고 생각한다. 신이 모든 곳에 존재할 수 없어서 '엄마'를 세상에 내려 보냈다는 말도 있지만 사실 엄마는 그렇게 전지전능한 존재가 아니다.

　엄마도 결혼하기 전까지만 해도 철부지 아가씨였다. 사랑스러운 아이를 만나면서 '엄마'라는 이름표를 달았지만 이 이름표와 함께 아이에게 좋은 양육환경에 걸맞은 '엄마 능력'까지 받지는 못했다. 초보 엄마는 기술적으로 실수 투성이이고 감정적으로 불안정할 수밖에 없다. 또한 영유아기 아이와 24시간 완벽하게 함께 보내는 것은 누구에게나 버거운 일이다. 초보 엄마가 처음 아이를 만났을 때 느꼈던 벅차오르는 감동을 유지하며 백만돌이 에너자이저처럼 아이를 혼자 키우기는 처음부터 불가능하게 마련이다.

　부모라면 누구나 아이를 최고로 키우기 위해 가장 좋은 양육환경을 만들고 싶어 한다. '맞벌이'와 '핵가족'이라는 특징을 지닌 요즘 사회에서 엄마 혼자 육아를 책임지기는 어렵다. 아이가 원하는 양육환경을 만들려면 엄마는 끊임없이 도움을 받아야 하고 당당히 도움을 요구해야 한다. 또 다른 이름의 엄마인 아빠에게서, 가족에게서, 사회에게서 도움을 받아야 한다. 결국 아이에게 필요한 양육환경은 엄마, 아빠, 가족, 사회가 함께 만드는 것이다. 가족과 사회는 엄마가 제1의 양육환경이 되도록 도와주는 제2의 양육환경인 동시에 든든한 지원군이 되어야 한다. 아빠는 지원군이라기보다 양육을 공동분담하고 역할을 효율적으로 나누는 제1의 양육환경이다.

그런데 양육환경이 좋으려면 엄마, 아빠, 가족, 사회는 어떤 것을 갖추어야 할까?

첫째, '엄마'가 좋은 양육환경이 되려면 무엇보다 아이를 행복하게 키우는 마음자세가 필요하다. 아이와 함께 있는 시간에 엄마는 아이에게 '행복감, 편안함'을 주어야 한다. 이것은 아이와 애착관계를 맺고 아이의 자아존중감을 형성하는 데 매우 중요하다. 엄마가 행복해하면서 아이를 양육하려면 체력, 육아에 필요한 지식·기술·경험, 육아에 적합한 체질과 성격 등을 갖추어야 한다. 그리고 각 요소에 문제가 있다면 그에 맞는 대책을 세워야 한다.

영유아기 때는 엄마의 체력이 가장 중요하다. 연구결과에 따르면 영유아를 키우는 엄마들의 77%가 지금 당장 병원에 가서 검사를 받아야 할 정도로 체력에 문제가 있다고 한다. 체력에 문제가 있으면 아이를 행복해하며 대할 수 없고, 참고 견디며 양육한다 해도 마라톤처럼 펼쳐지는 육아를 처음 속도 그대로 잘 이끌어갈 수 없다. 체력적으로 힘들다면 주위에 도움을 청하고 잠시 육아를 쉬며 체력 회복에 힘써야 하고, 평소에도 체력이 바닥나지 않게 해야 한다. 엄마가 몸이 아프면 아이에게 질 좋은 양육환경을 제공하기 어렵다. 몸이 힘들면 마음도 힘들어 아이에게 이유 없이 짜증내는 일이 많아지고 우울증에도 걸릴 수 있다.

체력 다음으로 살펴보아야 할 것이 육아에 관한 지식·기술·경험이다. 엄마는 바로 이것이 부족해 자신이 양질의 양육환경을 만들지 못한다고 생각한다. 하지만 엄마가 질 높은 양육환경을 만들지 못하는 이유는 지식이나 기술,

경험보다 성격이나 체질 때문인 경우가 많다.

직장에 다닐 때는 재미있었는데 하루 종일 아이와 집에 있으려니 속이 터질 것 같다든지, 화를 안 내고 싶은데 자꾸 화가 난다든지 한다면 육아 지식이나 기술이 부족해서가 아니라 육아가 성격이나 체질, 욕구에 맞지 않기 때문이다. 이때 엄마는 지식이나 기술보다 체질이나 성격적인 면을 먼저 살펴봐야 한다. 사람은 자기 성격에 맞지 않는 일을 하다보면 몸이 아프다. 체력이 따라주지 않고 기운까지 없으면 화내고 싶지 않아도 자꾸만 화가 난다.

둘째, '아빠'가 좋은 양육환경이 되려면 육아와 가사에 대한 이해심과 경제력을 갖추어야 한다. 또 하나의 '엄마'인 아빠도 아이를 잘 키우려면 체력, 지식·기술·경험은 물론 체질·성격이라는 조건을 갖춰야 한다. 하지만 이런 조건을 갖춘 아빠는 무척 드물다. 체력이 엄마보다 좋다고 하지만 직장에서 하루 종일 이런저런 일에 시달리고 돌아온 아빠의 체력은 엄마보다 그다지 좋지 않다.

지식·기술·경험은 당연히 엄마보다 떨어지고 마음의 준비조차 하지 못한 아빠도 있다. 분명 아빠는 엄마보다 양육 능력이 떨어진다. 그렇다고 '양육 책임'을 피할 수는 없다. 아이가 건강하게 성장발달하는 데는 엄마와의 애착 못지않게 아빠와의 애착도 필요하기 때문이다.

하루에 20분만이라도 아이가 아빠를 느낄 수 있게 단둘이 산책한다든지 즐겁게 놀아주어야 한다. 보통 아빠는 아이와 놀아주는 법을 모르니까 괜히 아이를 쿡쿡 찌른다거나, 간지럼을 태운다거나, 안아서 흔들기만 한다. 하지만 아빠가 아이와 놀아주는 방법은 간단하다. 아이를 이제 만나기 시작한 애인이라고 생각하면 된다. 무엇을 좋아하는지, 무엇을 듣고 싶어 하는지, 무슨 말을 하는지 사랑스러운 눈길로 관찰하고 아이 행동에 반응하면 된다.

아빠가 육아와 가사를 공동분담하려면 엄마의 현명한 배려가 필요하다. 우리나라 남자들은 가사와 육아를 결혼하고 나서 처음 접하는 경우가 많다. 이런 탓에 엄마들은 대개 '아빠'는 할 줄 아는 것이 없어 시킬 수 없다고 한다. 아무리 할 줄 아는 것이 없다고 해도 아빠에게 아무것도 나눠주지 않고 혼자 아이를 키우려고 해서는 안 된다. 아빠에게도 아빠가 할 일을 찾아내 반드시 분담시켜야 한다.

물론 한 번도 해보지 않는 일을 무조건 하라고 할 수는 없다. 그랬다가는 엄마 일이 배가될 수도 있으니까 남편에게 한번 물어보자. 육아가 편한지, 가사가 편한지. 집안일도 좀 더 세분해 설거지, 집안 청소, 욕실 청소, 쓰레기 분리, 빨래, 다리미질 등 자신이 할 수 있는 일을 고르게 한다. 육아도 먹이기, 입히기, 재우기, 씻기기, 놀아주기 등을 세분해 고르게 한다.

아빠가 아이와 노는 것이 편하다고 하면 아빠가 아이랑 노는 동안 엄마는 집안일을 한다. 아빠가 집안일이 편하다고 하면 엄마는 아이랑 놀고 아빠가 설거지하고 청소하면 된다. 남편이 편하게 더 잘할 수 있는 일을 시키는 것이 남편 자신은 물론 엄마나 아이에게도 좋다. 무조건 도와달라고 하고 어떻게 좀 해달라고 하면 아빠는 무척 힘들어한다. 더 잘할 수 있는 일을 고르게 하고, 그 일을 좀 더 수월하게 하는 비법을 엄마가 코치한다면 엄마, 아빠 모두 스트레스 없이 육아와 가사를 분담할 수 있다.

셋째, '가족'이 어떤 양육환경을 제공하는지 살펴봐야 한다. 주위에 친정이나 시댁이 있어 아이를 한두 시간이라도 맡길 수 있다면 엄마는 잠시나마 숨통이 트일 것이다. 그 시간에 끼니를 챙겨먹고 잠깐 쉴 수만 있어도 엄마가 제공할 수 있는 양육환경의 질이 높아질 수 있다.

할머니, 할아버지, 이모, 고모, 삼촌, 사촌오빠나 사촌언니가 줄 수 있는 정서적·인지적 자극은 생각보다 풍부하다. 이러한 자극은 안정적이고 고른 성장발달에 큰 도움이 된다. 이러한 가족조차 없다면 '육아 도우미'를 이용하든지 어려울 때 도움을 주고받을 수 있는 '이웃'을 만드는 것도 한 가지 방법이다. 아무리 완벽해도 아이에게 필요한 모든 자극을 엄마, 아빠가 다 줄 수는 없기 때문이다.

마지막으로 '사회'의 양육환경을 살펴봐야 한다. 이것은 지금 아이를 키우고 있건 키우지 않건 우리 모두 생각해야 할 문제이다. 사회가 도와주면 부모가 아이에게 제공하는 양육환경의 질이 한층 높아진다. 사회가 제공하는 양육환경에는 영유아보육시설, 유아교육시설, 보건소, 건강가정지원센터, 지역정신건강센터, 영유아프로그램이 있는 복지관, 정부가 제공하는 영유아프로그램, 문화센터, 소아전문병원 등이 있다.

아이 발달에 문제가 있어 걱정된다면 보건소, 사회복지관, 장애인종합복지관 등을 찾아볼 수 있다. 혼자서 아이를 돌보기가 힘에 부친다면 건강가정지원센터의 아이 돌보미 지원에 도움을 요청하여 일반 도우미보다 저렴하게 이용할 수 있다. 아이를 키우는 데 부부의 의견이 맞지 않아 힘들다면 지역정신건강센터에서 부부 성격검사를 받아볼 수 있고 육아 스트레스로 우울증이 찾아온다면 정신건강센터에서 도움을 받는다. 또 보육시설 등도 적극적으로 이용한다면 엄마 혼자 희생하는 것이 아니라 모두 동참하여 아이를 키우는 즐거움을 누릴 수 있을 것이다.

Tip

지역정신보건센터

지역주민의 정신건강을 위해 만들었으며 지역 보건소에서 같이 운영하는 경우가 많다. 도시에는 지역마다 있는데, '지역정신건강센터' 또는 '지역정신보건센터'라고 한다. 우울증이나 자살 등을 막기 위한 곳으로 육아에서 생기는 우울증을 상담하거나 부부 성격검사 등을 받을 수 있다. 대표전화 1577-0199

서울지역정신보건센터
- 강서 www.kscmhc.or.kr
- 성북 www.sbcmhc.or.kr
- 도봉 www.dobongmind.com
- 구로 www.grcmhc.or.kr
- 성동 www.mindcare.or.kr
- 강남 www.smilegn.net
- 노원 www.nowonmind.or.kr
- 중구 www.junggumind.or.kr
- 동작 www.seoulmind.net
- 서울시소아청소년 www.youthlove.or.kr

경기지역정신보건센터
- 파주 www.pajumind.org
- 연천 www.yccmhc.or.kr
- 안산 www.ansancmhc.or.kr
- 광주 gjcmhc.co.kr
- 남양주 www.ourmind.co.kr
- 안양 telepsy.co.kr
- 고양 www.goyangmaum.org
- 오산 www.osanmh.com
- 성남 www.sncmhc.com
- 시흥 www.shhealth.go.kr
- 수원 www.smhealth.co.kr
- 용인 www.ycenter.or.kr
- 의정부 www.umind.or.kr
- 동두천 www.cmhc.or.kr
- 광명 health.kmc21.net
- 의왕 www.uwcmh.com
- 군포 www.gunpohealth.or.kr
- 화성 www.hsmind.or.kr

인천지역정신보건센터
- 중구 www.happymind.or.kr
- 남구 www.ingmhc.or.kr

충청지역정신보건센터
- 천안 www.cancenter.or.kr
- 청원 www.cheongwoncenter.or.kr
- 충주 www.refinemyself.com
- 금산 www.gsmind.net
- 제천 www.jcmind.or.kr
- 아산 mind.asan.go.kr

강원지역정신보건센터
- 춘천 www.chmhc.org
- 원주 loveme.yonsei.kr

대전지역정신보건센터
- 서구 www.emind.or.kr

대구지역정신보건센터
- 서구 www.sgmhc.co.kr
- 달서구 www.mentalhc.or.kr
- 중구 www.중구정신보건센터.kr
- 남구 www.monami.or.kr
- 북구 www.eosmhc.or.kr

부산지역정신보건센터
- 부산 www.happylog.naver.com/busanmind.do
- 연제구 www.ymhc.or.kr
- 금정구 www.mhmc.kr

경상지역정신보건센터
- 경산 www.gsmind.or.kr
- 경주 www.gjmind.or.kr
- 마산 www.masan.go.kr
- 구미 www.gumimind.com
- 진주 mind.jinju.go.kr
- 창원 www.cwmhc.or.kr
- 양산 www.happylog.naver.com/yscmhc.do
- 안동 www.andongmind.com

광주지역정신보건센터
- 동구 www.hmt.or.kr
- 서구 www.haniemhc.or.kr
- 남구 www.adolesunrise.net
- 북구 www.gjw.or.kr/hemind
- 광산구 www.gjw.or.kr/gsgmhc

전라지역정신보건센터
- 군산 www.ksmhc.or.kr
- 전주 wind.jjmind.com
- 익산 www.iksanmh.or.kr
- 정읍 www.jemhc.or.kr
- 영광 www.ykcenter.com
- 나주 www.jncsw.org/najumind

제주지역정신보건센터
- 제주 www.jmhc.org

엄마의 불안은 아이에게 전염된다

엄마가 불안해하면 아이도 불안해한다. 불안한 감정만큼 옆 사람에게 잘 스며드는 것은 없다. 엄마의 불안은 얼굴 표정, 몸짓, 목소리, 행동에 고스란히 묻어 있다. 영유아에게 엄마는 생존을 좌우하는 사람이다. 아이는 태어난 순간 생존하기 위해 동물적 본능으로 엄마 품에 파고들고 엄마가 보이지 않으면 불안해한다.

그런데 엄마가 불안한 눈빛과 손짓으로 자신을 대한다면 아이는 엄마보다 몇 백 배 더 불안해질 수밖에 없다. 엄마가 불안해하면 아이는 자신의 발달과 제는 제쳐놓는다. 호기심이 일어도 탐색하지 않고, 잘 먹지도 않을 뿐 아니라 잠도 자지 않으면서 엄마 눈치를 본다.

그렇다면 엄마는 왜 불안해할까? 불안의 원인은 사람마다 다르고 이유도 셀 수 없이 다양하지만 그동안 《60분 부모》의 문을 두드린 엄마들은 대개 앞에서 언급한 양육환경을 제대로 갖추지 못했기 때문이었다. 육아가 자기 체질이나 성격에 맞지 않아 생긴 우울증도 불안의 중요한 요인이었다. 또 주위에서 듣거나 인터넷에서 검색한 잘못된 육아정보도 그 원인이 되었다.

무엇보다 아이 발달에 문제가 있거나 다소 문제가 있는 것으로 느껴질 경우 엄마의 불안은 극에 달한다. 또 엄마 자신의 자존감이 낮아 자기 아이와 다른 집 아이를, 자신의 육아능력과 다른 엄마의 육아능력을 끊임없이 비교하며 불안감에 빠지기도 한다. 그럼 이런 불안은 아이에게 어떤 영향을 주며 엄마는 이것을 어떻게 떨쳐버려야 할까?

태어난 지 10개월 된 여자아이 은영이는 항상 엄마랑 누워서 논다. 엄마는 늘 피곤해하고 틈만 나면 누워 있고 싶어 한다. 허니문 베이비가 생겨 갑작스럽게 엄마가 된 소연 씨는 생각지도 않았던 육아로 엄청난 우울증에 시달렸다. 소연 씨의 우울증은 임신 7~8개월 때 시작되었다. 결혼과 동시에 바빠진 남편, 아직도 어색한 시댁관계, 지방에 있는 친정, 아는 사람이라고는 아무도 없는 낯선 도시, 도와줄 사람 하나 없는 환경, 게다가 아무리 노력해도 제자리걸음인 육아……. 결혼만 하면 집도 예쁘게 꾸미고 아이도 사랑스럽게 키우며, 남편 내조도 잘하고 오순도순 살아보려고 했다. 하지만 현실 속 소연 씨는 집 밖으로 한 발짝도 나갈 수 없다.

소연 씨는 당장 베란다에서 뛰어내릴 것 같은 극심한 우울증을 겪었다. 우울증의 대표적 증상은 삶에 긍정적인 요소는 하나도 안 보이는 것이다. 자신에게서도, 아이에게서도 잘하는 것이 하나도 보이지 않는다. 그 대신 자신이 못하는 것, 아이가 못하는 것만 괴물처럼 크게 보인다. 은영이는 태어난 지 10개월 되었지만 도통 기지도 않고 옹알이도 하지 않으며 전반적으로 발달이 늦었다. 우울증을 겪고 있던 소연 씨는 발달이 늦은 아이 때문에 우울증이 더 심해졌고 불안감이 극에 달했다.

하지만 발달검사 결과 은영이는 타고난 기질이 순해서 발달이 조금 늦을 뿐이었다. 그 정도는 엄마가 운동발달을 조금만 자극해주면 얼마든지 따라잡을 수 있었다. 그런데 엄마는 우울증 때문에 모든 일에 의욕이 없어 아이의 놀이를 적극적으로 유도하지 못했다. 이런 경우 아이의 운동발달, 정서발달을 돕기 위해 엄마의 우울증을 먼저 치료해야 한다.

민서 엄마는 태어난 지 11개월 된 민서가 도통 모방을 하지 않는다고 걱정이 이만저만이 아니다. 엄마가 '바이, 바이' 해도 아이는 뚱한 얼굴로 엄마를 쳐다보고, 엄마가 '곰 세 마리'를 큰 동작과 함께 불러도 별로 따라 하려 들지 않는다. '짝짜꿍'도 그렇고 '잼잼'도 그렇고……. 또래 아이들은 곧잘 따라 하고 좋아한다는데 민서는 항상 무표정하다. 반응이 없으니 아이가 무엇을 좋아하는지도 모르겠고 어떻게 놀아주어야 할지도 몰라 엄마는 늘 불안하다. 아무리 육아책을 찾아봐도, 인터넷을 뒤져봐도 민서같이 반응이 없는 아이는 없다.

모방을 잘하지 않는 아이 가운데는 실제 아무 문제가 없는데도 기질상 모방을 좋아하지 않는 아이도 있다. 하지만 민서는 그런 아이가 아니었다. 민서는 운동발달이 조금 늦은 편이었지만 상대방이 어떤 행동을 했을 때 반응도 잘 보이고 모방도 하려고 노력했다. 문제는 아이가 보인 모방이나 반응이 엄마가 인터넷이나 육아책에서 본 내용과 달랐던 것이다. 엄마가 '곰 세 마리' 노래에 맞춰 율동을 하자 민서도 양팔을 파닥파닥했다. 또 표정은 뚱했지만 '잼잼'이나 '짝짜꿍'을 할 때 엄마의 손을 뚫어지게 쳐다보았다. 아이의 반응을 엄마가 읽지 못하고 '우리 아이는 왜 이럴까?' 불안해한 것이다.

이런 경우 정상적인 아이가 문제 있는 아이로 오해받기도 하지만 더 심각한 것은 엄마가 아이에게 자극을 주려는 의욕을 상실한다는 것이다. 어차피 뭘 해줘도 반응이 없을 거라고 판단해 더는 노력하지 않는다. 이렇게 되면 아이는 자기 딴에는 노력했는데도 발달자극을 받지 못할 수 있다. 요즘은 떠도는 육아정보가 너무 많다. 검증되지 않은 육아정보를 무턱대고 믿고 불안에 떨며 아이를 대하지 않도록 엄마들이 경계해야 한다.

태어난 지 7개월 된 남자아이 민석이는 이제 겨우 목을 가눈다. 또래에 비해 발달이 너무 늦은 것 같아 동네 소아청소년과에 가서 물어봤지만 그럴 수도 있으니 기다려보자는 말만 할 뿐이었다. 그래서 대학병원 소아신경과를 찾아 MRI 검사와 뇌파검사까지 했는데 역시 아무 이상이 없다고 했다. 민식 엄마는 대학병원 소아신경과 선생님께 어떻게 해야 좋을지 물었다. 선생님은 "괜찮다는데 무슨 걱정이세요? 손가락이나 자주 주물러주고 아이를 엎어놓으세요"라고 했다. 집으로 돌아와 인터넷을 뒤져보니 온통 무서운 말뿐이다. 발달장애, 지체장애, 지적장애……. 민식 엄마는 불안해서 견딜 수 없다.

발달검사를 해보니 민석이는 엄마가 알고 있는 대로 발달이 늦었다. 하지만 민석 엄마가 만나본 소아청소년과 전문의나 소아신경과 전문의의 조언과 같이 불안해하면서 걱정할 정도는 아니었다. 소아재활치료, 물리치료를 받으면 충분히 좋아질 만했다. 그런데 우리나라 병원들은 정해진 시간에 환자를 많이 봐야 해서 그런지 친절하게 설명해주지도 않고, 앞으로 어떻게 해야 하는지 자세히 안내하지 않는 경우가 많다.

민석 엄마는 방송 이후, 아이의 정확한 상태를 이해했고, 어떻게 하면 발달 상황이 좋아지는지 구체적인 설명을 들었다. 그래서 불안감이 사라지고 오히려 그렇게 심각한 상황은 아니라며 안심하게 되었다. 아이가 아프거나 발달에 문제가 있는 것 같은데 왜 그런지, 어떻게 해야 하는지 정확히 모르면 누구나 불안해진다. 이런 상태에서 검증되지 않은 정보를 접하면 불안감은 더 커지게 마련이다. 하지만 정확한 정보를 알고 나면 불안한 정도는 많이 줄어든다. 불안감을 줄이려면 아이에게 문제가 발생했을 때 전문가에게 가능한 한 정확한 정보를 끌어내는 것이 중요하다.

그중 한 가지 방법으로 병원이나 상담기관을 방문할 때 편지를 써서 가지고 가기를 제안한다. 방문 전에 미리 아이 증상과 자신이 걱정하는 점을 꼼꼼히 적어 전문가에게 건네자. 전문가가 귀찮아할지도 모르지만 이 엄마에게는 설명을 길게 해야겠구나 싶어 아이에 대해 더 설명하려고 노력할 것이다.

우현이는 세 돌이 가까워오는데 아직도 배변훈련을 한다. 다른 아이들은 18개월 때 기저귀를 뗀다던데, 우현이는 그렇지 못하다. 어떻게든 기저귀를 떼려고 육아책에 적혀 있는 대로, 인터넷에서 시키는 대로 해보았지만 잘되지 않았다. 우현 엄마는 자신의 육아방식이 늘 불안하다. 배변문제 하나 때문에 이런 생각이 드는 것은 아니다. 다른 아이와 우현이를 비교하다가도 우현 엄마는 '혹시 내가 다른 엄마들보다 재주가 없어서 그런 것은 아닌가' 하는 생각이 든다.

우리는 참 극성스러운 시대에 살고 있다. 극성맞지 않으면 살아남을 수 없을 것 같다. 아이는 세 돌만 지나면 영어유치원에 다니고, 유행하는 예쁜 옷을 입는다. 아직도 아가씨 같은 세련된 엄마는 좋은 차에 똘똘하고 당당해 보이는 아이를 태우고 다닌다. 비슷한 또래를 둔 엄마라면 '저 엄마는 어쩜 저렇게 부지런할까? 아이를 어떻게 저렇게 잘 키웠을까' 하는 생각이 들어 자신이 초라하다고 느끼기도 한다.

이런 상황에서 아이를 키우면 엄마도 종종 내면의 가치와 소중함을 잊는다. 항상 남과 나를 비교하고 다른 아이와 자기 아이를 비교해 남들은 잘하는데 나만 못한다고 느낀다. 이런 엄마의 불안한 마음은 아이가 자기 속도대로,

자기 특성대로 편안히 자랄 수 없게 만들어 엄마 못지않게 아이도 불안하게 한다. 개월별, 연령별 발달과제는 단지 지침일 뿐이다. 그런 지침에 내 아이를 끼워 맞추고 다른 이이와 비교해서는 안 된다.

남과 나를 비교하며 자괴감을 느끼는 것은 사회 전반의 분위기 탓도 있지만 엄마 자신의 낮은 자존감과 열등감에서 기인하는 경우가 많다.

나와 다른 사람, 내 아이와 다른 아이를 비교하지 않으려면 자기만의 소신, 중심이 있어야 한다. 자기만의 소신이 없으면 엄마로서 최선을 다하면서도 항상 자신과 아이 능력을 의심하게 된다. 이때 더 늦기 전에 엄마 자신을 제대로 되돌아보기 위해 성격검사나 심리검사를 받아보는 게 좋다.

03

아이의 기질과 발달 사이

발달에는 순서가 있다

　아이 발달은 대부분 순차적으로 진행된다. 아이는 마치 어떤 교육을 미리 받고 태어난 것처럼 생후 4개월이면 목을 가누고 7~10개월이면 기기 시작한다. 목을 가누고 기는 중간에는 뒤집기 과정을 거친다. 10개월이면 잡고 일어서고 돌 정도 되면 걷는다. 걷게 될 무렵 아이의 말문이 트이기 시작한다. 15개월이면 '엄마, 맘마'를 한마디라도 하고 간단한 말귀를 알아듣는다. 그리고 두 돌이 되면 놀라울 정도로 많은 단어를 말하며, 손놀림도 세밀해져 연필을 잡고 제법 온전한 동그라미를 그린다.

　아이 발달은 아이의 뇌가 발달하면서 일어나는 변화이다. 하지만 진행 속도는 아이마다 다르다. 어떤 아이는 초보 부모를 뿌듯하게 만들 만큼 빠르기도 하고 어떤 아이는 '혹시 발달에 이상이 있는 것은 아닐까?'라는 생각이 들 정도로 늦다.

이런 불안감은 부모가 육아에 열성적일 경우 더 심할 수 있다. 아이 발달은 초보 부모에게 '부모 성적표'처럼 느껴지기도 하기 때문이다.

> 태어난 지 37개월 된 영인이는 운동발달과 언어발달이 늦은 편이다. 18개월에 걸었고, 지금은 뛸 수 있지만 뛰는 모습도 좀 엉성해 보인다. 두발 뛰기는 아예 못하고, 한 발 들기도 잘 못한다. 계단 오르기는 난간 손잡이를 잡고 한 발씩 조심스럽게 할 수 있다. 말은 자주 쓰는 한정된 단어와 문장으로만 표현하는데 발음이 아주 나빠서 어물어물하는 것 같다. 문장은 '있다, 없다, 맛있다' 정도밖에 못하고 퍼즐은 6개짜리를 겨우 한다. 하지만 수적인 개념과 많다, 적다, 길다, 짧다 등은 다 이해하고 엄마가 "귤 한 개만 가져다주세요" 하면 귤을 가져올 줄 안다.

보통 생후 16개월 정도면 걷지만 18개월 정도에 걷기도 한다. 18개월에 걸어도 발달지수DQ가 정상 범위에 속하면 '정상'이라고 한다. 늦게 걷는 아이는 대부분 모든 운동발달이 늦다. 그래서 손가락으로 정확히 맞춰야 하는 퍼즐 놀이를 어렵게 느낀다.

아마 영인이는 연필을 잡고 글씨를 쓰거나 동그라미나 네모 그리기를 별로 좋아하지 않을 것이다. 이런 경우 발달을 돕는다고 아이가 잘하지 못하는 것을 강요하면 안 된다. 아이가 프로그래밍된 자기 속도대로 진행하게 놔두어야 한다.

영인이의 발음이 좋지 않은 것은 당연하다. 발음을 정확히 하려면 입 주위 근육이 발달해야 하는데 영인이는 운동발달이 늦은 편이라 입 주위 근육 발달도 또래에 비해 늦기 때문이다. 정확히 발음하는 것은 운동발달과 관련이 있다고 이해하면 된다. 이때 스트로나 피리 같은 것을 장난감으로 주어 입술 주위 근육운동을 하도록 도와주면 발음이 점점 좋아진다.

그러나 간혹 아이 뇌발달에는 아무 문제가 없는데도 부모가 확인할 수 있는 발달이 늦은 아이가 있다. 36개월까지 말을 한마디도 하지 않다가 어느 날 갑자기 말을 쏟아내는 아이, 돌이 지났는데도 걷지 않아 걱정이 이만저만 아니었는데 15개월에 단번에 꼿꼿이 서서 능숙하게 걷는 아이가 그런 경우이다. 물론 늦게라도 말문이 트이고 잘 걷는다면 나중에 '추억'으로 회상할 수 있겠지만 말문이 트이기 직전까지, 걷기 직전까지 부모는 별의별 두려운 상상을 다한다.

뇌발달이 정상인데도 제때 할 것을 안 하는 것은 아이의 기질 때문인 경우가 많다. 자기 속에서 완벽하게 할 수 있을 때까지는 말도 꺼내지 않고, 걷지도 않는 것이다. 또 자신이 완벽하게 알기 전까지는 한 가지 장난감만 가지고 노는 아이도 있다. 이런 아이는 '혹시 자폐가 아닐까?'라고 의심받기도 하는데, 기질적인 경우가 많다. 그러므로 발달은 아이의 운동성과 기질을 염두에 두고 살펴보아야 한다.

기질은 타고난다

아이 발달 특성은 기질의 영향을 받는다. 그렇다면 기질은 무엇일까? 기질은 얼마나 다양한 장난감에 흥미를 보이느냐, 사람에게 어떤 관심과 친밀감을 보이느냐, 스트레스 상황에서 쉽게 감정을 조절할 수 있느냐 등으로 생각해볼 수 있다. 보통 쉽게 스트레스를 받고, 스트레스 상황에서 잘 울고 화를 잘 내는 아이를 '까다로운 아이'라고 하고, 그렇지 않은 아이를 '순한 아이'라고 한다. 기질은 다분히 성격적이다. 자주 울어서 키우기 어려우면 '기질이 까다로운 아이'라고 하고, 잘 울지 않고 혼자 잘 놀면 '기질이 순한 아이'라고 한다. 그러나 이것은 부모의 주관적인 판단일 뿐이다.

아이 기질은 아주 간단하게 두 가지로 판단할 수 있다. 첫째, 아이가 낯선 환경에 놓였을 때 사람을 더 열심히 쳐다보는지, 그 집 장난감을 더 많이 쳐다보는지 살핀다. 둘째, 아이가 스트레스 받을 때 얼마나 우는지 살핀다. 일반적으로 순한 아이는 사람에게 관심을 보이고, 스트레스 받을 때 칭얼칭얼하다 만다. 반면 까다로운 아이는 장난감에 관심을 보이고, 세상이 떠나가라고 운다.

아이가 얼마나 까다로운지는 화를 얼마나 자주 내는지, 특히 무엇에 화를 내는지 관찰하면 알 수 있다. 기질이 순한 아이는 그저 바라보면서 놀아도 만족한다. 가만히 누워 모빌을 보면서 놀고, 누워서 책을 보며 노는 것도 즐긴다. 장난감도 하나를 가지고 꽤 오랫동안 놀 수 있다. 이런 아이는 뭐든 철학자처럼 열심히 탐구하기 때문에 장난감 하나를 돌려보면서 관찰한다. 한 장난감을 완전히 마스터할 때까지 그것만 가지고 노는 것이다. 엄마가 눕혀 놓으면 누워서도 잘 논다. 특별한 상황이 아니면 기어 다니고 싶어 하지 않기도 한다.

이러다보니 엄마는 아이 발달에 문제가 있는 것은 아닌지 걱정한다. 또 자극을 주어도 아주 천천히 생각하면서 반응하기 때문에 머리가 나쁜 것은 아닌지 걱정스럽다. 이에 반해 기질이 까다로운 아이는 온 집을 쑤시고 돌아다녀야 직성이 풀리는 '다람쥐형'인 경우가 많다. 엄마가 눕혀놓으면 재빨리 뒤집고 장난감도 여러 가지를 한꺼번에 뒤적거리며 논다.

이런 아이는 스트레스를 받으면 한두 시간 넘어갈 듯이 자지러지게 운다. 까다로운 아이는 자주 울고 떼가 심하기 때문에 부모가 다루기 힘든 경우가 많다. 이런 아이의 부모는 자신이 아이를 잘못 키운 것이 아닌가 고민에 빠지기도 하고, 아이가 자라서도 이러면 어떻게 하나 걱정하기도 한다.

아이는 대부분 기질을 타고난다. 날 때부터 아이는 그런 기질을 가지고 있다. 그리고 그 기질은 부모에게서 물려받은 것이다. 그런데 순한 부모에게서 왜 까다로운 아이가 태어날까? 그것은 환경 때문이다. 사람의 성격은 타고난 기질에 환경의 영향을 받아 만들어진다. 부모는 자라면서 다양한 사람을 만났고, 학교나 회사 등에서 환경 변화를 많이 겪었다. 그래서 기질은 고정되어 있지만 환경에 따라 성격이 변한 것이다. 부모는 기질과 성격을 같은 것으로 보기 때문에 아이 기질이 잘 이해되지 않는다.

그렇다면 부모가 다른 양육환경, 즉 다른 양육태도를 보여주면 아이 기질은 바뀌지 않더라도 성격은 바꿀 수 있을까? 결론부터 말하면 그렇다. 한 연구에서 까다로운 아이 100명을 뽑아 아이 엄마 50명에게는 아이가 뭘 원하는

지 욕구를 민감하게 관찰하고 행동에 효율적으로 대처하는 기술을 가르쳤다. 그리고 나머지 아이 50명의 엄마에게는 이전에 하던 대로 하라고 했다.

몇 달 후 훈련받은 엄마의 아이는 그렇지 않은 엄마의 아이보다 훨씬 덜 까다로운 아이가 되었다. 물론 모든 아이가 같은 결과를 보인 건 아니지만 엄마가 민감하게 반응하면 아이의 까다로운 기질도 가라앉을 수 있다는 사실이 밝혀진 것이다. 사실 까다로운 아이는 조금만 마음에 안 들어도 울고 소리 지르기 때문에 엄마를 자주 화나게 만들고 스트레스 상황으로 몰아넣는다. 그러다보니 아이를 대할 때 안정적인 양육태도를 보이기 어렵다. 가뜩이나 까다로운 기질을 타고난 아이는 엄마의 불안정한 양육태도까지 합쳐져 점점 더 까다로운 아이가 되는 경향도 있다.

또 다른 예도 있다. 기질이 까다로운 아기 원숭이를 새끼를 잘 키우는 원숭이 밑에서 자라나게 했더니 원숭이의 정서가 매우 안정되었다. 그리고 그 아기 원숭이가 자라서 새끼를 낳아 어떻게 키우는지를 살펴보니, 양육태도가 안정된 엄마 원숭이가 자신을 키우던 양육방식으로 새끼를 키웠다. 결국 타고난 기질도 무시할 수 없지만 주양육자의 양육태도가 매우 중요하다는 말이다. 까다로운 성격의 부모라면 자신의 양육태도가 덜 예민해지도록 노력해야 한다.

기질일까, 발달문제일까

아이를 대하는 순간순간 부모는 고민한다. '기질 때문일까? 발달 때문일까?' 사실 초보 부모로서는 판단하기 힘든 경우가 많다. 기질 때문인지, 뇌발달이 늦어서 그런지 단번에 판단하기란 쉽지 않다. 게다가 '기질이나 발달에 문제가 있기 때문이라면 부모는 어떻게 해야 할까?'라는 숙제도 남는다. 특히 아이가 악을 쓰면서 우는 경우, 지나치게 산만한 경우, 너무 순한 경우, 한 가지 놀이에 집착하는 경우라면 그런 고민에 휩싸이게 된다.

악을 쓰면서 우는 아이

생후 6개월 이전의 아이가 악을 쓰면서 울 경우, 기질적으로 까다롭기 때문인지 어디가 안 좋기 때문인지 초보 부모는 판단하기 어렵다. 아이는 배가 고프거나 기저귀가 젖었을 때 유난히 크게 운다. 불편함이 해결되었는데도 계속 운다면 기질이 까다로운 아이일 수 있다. 이때 엄마는 놀라지 말고 우선 숨을 크게 쉬면서 가슴을 진정시켜야 한다. 엄마의 맥박수가 올라가고 당황하면 그 에너지가 아이에게 고스란히 전달되어 아이를 더 흥분시키고 더 오래 울게 한다.

이런 아이는 대부분 엄마가 아무리 달래도 자기가 울고 싶은 만큼 울어야 울음을 멈춘다. 따라서 너무 달래려고 애쓰지 말고 마음을 차분히 해야 한다. 아이를 꼭 안고 숨을 천천히 쉬며 아이 귀에 '쉬~ 쉬~' 하는 소리를 들려주면서 안정된 에너지를 주거나 '됐어, 이젠 괜찮아' 같은 말로 아이에게 최면을 걸듯 속삭인다. 위아래로 움직일 때 안정감을 찾으므로 아이를 안고 천천히 걸어보자. 또 환기가 안 되면 답답해서 더 많이 울 수 있으므로 창문을 열어놓는 것도 안정시키는 데 도움이 된다.

생후 6개월 이전, 악을 쓰며 많이 우는 아이 가운데 뇌발달에 문제가 있는 아이도 있다. 뇌에서 새로운 자극을 잘 통합하지 못해 일종의 과잉 반응을 보이는 것이다.

그렇다면 두 울음을 어떻게 구분할까? 기질적으로 까다로워 많이 우는 아이는 눈을 동그랗게 뜨고 반항하듯이, 엄마가 밉다는 듯이 운다. 눈물을 흘리지 않으며, 목에 힘을 주면서 운다. 이에 반해 뇌에서 통합이 안 되어 우는 아이는 몹시 두렵고 무섭다는 표정으로 운다. 초보 부모는 처음에는 두 울음을 구별하기 어렵다. 하지만 울음에 이런 차이가 있다는 것을 알고 잘 관찰하면 곧 구별할 수 있다. 아이가 발달상 문제가 있어서 무섭다는 듯 울 때는 어떤 상황이 아이에게 공포감을 주는지 잘 관찰해야 한다. 아이를 흔들어줄 때 그런지, 들어 올렸을 때 그런지, 다른 사람이 들어왔을 때 그런지 잘 살펴본다.

아이가 생후 6개월 미만일 때는 되도록 그런 자극은 접하지 않게 한다. 간혹 아이가 싫어하는 자극을 오히려 자주 접하게 해서 뇌가 적응하도록 해야 한다고 생각하는 부모도 있다. 하지만 6개월 전에는 아이 울음을 유발하는 자극을 막아주는 것이 최선이다. 시간이 지나 아이 뇌가 발달하면 그런 행동은 많이 나아지므로 억지로 싫어하는 자극을 주지 않도록 주의한다.

산만한 아이

요즘은 워낙 정보가 많아 아이가 조금만 산만해도 ADHD^{주의력결핍 과잉행동장애}가 아닌가 생각한다. 아이가 산만하다고 모두 ADHD는 아니다. 산만한 아이는 공격성이 떨어지는 경우, 언어표현력이 떨어지는 경우, 언어발달이 지연되는 경우 그리고 ADHD인 경우로 구분해 생각해야 한다.

공격성이 떨어지면 아이가 산만해질 수 있다. 하지만 공격성이 떨어진다고 모두 산만해지는 것은 아니다. 공격성이 떨어지는 아이를 부모가 강압적으로 다룰 때 아이는 산만해진다. 부모는 적극적으로 양육하겠다고 뭔가 놀이를 주도하고 시키는데, 아이는 그것이 싫어서 나름대로 반항한다는 것이 산만함으로 나타난다. 공격성이 심하다면 아이는 엄마를 때리거나 드러눕거나 하는 반응을 보인다. 이런 아이는 엄마가 짜증나도록 은근히 말을 안 듣는다.

언어표현력이 떨어질 때도 아이가 산만해질 수 있다. 언어이해력은 정상인데 표현력만 떨어지는 경우 부모는 아이의 언어표현력을 향상시키려고 자주 언어놀이를 시도한다. 그러다보면 아이는 자기가 할 수 없는 놀이를 자꾸 시키니까 화가 나서 언어놀이에는 반응하지 않고 계속 딴청을 피운다. 부모는 그런 모습을 산만하다고 오해한다. 이런 아이는 언어이해력이 별로 필요하지 않은 퍼즐이나 자전거 타기, 공놀이 등을 좋아할 수 있다.

공격성이 떨어지면서 언어발달이 지연되면 아이는 더 산만해질 수 있다. 언어발달에 지연이 있으면 언어표현력뿐 아니라 언어이해력도 늦어진다. 이런 경우 대부분 운동성이 떨어지면서 언어이해력, 발달지수도 떨어진다. 그러다보니 상황판단을 잘못해서 산만해진다.

우리가 가장 많이 알고 있는 ADHD는 뇌에서 분비되는 신경전달물질에 문제가 있는 것이다. 다른 이유 없이 산만함이 지나치다면 소아정신과를 방문하여 진단을 받고 적절한 치료를 받자.

순한 아이

아이가 순하다보면 발달에 문제가 있어도 발견하기가 쉽지 않다. '순해서 그러겠지' 하면서 아이의 이상을 눈여겨보지 않기 때문이다. 실제로 발달지연이 가장 늦게 발견되는 아이는 대부분 기질이 매우 순하다. 따라서 아이가 순하면 발달을 더 세심하게 관찰해야 한다. 아무리 시끄러워도 계속 잠만 자는 순한 아이는 스트레스를 별로 받지 않을 수도 있지만 뇌에서 자율학습이 이루어지지 않는 아이일 수도 있다. 뇌가 일상생활에서 발생하는 자극을 흡수하지 못하고 그냥 잠만 자는 것이다. 이런 경우 세심하게 관찰해서 순한 아이인지 기질적으로 스트레스를 받지 않는 아이인지 판단해야 한다.

겁이 많은 아이

심리적으로 겁이 많은 경우와 운동성이 떨어지는 경우 등을 모두 겁이 많다고 본다. 심리적으로 겁이 많은 경우 새로운 사람을 만나거나 새 사물을 접할 때 나타난다. 흔히 '낯가림이 심하다'고 하는데, 처음 만나는 사람에게 선뜻 인사하지 못하고 쉽게 친해지기도 힘들다. 이런 경우 부모가 도와주어야 한다. 아이가 그 사람이나 물건을 자신에게 위험한지 안전한지 충분히 판단하고 나서 접근할 수 있도록 시간을 주어야 한다. 시간이 많이 걸리지만 적응하고 나면 아주 적극적으로 잘 논다. 이런 아이는 새로운 사물을 접했을 때 15분 정도 관찰시간이 필요하다.

아이가 미끄럼틀을 타지 못하거나 계단을 내려오지 못해도 겁이 많은 아이라고 오해한다. 그런데 이것은 운동성이 떨어지기 때문인 경우가 더 많다. 극단적인 예이지만 생후 10개월 된 아이가 세워놓기만 하면 마구 우는 경우, 이 아이는 평형감각에 문제가 있어 머리 위치가 바뀌는 것에 무서움을 느끼는 것이다. 미끄럼틀을 타지 못하는 아이도 깊이를 인지한 후 가속도가 느껴지는 것을 뇌에서 통합하기 어렵기 때문에 무서워서 그런 경우가 많다. 계단을 내려오는 것도 마찬가지로 뇌에서 깊이나 속도 등의 자극이 통합되지 않아 무섭게 느끼는 것이다.

이런 아이는 양육자에게 도와달라는 말을 많이 하는데, 이때 잘 도와주어야 한다. 아이를 씩씩하게 키운다고 "사내자식이 그것도 무서워하면 어떡해?" "뭐가 무섭다고 못 내려오는 거야" 하면서 혼자 해보라고 강요하면 아이는 부모에게 화가 난다. 그래서 더 말을 안 듣고 산만하게 행동한다. 미끄럼틀 타기를 무서워하는 아이, 시소를 타지 못하는 아이, 계단 내려오기를 힘들어하는 아이는 절대로 억지로 시켜서는 안 된다. "엄마가 도와줄게" "우리 같이 해볼까?" 하며 아주 친절하게 도와주어야 한다.

한 가지 놀이에만 집착하는 아이

아이가 한 가지 놀이에만 집착하면 부모에게는 두 가지 생각이 떠오른다. '혹시 자폐가 아닐까?' '집중력이 뛰어난 걸까?' 하지만 이 두 가지는 아이가 만 두 돌이 지났을 때만 의미 있는 말이다. 그 전에는 아이가 한 가지 놀이에 집착하는 것이 큰 의미가 없다. 생후 24개월 이후 언어이해력은 정상 범위에 속하지만 한 가지 놀이에 집착하는 경향을 보인다면 그것은 대부분 아이의 놀이 선호도이다. 어떤 아이는 공룡만 좋아하고, 어떤 아이는 자동차만 좋아하고, 어떤 아이는 기차만 좋아한다. 아이가 공룡만 가지고 놀 때 부모가 새 장난감을 가지고 와서 "와, 여기 새 장난감이 있네" 하면 아이는 새 장난감에 관심을 보이고 조금 가지고 놀다가 다시 공룡으로 돌아간다. 이는 아이의 놀이 선호도를 보여주는 것이므로 아이가 좋아하는 장난감을 자주 접하게 해도 발달에 전혀 문제되지 않는다.

물론 부모가 걱정하듯이 아이가 한 가지 놀이에 집착하는 것이 발달지연 증상인 경우도 있다. 이런 아이는 부모가 새 장난감을 주어도 전혀 반응하지 않고 자기가 집착하는 한 가지 놀이에만 몰두한다. 이런 경우 대부분 운동성이 같이 떨어진다. 점프가 잘 안 된다거나, 한 발 들고 서 있기가 안 된다거나, 율동이 잘 안 된다거나, 연필 조작이 잘 안 된다. 언어발달이 늦는 경향도 있다. 잘 살펴보아 놀이에 집착하는 행동문제와 언어문제, 운동문제가 같이 있을 때는 전문가의 진단을 받아 종합적으로 관리해야 한다.

기다릴 줄 알아야 한다

"성민아, '우유' 하면 우유 줄게." 성민 엄마는 냉장고를 가리키며 우유를 달라는 몸짓을 하는 생후 22개월 된 성민이에게 '우유'라는 말을 따라 하라고 유도한다. 성민이는 '엄마' '아빠'도 할 수 있고 말귀도 다 알아들으면서 도통 말문이 트이지 않는다. 성민이와 또래인 옆집 아이는 못하는 말이 없는데, 성민이는 할 수 있는 단어가 달랑 '엄마' '아빠'뿐이다. 옆집 아이랑 놀고 나면 성민이의 언어발달이 너무 늦는 것 같아 엄마는 더 불안해진다. 그래서 틈만 나면 아이에게 '우유' '자동차' '공룡' 등 말을 따라 해보게 한다.

태어난 지 22개월 된 아이가 엄마, 아빠 소리를 할 수 있고, 말귀를 다 알아들으면 언어발달이 정상이라고 할 수 있다. 아이는 문제가 없는데 엄마만 답답해한다. 22개월 된 아이에게 '네가 이거하면 이거 해줄게'라고 하면 잘 통하지 않는 경우가 더 많다. '자동차' '우유'라는 말이 안 나오는데 엄마가 자꾸 해보라고 하면 아이는 스트레스를 받는다.

아이는 당연히 '엄마는 나를 배려하지 않아'라고 생각해 엄마 말에 반항한다. 무엇이든 고집을 부리고 엄마를 피하려 든다. 이때 엄마는 아이가 '예' '아니요'라고 말할 수 있게 물어야 한다. 그러면 아이의 반항심도 줄어들고 고집도 덜 부린다.

> 태어난 지 21개월 된 민하는 어릴 때부터 낯가림이 심했다. 좀 자라면 나아질까 했는데 여전히 낯선 사람을 보면 많이 경계한다. 특히 남자 어른을 보면 더 많이 경계해서 엄마에게 딱 달라붙은 채 고개를 돌린다. 어제는 장보러 대형마트에 갔는데 점원들이 큰 소리로 물건을 홍보하자 민하가 울음을 터뜨렸다. 그래서 민하 엄마는 장도 제대로 못 보고 아이를 안고 집으로 왔다. 민하는 놀이터에서 잘 놀다가도 다른 아이들이 오면 무서운 듯 엄마에게 달려온다. 걸음마는 13개월에 했다.

태어나서 한 아이가 겪는 경험과 상관 없이 어떤 아이는 남자 목소리를 싫어하고, 어떤 아이는 나이 든 여자를 싫어하기도 한다. 아이마다 무서워하거나 싫어하는 대상이 다르다. 그런데 자랄수록 다양한 소리를 경험하면서 아이는 어떤 것이 나에게 위협적인지, 위협적이지 않은지 구별하게 된다.

따라서 최소한 만 2세까지는 자신이 경험하는 대상이 도움이 되는 존재인지 분별할 수 있도록 아이에게 시간을 주어야 한다. 만 2세 이후 아이가 말귀를 알아듣기 시작하면 무서워할 이유가 없는 존재에 대해서는 자세히 설명해주면서 이해시키는 노력이 필요하다. 이런 과정을 거치다보면 조금 늦어도 만 5세까지는 문제가 해결된다. 만 2세 전까지는 아이가 무서워할 때 민하 엄마처럼 아이를 안고 빨리 다른 곳으로 가야 한다. 무서워하는데 계속 접하게 해서 아이를 불안에 떨게 할 필요는 없다. 엄마는 아이가 혹시 성인이 되어서도 그럴까 봐 불안해하지만 그럴 일은 없다.

발달문제이건 기질문제이건 지금 아이에게 나타나는 문제가 성인이 되어서까지 지속되지는 않는다. 부모는 혹시 아이가 어른이 되어서도 같은 문제가 있을까 봐 불안해하고 초조해한다. 하지만 조금만 기다리면 지금 부모가 안절부절 못하는 문제는 대부분 눈 녹듯 사라진다. 그래서 전문가는 아이의 발달문제를 발견하면 생각보다 오래 기다린다.

걸음마도 생후 16개월까지만 걷는다면 별로 걱정하지 않는다. 물론 빠른 아이는 8개월에 걷기도 하지만 8개월에 걸었든 16개월에 걸었든 모두 정상으로 본다. 세상 모든 아이의 뇌발달 속도가 같을 수 없고, 뇌발달 속도가 같더라도 기질이 조금씩 다르기 때문이다. 이러다보니 전문가가 분석한 아이 발달 상담 결과는 종종 부모가 언제까지 기다려야 하는지 알려주는 것이 되곤 한다.

BONUS PAGE

윤태익 교수님의 지상 강좌

제멋대로 키운 아이, 더 크게 성공한다

저는 부모들에게 아이를 제멋대로 키우라고 합니다. 제가 그렇게 말하면 부모들은 "아이를 제멋대로 하게 내버려두라고요?"라고 반문합니다. 제 말을 방임하고 방치하라는 말로 오해하는 것이지요. '제멋대로'는 아이들마다 제멋이 있으니, 그 멋을 잘 관찰해서 살려주라는 말입니다. 그래야 아이는 더 크게 성공할 수 있습니다.

내 아이만의 멋을 관찰하고 찾아내라

종종 아이를 키우는 집은 전쟁터 같다고 합니다. 왜 전쟁터일까요? 아이가 통제되지 않기 때문입니다. 아이는 왜 부모 마음대로 되지 않을까요? 그건 사람은 다 다르기 때문입니다. 구체적으로 뭐가 다르다는 말일까요? '다르다'는 것은 성격을 말합니다. 성격은 잘 관찰해서 살려주고, 인성은 '부정적'에서 '긍정적'으로, '할 수 없다'에서 '할 수 있다'로, '못한다'에서 '한다'로 자신감을 불어넣어주고, 다른 사람과 함께 살아가면서 필요한 예절을 가르쳐주면 됩니다.

엄마 생각을 아이에게 강요해서는 안 된다

그런데 우리 부모들은 이런 말을 잘합니다. "왜 이렇게 말을 안 들어?" "좀 하라는 대로 해" "내가 잘 되려고 그러니? 다 너 잘 되라고 그러는 거지." 정말 그럴까요? 솔직히 본인이 답답하니까 그러는 것은 아닐까요?

엄마가 토끼 성격을 가지고 있고, 사랑하는 아이가 거북이 성격을 가지고 있다고 가정해봅시다. 토끼 엄마가 거북이 아이한테 말합니다. "영철아, 인생은 이렇게 사는 거야. 전방 15도를 보고 팔이랑 다리를 쭉쭉 뻗고 점프!" 아이는 짧은 팔과 다리를 뻗고 따라 해보지만 엄마처럼 할 수 없습니다. "아니, 그렇게 하지 말고 높이 뛰라고. 몇 번을 얘기했어. 팔은 그게 아니라니깐." 아이가 아무리 최선을 다한다고 엄마처럼 될 수 있을까요? 할 수 없는 것을 계속하라고 하니 엄마도 스트레스 받고 아이도 스트레스 받습니다.

반대 상황이라면 어떨까요? 엄마가 거북이 성격이고 아이가 토끼 성격입니다. 엄마는 인생에서 수영이 가장 중요하다고 생각해 아이에게 계속 수영만 가르치려고 합니다. 아이는 엄마를 따라 하려다가 계속 물을 먹겠지요. 결국 엄마의 강한 집착이 아이를 죽일 수도 있습니다. 엄마 멋대로 키우지 말고, 아이가 가진 멋대로 키우자고 하는 것은 이 때문입니다. 아이는 다 자기만의 멋을 가지고 있습니다. 그것이 부모 마음에 들지 않는다고 해도 아이가 거북이면 거북이대로, 토끼면 토끼대로 키워야 합니다. 그래야 아이를 살릴 수 있고, 아이는 자기 능력을 마음껏 펼칠 수 있습니다.

성격 차를 인정하고 아이만의 스타일을 살려라

아이를 제멋대로 잘 키우려면 먼저 엄마 성격부터 제대로 알아야 합니다. 그다음에 아이의 타고난 기질을 알아보고, 마지막으로 아이의 스타일대로 살려주는 방법을 고심해보아야 합니다. 사람은 기질을 타고납니다. 태어날 때 에너지를 신체 어느 부위로 받느냐에 따라 기질을 나누어볼 수 있습니다.

우선 머리에 에너지가 있으면 머리형, 가슴에 에너지가 있으면 가슴형, 배에 에너지가 있으면 장형이라고 합니다. 온도만으로도 대충 성격을 알 수 있지요. 차갑고 냉정해 보이면 머리형, 따스하고 포근해 보이면 가슴형, 뜨거워 보이면 장형인 경우가 많습니다. 신체형으로도 알 수 있습니다. 일반적으로 장형이 가장 힘이 셉니다. 체격도 좋은 편으로 신체 모양이 사각형으로 건장하게 생겼습니다. 이에 비해 가슴형은 동글동글하게 생긴 사람이 많지요. 머리형은 길쭉하게 생겼고 전체적으로 기운이 없습니다.

얼굴 표정을 보고도 알 수 있습니다. 머리형은 차갑고 냉정하며 찔러도 피 한 방울 안 나올 것 같은 무표정한 얼굴에 목소리 톤이 작고, 짧고, 일정합니다. 그래서 종종 '왜 이렇게 땍땍거리냐'는 소리를 듣기도 하지요. 일이 잘 안 되면 '머리 아파' '골치 아파'라는 말을 많이 합니다. 가슴형은 얼굴도 둥글둥글 따스해 보이고 표정도 포근해 보입니다. 사람을 만나면 반가워서 어쩔 줄 모르지만, 혼자 있을 때는 무표정하지요. 가슴형은 표정이 확확 잘 변합니다. 목소리 톤에는 웨이브가 있습니다. 일이 안 되면 '답답해' '속상해' '가슴 아파'라는 말을 많이 합니다. 장형은 얼굴이 근엄해 보입니다. 어찌 보면 좀 무서워 보이기도 하지요. 목소리 톤이 굵고 큰 편입니다. 장형은 '뭐라고요?'라고 되묻는 버릇이 있습니다.

에너지 충전방식도 서로 다르다

부모가 특히 아이와 많이 부딪치는 것은 기질마다 에너지를 충전하는 방식이 다르기 때문입니다. 머리형 아이는 혼자서 조용히 쉬면 다시 기운이 생깁니다. 그런데 가슴형 아이는 혼자 있으면 너무 심심해 방전되어버리지요. 이에 비해 장형 아이는 가볍게 운동하는 것으로 에너지를 보충합니다. 학교에서 돌아온 머리형 아이를 가슴형 엄마가 혼자 두지 않고 지나치게 껴안고 스킨십을 해대면 엄마는 에너지가 가득 충전되겠지만 아이는 기운이 완전히 쭉 빠져버립니다. 아이가 기운을 되찾게 하려면 혼자 내버려두어야 합니다.

가슴형은 사람과 어울리는 것을 좋아하고, 머리형은 혼자 있는 것을 좋아합니다. 공부할 때 머리형 엄마는 쫓아다니면서 가르쳐주는 것을 좋아하고, 머리형 아이는 어떻게 공부할지 가르쳐주는 것을 원합니다. 엄마와 아이가 모두 머리형이라면 문제가 전혀 없겠지요. 가슴형 엄마와 아이는 무엇이든 함께하는 것을 좋아합니다. 장형 아이는 스스로 적고 읽으면서 공부하는 것을 좋아합니다. 엄마가 참견하는 것을 싫어하지요. 아마도 머리형은 공부가 머리로 들어가고, 가슴형은 가슴으로, 장형은 온몸으로 들어가기 때문일 겁니다. 이렇게 세 가지 성격에 따라 가치관, 의사결정, 공부법 등이 모두 다르다보니 부모와 아이의 기질이 다를 때 당연히 부딪치겠지요.

부모의 소신을 강요하기보다 '물 같은' 부모가 되어라

이렇게 부모와 아이가 가진 고유의 성격이 다를 때 당부하고 싶은 것이 세 가지 있습니다.

첫째, 아이와 내가 다름을 인정하라는 것입니다. 엄마와 아이의 성격이 같을 때는 엄마가 교육하는 것이 별 문제가 없지만 두 사람의 성격이 다를 때는 문제가 심각해집니다. 그럴 때는 누구 스타일대로 교육해야 할까요? 답은 아이에게 맞춰야 한다는 것입니다. 공부는 아이가 하는 것입니다.

둘째, 부모의 교육 소신을 버리라는 것입니다. "부모가 어떤 교육 소신을 가지고 있어야 아이를 잘 키울 수 있을까요?"라는 질문을 많이 받습니다. 부모는 소신을 버리고 물이 되어야 합니다. 아이 소신대로 가게끔 해주라는 말입니다. 아이가 무슨 스타일인지 알고 아이에게 맞추어야지 부모가 자기 스타일대로 소신을 주장하면 아이를 잡을 수도 있습니다.

셋째, 아이의 멋을 살려주라는 것입니다. 우리는 지금 학교는 학교 멋대로, 부모는 부모 멋대로, 학원은 학원 멋대로 아이를 가르치고 있습니다. 그러니 아이들은 정신이 없을 수밖에 없습니다. 그보다는 내 아이가 어떤 아이인지 알고, 그 성격을 바꾸려 하지 말고 그 성격이 빛을 발할 수 있도록 살려주어야 합니다.

아이가 자기답게, 스스로 자라도록 배려해야

어떤 아빠가 아이에게 말했답니다. "공부 좀 열심히 해." 아이가 대답했지요. "열심히 하고 있어요." 아빠는 "열심히 하는 것이 그 정도야? 너는 의지가 없어"라고 호통쳤지요. 그런데 그 아이가 엄마한테 가서 물었답니다. "엄마, 아빠는 의지가 없어요? 왜 다른 아빠들처럼 돈을 많이 못 벌어와요?"

아이도 공부를 잘하고 싶습니다. 좋은 대학도 들어가고 싶지요. 그런데 공부를 잘하는 아이가 있고 못하는 아이가 있습니다. '공부' 하나로만 아이를 판단하지 마십시오. 세상은 달라지고 있습니다. 공부를 못한다면 못하는 공부를 하라고 다그치지 말고 아이가 공부 말고 무엇을 잘하는

지 관찰하고 찾아내서 살려주어야 합니다.

이제는 아이를 사랑하는 방법을 바꾸어야 할 때입니다. 엄마 방식의 사랑, 아빠 방식의 배려가 아니라 아이 방식대로 사랑해주어야 합니다. 진정 아이를 사랑한다면, 행복하게 해주고 싶다

아이의 타고난 성격별 교육법

	머리형 아이	가슴형 아이	장형 아이
가치관 (재산)	아는 것이 재산이라고 생각한다. 지식, 정보, 아이디어를 중요하게 여긴다. 친구가 많지 않다.	사람이 재산이라고 여기고, 인맥, 이미지를 중요하게 생각한다. '저 사람이 나를 좋아할까? 싫어할까?'를 궁금해하며 친구가 많다.	건강한 몸이 재산이라고 생각한다.
의사결정 방법	머리로 이해하고 의사결정을 합리적으로 한다. 사실, 분석, 합리를 중요시한다.	가슴으로 의사결정하고 상대방이 마음에 들어야 한다. 사람, 분위기, 느낌을 중요시한다.	현장에서 몸으로 체험해야 하며 경험을 중시한다.
핵심으로 여기는 가치	효율적으로 하자.	다 함께하자.	제대로 하자.
컨디션 관리 (방전과 충전)	사람을 만나 몸을 쓰면 쓸수록 방전되어버린다. 이 유형의 아이가 친구들과 너무 많이 놀면 공부할 에너지가 없어진다. 혼자 있거나 잠을 자야 기운이 회복된다. "힘들어" "쉬어야 해"라는 말을 많이 한다.	혼자 있는 것을 싫어하고 혼자 있으면 기운이 없다. 좋아하는 사람을 만나 대화하고 수다를 떨면 에너지가 충전된다. 스킨십을 좋아한다. "외롭잖아" "만나야 해"라는 말을 많이 한다.	머리를 쓰면 쓸수록 방전된다. 머리를 쓰는 것보다 몸을 쓰는 것을 좋아한다. 먹고 운동을 하고 땀을 내면 충전된다. "열 받잖아" "먹어야 해" "움직여야 해"라는 말을 많이 한다.

면, 아이가 자기답게 살 수 있도록 배려해주고 자유롭게 놓아주어야 합니다. 그것이 아이를 더 크게 성공할 수 있게 키우는 비법입니다. 발달에 커다란 문제가 없다면 부모의 의지로 키우기보다는 아이 스스로 자라게 해야 합니다.

	머리형 아이	가슴형 아이	장형 아이
학습지도	항상 미래에 대한 두려움이 있다. 공부하는 방법을 알려주고, 어떻게 살아야 하는지 일러주는 것이 좋다. 미래에 대한 정보를 제시해준다. 이런 유형의 엄마라면 자연스럽게 그런 것을 알려주려고 노력한다.	공부를 잘하게 하려면 관심을 갖고 이야기해야 한다. 이 유형의 아이는 기대해주고, 인정해주고, 관심받는 것을 좋아한다. 그래야 공부한다.	분명한 목표만 주고 알아서 하게 하는 것을 좋아한다. "네가 한 번 알아서 해봐"라고 하면 아이는 신이 나서 한다.
공부법 & 공부 점검	조용히 혼자서 책을 읽으면서 공부한다. 머리로 생각하면서 공부하는 것을 좋아한다. 공부 점검을 할 때는 "핵심정리를 해봐"라고 이야기해주는 것이 좋다.	엄마와 함께 듣고 말하기를 해야 한다. 공부 점검을 할 때는 "엄마가 문제 낼게. 맞혀봐!" 하는 것이 효과가 있다. 맞았을 때는 칭찬을 많이 해준다. 지속적으로 엄마와 교류하면서 공부해야 잘한다.	몸을 쓰면서 공부하는 것을 좋아하기 때문에 혼자 떠들면서, 적으면서 해야 한다. 공부 점검을 할 때는 "엄마한테 가르쳐 봐"라고 하면 좋다. 이 유형의 아이는 자기가 실제로 체험하고 경험해야 머릿속에 들어간다.
진로적성	연구원, 과학자, 의사, 법조인, 교수, 행정직 등 머리 쓰는 일을 해야 한다.	마음을 쓰고 사람과 함께하는 일을 좋아한다. 서비스직, 마케팅, 디자인, 방송, 홍보 등 감성적인 일이 맞는다.	몸을 쓰면서 하는 일이 적성에 맞는다. 경영인, 교육자, 군인, 운동선수, 현장직이 좋다.

도움말_ 의식발전소 소장, 인하대학교 교양학부 윤태익 교수님

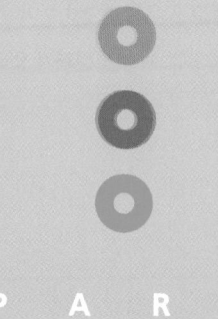

PART

03

아이를 알면 육아가 보인다

초보 엄마를 위한 육아의 기초

부모와 아이의 소중한 언어, 애착

늦되거나 빠르거나_김수연 소장님의 1:1 상담

힘내라, 육아의 전진 단계

부모 공감

저는 지금 셋째를 임신하고 있습니다.

임신 9개월째인 지금 아이 둘과 함께하기에 너무 힘들 때가 많습니다. 아이들을 교육하면서 '내가 정말 올바르게 하고 있는가' '나는 아이들에게 좋은 엄마인가' 고민합니다. 여러 육아책을 보기도 하고 강의를 듣기도 했지만 정말 돌아서면 그뿐 또다시 소리 지르고 강요하는 일을 반복합니다. 끓어 오르기 전에 먼저 올라서서 생각하고 어떤 것을 버리고 어떤 것을 선택해야 하느냐의 문제에서 항상 손해 보는 선택을 하는 것 같아요.

늘 불안하고 힘들기만 하다고 생각했는데 엄마로서 누려야 할 좋은 것들을 알게 해주셔서 감사합니다.

－hes6890

〈60분 부모〉 공감

육아 원리는 생각보다 간단합니다. 육아도 훈련이 필요한 것이죠. 아무리 인터넷과 책에 육아 노하우, 원칙이라는 정보들이 널려 있어도 육아는 해보지 않으면 아무것도 얻을 수 없습니다. 정보가 아무리 많아도 자기 땀과 노력이 없으면 육아에 능숙해질 수 없고, 아이를 잘 키울 수 없습니다. 힘들지만 무엇보다 값진 훈련 과정을 통해 훌륭한 부모로 성장하고 있으니 육아 자신감을 찾길 바랍니다.

01

아이를 알면 육아가 보인다

육아 공포에서 탈출하기

태어난 지 15개월 된 민주는 밖에 나오면 무조건 안아달라고 한다. 엄마만 찾아서 아빠가 도와주려 해도 소용없다. 엄마가 달려와 안아주면 울음을 그치는가 싶더니 금세 또 운다. 잠시도 떨어지지 않는 민주. 엄마는 집안일은 고사하고 밥도 아이 앞에 서서 물에 말아 먹는다. 민주는 태어나면서부터 계속 이랬다. 최소 1시간은 안아주어야 잠이 들고, 낮에는 30분 재우려고 1시간씩 안고 있어야 했다. 한번은 너무 힘들어 우는 아이를 그냥 놔둔 적이 있다. 그랬더니 4~5시간을 계속 울어 결국 응급실에 가고 말았다. 민주의 몸무게는 이제 10㎏ 남짓, 엄마는 정말 힘들다.

아이는 생각보다 많이 울고, 엄마와 아빠는 생각만큼 노련하게 아이를 돌보지 못한다. 상황이 이렇게 되면 초보 부모는 심각하게 고민한다. 우리 아이는 왜 울까? 도대체 뭐가 잘못되었을까? 우리가 뭘 잘못해서 이렇게 울기만 할까? 엄마가 아이를 잘못 돌봐서 그런가? 너무 집 안에서만 키웠나? 유전적으로 엄마, 아빠를 닮았나? 초보 부모는 원인을 찾으려다가 결국 그 화살을 자신들에게 돌린다.

민주 엄마, 아빠는 민주의 발달 정도가 조금 늦다며 고민을 상담했다. 하지만 검사결과 그리 우려할 정도는 아니었다. 부모가 해야 할 일은 그저 조금 기다려주는 것뿐이다. 그런데 발달검사를 받으면서 민주 엄마, 아빠는 신기한 현상을 목격했다. 그렇게 징징대던 민주가 발달검사를 하는 동안 별로 징징대지도 않고 안아달라고 조르지도 않은 것이다. 아빠와도 생각보다 잘 놀았다.

발달검사는 '검사'라는 이름을 달고 있지만 대부분 아이와 함께하는 놀이로 구성되어 있다. 민주 엄마, 아빠는 검사하면서 아이와 편안하게 놀아주는 법을 배운 것이다.

열 몇 가지를 검사하고 열 몇 가지 놀이를 하는 동안 민주 엄마, 아빠는 편안해지고 민주도 조금 수월한 아이가 되었다. 검사가 끝난 뒤 엄마, 아빠는 아이가 더 똑똑해진 것 같다며 좋아했다.

아이를 키울 때 원인에만 너무 집착하면 정작 대처방법이 보이지 않는다. 반대로 열심히 대처하다보면 오히려 걱정하는 현상이 없어지기도 한다. 부모는 아이가 어떤 기질을 타고났는지 이해하고 자신이 어떤 점을 더 노력하고 어떤 점을 포기해야 할지 생각해야 한다.

부모가 모든 것을 해결해줄 수는 없다. 아이를 키우는 일이 '육아 공포'가 되지 않으려면 자신이 할 수 있는 일과 할 수 없는 일을 알아야 하고, 할 수 없는 일과 알 수 없는 일에는 너무 집착하지 말아야 한다. 그것이 부모로서 성장하는 기본 마음가짐이다.

민주 엄마가 해야 할 일은 첫째, 민주가 매우 까다로운 아이라 혼자서는 키우기가 어렵다는 점을 인정하고 주위에 힘들다고 말하는 것이다. 그리고 용기를 내서 시어머니나 친정어머니에게 도움을 요청할 필요가 있다. 둘째, 민주가 우는 것과 발달이 늦은 것에만 집착하지 말고 다른 자극, 놀이방법 등을 공부하는 것이다. 셋째, 성격이 활발한 아이 엄마를 사귀어 육아의 어려움을 수다로 풀고, 너무 심각하게 생각하지 않는 것이다. 넷째, 자신이 하고 싶은 일을 포기한 것은 남편이나 아이 때문이 아니다. 본인이 결정했다는 것을 인정하고 그때 어떤 이유로 지금과 같은 선택을 했는지 돌아본다. 다섯째, 자신이 아이를 키우는 일로 자아실현이 안 된다면 하고 싶은 일을 할 방법을 구체적으로 모색해야 한다.

과잉육아는 금물이다

얼마나 많은 부모가 "나는 아이를 키우는 것이 정말 행복하다"라고 말할 수 있을까? 아마 한창 영유아를 키우는 부모라면 아이를 끔찍이 사랑하지만 늘 행복하지는 않다고 고백할지 모른다. 하루 종일 육아를 전담하는 엄마에게 오후 7시쯤 찾아가 "당신은 엄마라서 행복합니까?"라고 물으면 그녀는 질문이 끝나기가 무섭게 "아뇨. 지금 당장 사표 내고 어디론가 도망가고 싶어요!"라고 대답할지도 모른다. 제대로 먹을 수도, 잘 수도 없는 육아 현실, 몸이 열 개쯤 된다면 조금이나마 숨을 돌릴 수 있을까?

방송에 출연한 한 엄마의 표정에는 지치고 피곤한 기색이 역력했다. 엄마는 두 아이가 어디를 가든 졸졸 따라다니면서 위험할까 봐 치우고 어지를까 봐 치웠다. 아이가 화장실에 들어가도, 밥을 먹으려고 해도 엄마는 "잠깐 기다려. 엄마가 해줄게"라고 했다. 이런 엄마가 아이를 키우는 모습을 지켜보면 누구나 핀잔 반, 안쓰러움 반으로 "거 참, 직접 하게 놔두지"라고 하겠지만 엄마 나름대로 이유가 있다. 아이에게 조금이라도 화를 덜 내려고 화낼 원인을 미리 없앤다는 것이다.

초보 엄마가 육아를 힘들어하고 공포를 느끼는 데는 이런 잘못된 생각도 한몫한다. 아이를 졸졸 따라다니면서 하나부터 열까지 해결해주고 대신하다 보니 엄마의 육아일은 주어진 것보다 2~3배는 더 많아진다. 아이가 계단을 하나씩 천천히 올라오면 혹시 다칠까 봐 걱정스러워 아이를 한 팔로 안고 다른 팔로는 유모차를 들고 계단을 올라간다. 놀이터에서도 아이가 떨어질까 봐, 넘어질까 봐 손을 잡아주고 몸을 잡아주느라 힘이 다 빠진다.

흘리고 먹으니까 먹여주고, 오래 걸리니까 입혀주고, 깨끗이 못 씻으니까 씻겨주고……. 이런 것을 '과잉육아'라고 한다. 아이가 혹시 다칠까 봐, 더러워질까 봐 미리 엄마가 해주는 것이다. 엄마는 아이가 뭘 해도 편하게 바라볼 수 없다. 여차하면 달려가야 하기 때문에 신경을 곤두세우고 예측해서 '사고'를 막아야 한다.

초보 엄마는 육아 기술도 부족한 데다 예측해서까지 일을 처리하려고 하니 항상 초긴장 상태이다. 보통 육아도 힘든데 다른 사람보다 2~3배 더 많이 하니 얼마나 힘들까? 그러다보니 자는 아이를 보며 혼자 울기도 하고, 참지 못하면 아이에게 화내기도 한다.

아이를 너무 힘들지 않게 키우려면 상황을 편하게 받아들여야 한다. 엄마와 아이가 함께 있는 시간이 물 흐르듯 자연스럽게 흘러가게 해야 한다. 아이도 편안하게, 엄마도 편안하게 상황을 즐길 수 있어야 한다. '과잉육아'를 하는 엄마는 아이에 대한 책임감이 지나치게 강한 경우가 많다. 아이는 당연히 사랑해야 할 존재이지만 책임감이 너무 강하다보니 부담으로 다가온다.

이런 엄마는 아이가 예쁘다고 느낄 겨를이 없다. 그러다보니 아이에게 질 좋은 양육환경을 제공하지 못한다. 아이는 일상에서 필요한 훈련을 제대로 할 수도, 독립심을 키울 수도, 자존감을 만들 수도 없다. '과잉육아'는 엄마도 힘들게 만들고 아이도 숨 막히게 한다. 아이는 지켜봐야 할 존재이지 부모가 만들어야 할 존재는 아니다. 위험 요소만 제거하고 아이 혼자 할 수 있는 환경을 만들어라. '조금 지저분하면 어때? 조금 실수하면 어때?'라고 생각하자. '얘는 아직 혼자 절대 못 먹어'라고 생각하지 말고 숟가락을 쥐어주고 제 마음대로 먹어보게 해보자. 아이가 흘릴까 봐, 엎을까 봐 전전긍긍하지 말고 올바르게 먹는 모습을 보여주면서 엄마도 잘 먹자.

처음에는 엄마 예상대로 집 안이 난장판이 될지도 모르지만 점점 다른 집 아이처럼 의젓하게 잘 먹을 것이다. 엄마도 식사를 맛있게 한 후 난장판이 된 집을 아이와 함께 치운다. 또 '우리 아이는 나 아니면 안 되기 때문에 다른 사람에게 절대로 못 맡겨'라고 생각하지 마라. 아이들은 엄마 생각보다 잘 떨어진다. 아이는 완벽하지는 않지만 엄마 생각보다 혼자서도 잘하는 것이 많다.

아이는 기계가 아니다. 연습할 시간을 주지 않으면 아무것도 할 수 없다. 엄마 또한 기계가 아니다. 지나치게 도맡아 하려고 하면 지치고, 육아책을 아무리 많이 읽어도 당연히 실수한다. 아이가 한 인간이 되기 위해서는 시행착오를 수없이 겪고 연습해야 하듯 엄마 또한 진정한 부모가 되려면 시행착오를 겪고 연습해야 한다. 따라서 육아에 임하는 부모의 마음자세는 '내가 해준다'가 아니라 '아이와 함께한다'가 되어야 한다. 함께 먹고, 함께 치우고, 함께 놀고, 함께 정리하고, 함께 씻고, 함께 닦아라. 그렇게 아이 키우기를 즐기자.

육아는 자기 훈련 과정이다

우리가 아빠이건 엄마이건 고등학교에서 체계적으로 아이 키우는 방법을 배웠거나 대학교에서 3학점짜리라도 '아이 키우기'라는 과목을 수강했다면 지금처럼 힘들지는 않았을 것이다. 부부가 자꾸 아이를 낳지 않으려는 건 경제적인 이유도 있지만 아이를 낳은 뒤 부모로서 어떻게 살아야 하는지 자아실현과 관련된 부분도 분명 있다, 아이를 어떻게 키워야 하는지 막막해서 엄두를 내지 못하는 이유도 있다.

초보 부모에게 아이는 난생처음 다뤄보는 새로운 물건이다. 초보 부모는 혹시 깨질까 봐, 망가질까 봐 아이를 만지고 다루기가 두렵다. 마치 새로운 기계를 들였는데 사용설명서가 전혀 없을 때와 같아서 그저 '이걸 어떻게 하나' 하고 겁부터 난다.

모든 일은 어느 정도 미리 알고 있어야 두려움이 없다. 육아 원리는 생각보다 간단하다. 기지 않는 아이는 엎어두면 되고, 걷지 못하는 아이는 다리 근력을 키우는 운동을 해주면 된다. 밤에 자꾸 깨서 우는 아이는 밤중 수유를 줄이고 이유식을 열심히 하면 된다. 잘 먹지 않는 아이는 밥 외에 다른 먹을거리를 주지 않으면 된다. 말문이 틔지 않는 아이라도 언어이해력에 문제가 없다면 별로 걱정하지 않아도 된다. 아이와 놀아주는 방법을 모를 때는 영유아 발달검사 항목이나 아기수첩에 있는 연령별 성장기록에 맞춰 놀이를 해주면 된다.

여러 분야 전문가들이 핵심, 노하우, 비책, 원칙이라는 말로 주옥같은 육아 정보를 전해준다. 하지만 그것은 정보일 뿐이다. 육아는 해보지 않으면 아무것도 얻을 수 없다. 그들이 전해주는 정보는 등산할 때 손에 들고 가는 약도나 지도, 안내서 정도밖에 되지 않는다. 부모가 익혀 아이에게 적용하고 부모 자신을 바꾸지 않으면 안내서는 쓸모없는 종잇조각일 뿐이다.

"선생님이 우리 애 한번 키워보세요" 하고 말대꾸하고 싶을 정도로 전문가의 조언은 아주 쉽고 짧다. 아무리 전문가가 저 산까지 가려면 이 길을 쭉 따라가라고 간단히 말해도 그것은 하루아침에 되지 않는다. 정보가 아무리 많아도 자기 땀과 노력이 없으면 육아에 능숙해질 수 없고, 아이를 잘 키울 수 없다.

〈60분 부모〉에 출연한 전문가들은 부모에게 누누이 이렇게 충고한다. "육아만큼 훈련이 절실한 일도 없다" "육아만큼 부모의 인내와 노력이 필요한 일도 없다" "육아만큼 자기 이해가 필요한 일도 없다." 이는 그들이 전문가이자 부모이기 때문에 할 수 있는 말이다.

02

초보 엄마를 위한 육아의 기초

아이가 원할 때 먹여라

태어난 지 15개월 된 남자아이 원석이는 신생아 때부터 적게 먹었다. 젖을 한 번에 3분, 5분 정도밖에 빨지 않아 나머지는 다 짜내야 할 정도였다. 병원에 갔더니 이유식을 빨리 시작하면 체중을 늘릴 수도 있다고 해서 5개월에 이유식을 시작했다. 그런데 원석이는 이유식도 잘 먹지 않았다. 혹시 아이가 준비가 안 된 것이 아닌가 하여 이유식을 한 달 정도 멈췄다가 다시 시작했다.

잘 먹지 않아서인지 7개월쯤 되었을 때는 변비가 심해 변비약을 장기 복용했다. 잔병치레도 많아 돌 이전부터 항생제도 많이 먹였다. 동네 소아청소년과에서는 체중도 안 늘고 변비도 너무 심하다면 큰 병원에 가보라고 했다.

원석이 엄마의 가장 간절한 소원은 아이가 다른 집 아이처럼 잘 먹어서 체중이 느는 것이다. 아이가 잘 먹었으면 좋겠다는 바람은 생각보다 많은 엄마의 소원이다. 먹는 것만 해결되면 아이를 키우기가 한결 수월해지고, 육아 스트레스도 확 줄어들 것 같다. 엄마가 이렇게 아이 먹이기에 집착하는 것은 영유아기에 신체가 급격히 발달하기 때문이다. 태어나 2년 동안 체중은 성인이 되었을 때의 5분의 1, 신장은 약 2분의 1로 자란다. 두뇌 또한 신생아 때 성인의 25%였던 것이 이 시기에는 성인의 75%정도로 성장한다.

태어난 지 9개월 된 여자아이 민선이는 신생아 때부터 정말 잘 먹었다. 그래서 엄마는 내심 이유식을 시작할 수 있는 6개월이 되기만 기다렸다. 드디어 6개월째. 처음에는 다른 아이들처럼 미음으로 이유식을 시작했는데, 잘 받아먹었다. 그래서 단계를 빨리빨리 넘어갔다. 그렇게 한 달 반 되었을 때 민선이의 이유식 양이 조금씩 줄기 시작했다. 처음에는 한두 숟가락 남기더니 점점 더 심해져 지금은 거의 안 먹는다. 날 때부터 순해서 한 번도 힘들다는 생각을 하지 않았는데, 민선 엄마는 이유식을 시작하면서 육아가 벅차다는 생각을 자주 하게 되었다.

태어난 지 15개월 된 원석이와 9개월 된 민선이는 두 가지 문제점을 가지고 있었다. 아이가 배고프지 않다는 것과 엄마가 너무 부지런하다는 것이다. 먹이기 기본원칙은 배고프면 먹게 되어 있다는 것이다. 그런데 두 아이는 배가 고플 틈이 없었다. 원석이는 엄마가 말한 대로 이유식 양이 너무 적고 체중도 덜 나갔다. 이렇게 체중이 덜 나가고 안 먹는 아이의 경우 엄마가 너무 자주 먹이는 것에서 원인을 찾을 수 있다. 아이가 안 먹으면 무엇이라도 먹여야 한다고 생각해 젖도 계속 물리고 간식도 자주 준다. 그러다보니 원석이는 배가 고플 틈이 없었다.

아이나 어른이나 식욕이 늘 있는 것은 아니다. 아이가 잘 안 먹으니 엄마가 쫓아다니면서 떠먹이는 상황이 벌어진다. 원석이도 그랬는데, 원래 8개월 정도 되면 혼자 먹는 습관을 들이고 돌쯤 되면 덩어리를 손으로 집어 들고 혼자 먹을 수 있어야 한다. 그런데 원석이는 스스로 먹는다는 느낌을 모르기 때문에 누가 먹여주는 것을 당연하다고 여겼다. 9개월 된 민선이도 마찬가지였다. 민선이는 4개월에 이유식을 먹기 시작했지만 모유 또한 너무 많이 먹어 위가 이유식을 받아줄 틈이 없었다.

원석 엄마와 민선 엄마는 너무 부지런했다. 원석이는 어릴 때부터 한번에 많이 주고 안 먹으면 주지 말았어야 했는데 조금 먹으면 먹을수록 너무 자주 젖을 물렸다. 민선 엄마도 마찬가지였다. 특히 민선이는 4개월에 이미 9kg이었을 정도로 체중이 많이 나갔다. 이렇게 체중이 많이 나가는 아이는 계속 먹지만 크지는 않는다. 어느 순간 자기 체중을 조절하기 위해 잘 먹지 않을 때가 있다. 이것은 신이 인간에게 준 조절능력이다. 이때 엄마는 여유를 가져야 한다. 아이 체중이 정상범위라면 '식욕이 떨어질 때도 있지' 하면서 못 본 척해야 하는데, 잘 먹던 아이가 먹질 않으니 엄마는 불안해져 더 부지런해진다.

민선 엄마도 잘 먹던 아이가 좀 덜 먹고 체중도 예전만큼 쑥쑥 늘지 않으니까 자꾸 무언가 먹이려고 조급해졌다. 아무리 아이라도 먹고 싶을 때가 있고 먹고 싶지 않을 때가 있는데 엄마가 자꾸 숟가락을 들고 달려들면 아이는 식사에 거부감을 느끼고 아예 안 먹게 되는 경우가 상당히 많다. 아이 먹이기에서는 엄마가 지나치게 부지런한 것도 별로 좋다고 볼 수 없다.

원석이가 체중이 늘고 밥을 잘 먹게 하려면 밤중 수유를 끊고 모유 양을 서서히 줄여야 한다. 돌이 지나면 에너지의 70%를 이유식으로 먹고 나머지를 모유로 먹어야 한다. 그런데 계속 모유에만 의지하면 빈혈이 생겨 안 먹을 뿐 아니라 모유를 먹어 배가 차 있기 때문에 밥을 먹지 않는다. 돌이 지난 아이에게 모유를 많이 먹이면 칼로리가 부족해 영양 상태는 좋지 않은데도 배가 불러 다른 음식을 먹지 않는다. 따라서 모유를 줄이고 빈자리를 이유식으로 채워야 한다. 전문가의 진단을 받은 원석 엄마는 밤중 수유를 거의 끊고 낮에 모유 주는 횟수를 줄였더니 놀라운 결과가 나왔다. 튜브로 분유를 먹던 원석이가 일주일 만에 밥을 배 이상 먹은 것이다.

민선이는 에너지의 25% 정도를 이유식으로 채워야 하는 월령이다. 민선이의 몸무게는 10kg이 넘어 월령에 비해 많이 나가는 편이다. 그런데 이런 아이가 이유식을 거의 안 먹는 것은 모유를 지나치게 많이 먹기 때문이다. 아니나 다를까, 민선이는 낮에는 8~10번, 밤에는 3~4번 모유를 먹었다. 전문가는 밤중 수유를 줄이라는 진단을 내렸다. 또 이유식을 만들 때 고기 덩어리를 좀 더 크게 하고, 채소를 더 많이 넣고, 돌까지는 절대 간을 하지 말라고 했다. 간이나 양념은 아이의 이유식 적응을 더 어렵게 만들고, 한번 짜게 먹는 데 익숙해지면 점점 더 짜게 먹기 때문이다.

짜게 먹는 것은 각종 성인병의 원인이 되며, 이 습관은 한번 들이면 평생 고치기 힘들다. 민선 엄마는 진단대로 밤중 수유를 줄이기로 결심했다. 첫날 밤중 수유를 줄이자 민선이는 밤새 울었다. 그런데 둘째 날은 조금 덜 울었다. 그리고 셋째 날 민선이는 이유식을 아주 맛있게 먹었다.

이유식, 모유 수유와 재우기에 달렸다

태어난 지 6개월 된 정우는 처음부터 혼합수유를 했다. 5개월 정도 되었을 때 소아청소년과에서 이유식을 하라고 해서 그때부터 이유식을 먹였다. 그런데 막상 만들려고 하니까 어떤 재료로 시작해야 하는지, 얼마나 먹여야 하는지, 물기는 어느 정도로 해야 하는지 막막했다. 일단 쌀미음으로 시작했는데, 잘 받아먹었다. 그런데 이유식을 시작한 후 아이가 밤에 자주 깼다. 깰 때마다 젖을 물리는데, 이유식을 하면서 오히려 밤중 수유가 늘어났다. 정우 엄마는 이유식이 아이의 잠과 무슨 관계가 있는지 궁금하다.

모유를 가장 많이 먹는 시기는 생후 5, 6개월이다. 보통 6개월 무렵 이유식을 시작하면서 모유가 줄게 되고 수면교육이 잘 된 아이들은 모유를 먹지 않고도 밤새 잘 자는 경우가 많다. 이유식을 시작하면 오히려 아이가 잠을 잘 잔다는 말이다. 그런데 정우는 이유식을 시작하면서 밤에 자주 깬다니 도대체 무슨 일일까?

이때 엄마는 정우에게 이유식을 너무 묽게 먹이는 건 아닌지 생각해봐야 한다. 엄마들은 대개 이유식을 너무 묽게 만들거나 오래 삶고 끓여 덩어리가 거의 없게 만든다. 90% 이상의 엄마들이 이유식을 묽게 해서 먹인다. 이렇게 묽으면 칼로리가 거의 없다. 이유식을 시작했는데 아이가 이유식으로 칼로리를 제대로 섭취하지 못하면 부족한 칼로리를 보충하기 위해 밤중 수유가 늘 수 있다.

보통 이유식은 생후 4~6개월에 시작해 하루 1~3회 먹인다. 먹는 양은 찻숟가락으로 한 숟가락에서 100cc 이상이다. 모유나 분유 수유 양이 하루 최소 600ml 정도이고 아이가 잘 먹는다면 더 먹여도 상관없다. 7개월쯤에는 덩어리가 있는 것을 먹이고, 이유식 양이 빨리 늘면서 모유 수유 양이 줄어야 한다. 모유 양이 줄지 않으면 잘 먹던 이유식 양이 다시 줄어든다. 9개월 정도 되면 이유식을 하루 3번, 한 번에 100~150cc 먹이고 간식도 2~3번 먹여야 한다. 9개월 정도 되면 에너지의 25~40%를 이유식으로 충당할 수 있어야 한다.

고기를 갈아주면 아이가 처음에는 컥컥거리기도 한다. 그래도 조금씩 덩어리 수를 늘리고 더 큰 덩어리를 주어야 한다. 그렇지 않으면 아이가 아예 덩어리를 못 먹는 사태가 벌어진다. 이유식을 시작하면 변을 잘 보던 아이도 변비에 걸린 듯 변을 잘 보지 않기도 한다. 생전 처음 보는 음식이 들어오니 어떻게 소화시켜야 할지 고민하기 때문이다. 대부분 처음에는 변을 며칠 만에 한 번씩 보다가 어느 순간 잘 보므로 걱정하지 않아도 된다. 단, 이유식에 채소를 너무 조금 넣으면 관장할 정도의 변비에 걸릴 수도 있으므로 이유식 재료로 이파리 채소를 많이 사용하자.

혜인이는 태어난 지 11개월 된 여자아이다. 6개월 때 이유식을 시작했는데, 처음에는 이유식을 조금씩 받아먹더니 요즘에는 전혀 안 먹는다. 억지로 이유식을 떠넣으면 숟가락으로 긁어내 버리기까지 한다. 현재 혜인이 몸무게는 9.7kg이다. 태어날 때는 3.1kg이었다. 분유는 서너 시간마다 한 번씩 200ml 정도 먹는다. 혜인이는 왜 이유식을 먹지 않을까?

아이가 정상으로 자라는데 이유식을 먹지 않는다면 뭔가 다른 것으로 칼로리를 채운다는 얘기다. 이 시기 아이에게 필요한 칼로리는 700kcal 남짓인데 분유 1L의 칼로리는 670 kcal이다. 아이가 이유식을 안 먹는 이유는 배가 고프지 않기 때문이다. 분유로 이미 필요한 칼로리를 다 채웠기 때문에 아이는 이유식을 먹기가 힘들다. 따라서 혜인이는 분유를 줄이고 이유식을 늘려야 한다. 이것의 순서가 바뀌면 곤란하다. 이유식을 늘려 분유를 줄이겠다고 생각하면 아이가 배가 부르기 때문에 이유식에 실패할 확률이 높다.

Tip

이유식과 모유의 비율

개월 수	이유식	모유	비율
6~8개월	130kcal	486kcal	22%
9~11개월	310kcal	375kcal	46%
12~23개월	580kcal	313kcal	65%

아이가 10개월이 지났는데도 덩어리를 안 먹는다면 이유식에 실패할 확률이 높다. 따라서 이 월령의 아이가 이유식을 잘 먹게 하려면 덩어리를 적절히 늘려야 하고 밤중 수유를 줄여 분유나 모유의 양을 줄여야 한다. 하지만 이러한 작업에는 엄마의 노력이 많이 필요하고 몇 달 걸릴 수도 있다는 것을 각오해야 한다.

아이가 이유식을 먹지 않는 데는 여러 가지 이유가 있다. 첫째, 아프면 먹지 않는다. 가장 흔한 원인은 빈혈이다. 빈혈이 있는 아이는 잘 먹지 않는다. 그런데 빈혈은 이유식을 먹지 않을수록 더 심해져 점점 더 안 먹는 아이를 만든다. 따라서 모유를 먹는 아이일수록 이유식을 제대로 시작해야 한다. 모유에는 철분이 거의 없어 이유식을 잘 안 하면 빈혈이 생기고, 빈혈이 생기면 아

> ## Tip
> ### 모유와 분유의 최소량
>
> 생후 4~6개월 | 최소 600ml
> 생후 6~9개월 | 500~600ml
> 생후 9~12개월 | 500~600ml
> 만 1세 이후 | 350~600ml

이가 잘 먹지 않기 때문이다.

둘째, 가장 흔히 볼 수 있는 경우로 이유식 진행이 늦어지면 먹지 않는다. 보통 이유식은 6개월에 시작해야 하는데 7개월에 시작하거나, 중간에 잠시 쉬거나, 너무 천천히 진행하기 때문이다. 덩어리를 먹어야 하는데 계속 무른 죽만 주어도 아이는 잘 먹지 않는다.

셋째, 수면교육이 잘 안 되었을 때도 잘 먹지 않는다. 수면교육은 생후 4~6주에 시작해 3~4개월에는 완성해야 하는 아이의 잠자기 교육이다. 아이의 잠자는 패턴은 대개 3~4개월에 완성되기 때문에 전문가는 그 전에 수면교육이 완성되어야 한다고 말한다. 그런데 어째서 느닷없이 수면교육과 이유식을 말하는 걸까? 아이가 충분히 먹은 다음 등을 대고 누워서 자는 습관이 들어야 나중에 먹지 않고도 밤새 잘 잘 수 있기 때문이다. 젖을 물고 자려 하고, 밤중에 계속 먹으면 아이는 배가 불러서 이유식을 안 먹는다.

이유식과 모유 수유, 수면습관은 톱니바퀴처럼 맞물려 있다. 이유식을 먹지 않는 아이의 상당수가 수면 문제를 가지고 있다. 수면 문제의 중심에는 밤중 수유가 있는 경우가 많은데, 이는 모유 수유 버릇을 잘못 들인 것이다. 모유 수유의 기본은 '아이가 배고플 때마다 먹여라'이다. 그런데 무엇보다 한번에 10~15분씩 충분히 먹이는 것이 중요하다. 아이가 먹다가 자면 깨워서라도 마저 먹여야 한다. 그렇지 않으면 조금 먹고 자는 것이 습관이 되어 자다가 자주 깨는 상황이 벌어진다.

이유식의 기본 원칙

1. **생후 4~6개월이 되면 시작한다**
   4개월 이전에도 안 되고 6개월이 지나서도 안 된다. 단, 모유수유아는 만 6개월부터 이유식을 시작하는 것이 좋다.

2. **알레르기가 있는 아이는 생후 6개월부터 이유식을 시작한다**
   모유 먹는 아이도 6개월 전에는 이유식을 시작하지 않는다.

3. **생후 6개월부터는 고기 섭취가 중요하다**
   철분을 보충하기 위해 만 3세까지는 고기를 매일 먹여야 한다.

4. **과일주스는 생후 6개월 이전에 먹이지 않는다**
   과일은 6개월 전에 먹여도 되지만 시판 주스는 먹이면 안 된다.

5. **시금치, 당근, 배추는 생후 6개월 전에 먹이지 않는다**
   이 채소들에는 질소화합물이 많이 들어 있기 때문이다.

6. **생선과 달걀은 4~6개월 사이에 먹일 수 있다**
   예전에는 알레르기 때문에 돌 전에 먹는 것을 권장하지 않았지만 이제는 4~6개월 사이에 먹는 것을 권장한다. 달걀흰자는 몇 개월 후에 시작하자.

7. **이유식에는 간을 하지 않는다**
   음식에 원래 들어 있는 소금기 정도면 충분하다.

8. **아이가 질식하는 일이 없도록 주의한다**
   떡이나 빵 등으로 질식하지 않게 주의한다.

9. **찌고 삶는 조리법을 주로 이용한다**
   너무 오래 찌거나 삶으면 영양소가 다 파괴된다.

10. **생후 12개월 전에 먹여서는 안 되는 식품들을 꼭 기억한다**
    꿀, 우유 등은 돌이 되기 전에 먹이지 않는다.

11. **알레르기가 있는 아이의 이유식은 주의가 필요하다**
    새우, 견과류는 세 돌까지 먹이지 않고, 두부도 돌이 되기 전에 먹이지 않는다.

12. **아토피가 있는 아이는 한 번에 재료를 한 가지씩만 추가한다**
    재료를 추가할 때 반드시 일주일 간격을 둔다.

13. **아토피가 있다고 고기를 무조건 제한하지 않는다**
    음식을 제한하는 것은 아토피 치료에서 가장 마지막 방법이다.

이것은 모유를 먹이는 첫 일주일에 아이에게 습관 들여야 한다. 아이가 돌도 되지 않았는데 체중이 많이 나가는 까닭은 엄마가 젖을 자주 물리기 때문인 경우가 많다. 모유에는 처음에 나오는 전유와 나중에 나오는 후유가 있다. 전유에는 탄수화물이 많고, 후유에는 지방이 많다. 지방이 많은 후유를 많이 먹어야 칼로리를 충분히 섭취하고 배가 부르다는 느낌을 받는다. 따라서 한 번에 충분히 길게 먹여야 한다.

조금씩 자주 먹는 아이는 매번 전유만 먹게 되는데, 탄수화물은 먹고 나면 속이 부글부글 끓는다. 속이 부글거리면 아이는 경험상 뭔가 들어가면 속이 편안하다는 것을 안다. 그래서 자꾸 엄마 젖을 물려고 칭얼거린다. 이러다보면 영양은 제대로 챙기지도 못하고 체중만 지나치게 늘어난다. 이런 까닭에 이유식에 문제가 생기더라도 전문가는 수면습관이나 모유 수유습관 등을 같이 물어본다.

이유식을 시작하려면 아이가 태어난 지 4주 정도 되었을 때 미리 고민해야 한다. 이유식은 아는 만큼 먹일 수 있다. 이유식을 시작하는 생후 4~6개월에 닥쳐서 공부하려면 이미 수면습관이 잘못되어 이유식이 제대로 진행되지 않는 경우가 많다.

왜 아이는 자지 않고 보챌까

태어난 지 6개월 된 남자아이 우성이는 밤에 잠드는 데 1시간 정도 걸린다. 잠든 뒤에도 1시간 간격으로 깨서 운다. 우성이는 신생아 때부터 잘 자지 못했던 터라 엄마는 아이 잠에 대해 공부를 많이 했다. 자기 전에 미지근한 물로 목욕도 시켜주고, 목욕 후 몸을 이완시키기 위해 조물조물 마사지도 해준다. 그런데 모든 준비를 끝내고 잠든 아이를 이불에 눕힌 뒤 엄마가 누우려면 아이가 깨서 운다. 심할 때는 30분 간격으로 깨서 칭얼거려 아이를 토닥거리다보면 엄마는 잠잘 새가 없다. 새벽 1~2시까지는 견딜 만한데 새벽 5시쯤 되면 엄마 몸은 천근만근이 된다.

'잠 좀 푹 자봤으면……' 하는 것은 돌 전 아이를 둔 엄마의 한결같은 바람이다. 푸석푸석한 얼굴, 멍한 눈빛. 특히 백일이 되지 않은 아이를 둔 엄마의 모습은 과장해서 좀비에 가깝다. 왜 이런 일이 벌어질까? 초보 부모는 아이에게 모든 포커스를 맞춘다. 부모가 살아야 한다는 생각은 하지 못한다. 아이한테 모든 것을 맞추다보면 엄마에게도 휴식이 필요하다는 것을 인식하지 못한다. 자다 깨면 그때마다 안아주고, 아이가 졸려할 때 재워야 한다는 부모의 갸륵한 생각이 종종 '밤새 자지 않고 보채는 아이'를 만든다.

우성 엄마는 아이에게 100점을 넘어 110점을 받을 만큼 잘했다. 그런데 엄마가 90점만 되었어도 아이가 잘 잤을지 모른다. 아이를 잘 재우기 위해서는 엄마가 좀 더 게을러져야 한다. 엄마가 아이에게 매달려 있으면 아이는 스스로 잠잘 수 있는 기회를 빼앗긴다. 아이의 수면 문제는 생후 9~10개월이 되면 더 심해진다. 따라서 그 전에 아이가 자다 깨는 습관을 바로잡아야 한다. 밤에 자다가 아이가 깨면 최소 3~5분 정도는 기다리자. 아이가 혼자서 뒤척이다가 다시 잠들기도 한다.

아이가 자다 깨면 안아주어야 한다고 생각하는데, 밤에 자다가 깼을 때는 안아주지도 말고, 노래를 불러주지도 말고, 책도 읽어주지 말고 그냥 재워야 한다. 좀 기다렸는데도 아이가 자지 않을 때는 주위를 살펴 무슨 이상이 있는지 보고 아무 이상이 없다 싶으면 가볍게 토닥여서 재워야 한다. 한번 안아주면 계속 안아주어야 하고, 안아 올렸기 때문에 아이는 잠에서 완전히 깨버리기도 한다. 아이가 자다 깼을 때는 불을 켜서도 안 된다. 불을 켜면 아이는 아침이 왔다고 생각한다. 아이가 자면 엄마도 자야 한다. 엄마가 좀 무디고 게으르면 아이가 더 잘 자기도 한다.

우성이는 밤에 평균 5~6번 깼다. 그렇게 아이가 깨면 우성 엄마는 아이를 안거나 얼러서 다시 재우거나 그도 안 되면 먹여서 재웠다. 엄마는 아이가 먹는 모유 양이 부족하다고 생각해 어렸을 때부터 1~2시간 간격으로 젖을 물렸는데, 그것이 아이의 수면습관을 방해했다. 지금 우성이 체중은 8kg으로 정상범위다. 그런데 엄마는 아이가 한 달 전에 쟀을 때랑 체중이 똑같다고 걱정했다. 우성이가 4개월 18일이었을 때 몸무게가 그 정도였다면 지나치게 많이 나가는 편이다.

우성이는 지금 나름대로 체중을 조절하려고 노력하고 있다. 모유 양이 부족한 것이 아니다. 우성 엄마는 한 번에 길게 먹는 습관을 가르쳐야 한다. 그리고 밤에 젖을 문 채 재우는 것을 피하고, 눕혀서 재우는 연습도 해야 한다.

물론 엄마가 노력한다고 아이가 당장 누워 자는 것은 아니다. 눕혀 놨는데 칭얼거리면 다시 안았다가 또 눕힌다. 이렇게 자꾸 반복하면 처음에는 눕힐 때마다 깨겠지만 어느 순간 아이도 '에라 모르겠다. 자야겠다' 하면서 잠든다. 분명히 아이가 깨어 있는 상태에서 눕혀야 한다. 밤에 깼을 때는 다시 잠들 수 있게 토닥거리면서 재운다. 한 달 정도는 무척 힘들고 길면 6개월 정도 걸릴 수 있지만 아이를 밤새 잘 자게 하려면 혼자 힘으로 오래 자도록 가르쳐야 한다.

아이가 잠자는 시간을 당기는 것도 좋다. 매일 오후 9시에 자는 아이라면 1시간 정도 앞당겨 8시에 재운다. 이렇게 하면 수면 문제가 생각보다 잘 해결된다. 보통 일찍 재우면 일찍 깰 것이라고 생각하는데 그렇지 않다. 돌이 지난 아이가 잘 자지 않을 때는 일찍 재우는 것이 가장 좋은 해결 방법이다. 잠자는 시간을 오후 7시까지 당겨도 된다.

아이는 왜 이렇게 자주 깰까? 의학적으로는 생후 4개월이 지나면 아이가 배가 고파서 깨지는 않는다. 대부분 밤중 수유습관 때문에 깬다. 4~6개월이면 모유 먹는 아이는 밤에 1~2번 정도 먹는다. 분유 먹는 아이는 4개월이면 밤중 수유를 끊을 수 있다. 아이가 밤에 자주 깨지 않게 하려면 낮에 많이 먹고 밤에 적게 먹는 습관을 들여야 한다. 젖을 물리지 않고 재워 버릇하면 서서히 밤에 먹는 양이 줄어 잘 잘 수 있다. 젖을 물려 재운 아이는 잠이 오면 계속 젖을 물리기를 기대하고, 안아서 재운 아이는 계속 안아서 재워주기를 기대한다는 점을 기억해야 한다.

그런데 이런 수면습관은 생후 4~6주 사이에 시작해 3~4개월에는 완성해야 한다. 4주 된 아이 엄마에게 이런 이야기를 하면 안 그래도 아이가 잘 자기 때문에 필요성을 별로 느끼지 못한다. 그런데 4주 때 시작하는 수면교육이 수면습관을 좌우한다. 아주 어릴 때는 기억력이 없어 어떻게든 잠을 잔다. 하지만 4개월 정도 지나면 기억력이 생기기 시작해 젖을 물려야만 자고, 안아야만 자는 수면 패턴이 생긴다. 따라서 낮에 이유식도 잘 먹고 밤에 깨지 않고 잘 자는 아이로 키우고 싶다면 생후 4주부터 아이의 수면습관에 신경 써야 한다. 이 시기에 수면습관을 잘 들이지 못하면 두고두고 고생한다.

잠자리의식으로 수면습관을 들여라

아이에게 잠자는 것까지 굳이 가르쳐야 할까? '아이는 태어나자마자 본능적으로 배가 고프면 울고, 졸리면 자는데 교육까지 한다니……'라고 생각할 수도 있다. 전구가 없던 옛날에는 맞는 말이었다. 그러나 전구가 생기고 밤에 불빛이 생기면서 아이는 잘 자지 못한다. 아이의 잠자는 리듬은 24.5시간으로 하루보다 길다. 그래서 아이에게 알아서 자라고 하면 매일 30분씩 늦어지므로 부모가 아이에게 잠 잘 시간이라는 신호를 주어야 한다.

부모가 아이에게 잠 잘 시간을 알려주는 것을 '수면교육'이라고 한다. 수면교육은 보통 생후 4~6주 사이에 시작해 아이의 수면 패턴이 완성되는 3~4개월 이전에 끝내야 하는데 그 방법은 생각보다 간단하다. 매일 일정한 시간에 눕히고, 혼자 잠들 수 있도록 잠자리의식을 해주면 된다. 잠자리의식은 충분히 먹이고, 옷을 갈아입히고, 눕히고, 이야기를 들려주고, 노래를 불러주고, 책을 읽어주고, 불을 끄고, 잘 자라고 말해주는 일을 매일 똑같이 반복하는 것이다. 이런 것을 반복하면 일정한 시간에 잠자리의식이 시작되어 아이가 졸기 시작한다.

수면교육은 일찍 시작하면 할수록 수면 패턴을 쉽게 완성할 수 있다. 생후 4개월이 넘어 수면 패턴을 잡으려면 짧게는 6개월에서 길게는 1년 정도 걸린다. 하지만 아이에 따라서는 잠자리의식을 반복해주면 한 달 만에 잘 자기도 한다.

아이를 잘 재우려면 일정한 시간에 재우고, 잠자리의식을 하고, 스스로 잠들게 하고, 수면환경을 만들어주어야 한다. 아이가 잘 때는 온 집 안이 자는

Tip

잠자리의식 5단계

1단계_충분히 먹여서 바닥에 눕힌다 | 아이 목욕은 일주일에 2~3번만 시키는 것이 좋은데 매일 씻기고 싶다면 미지근한 물로 가볍게 샤워만 해준다. 아이가 깨어 있는 상태에서 눕히는 것이 무엇보다 중요하다.

2단계_잠옷으로 갈아입힌다 | 잠잘 때 입는 옷을 알려주고 일정한 시간에 갈아입히는 것도 아이의 잠자리의식에 도움이 된다.

3단계_동화책을 읽어주거나 자장가를 불러준다 | 이때 동화책이나 자장가가 아이를 흥분시키면 안 된다. 잠자리의식 때 읽어주는 동화는 아이가 평생 책을 좋아하게 하는 데 결정적인 역할을 하기도 한다.

4단계_잘 자라고 말하고 뽀뽀해준다 | 아이가 특별히 좋아하는 인형이 있으면 안겨주고, 좋아하는 담요가 있다면 덮어준다. 분리불안이 심한 아이는 자면서도 엄마의 체취를 느낄 수 있게 엄마 헌옷으로 리폼한 옷을 인형에게 입힌다.

5단계_불을 끄고 재운다 | 마지막에는 불을 완전히 끈다. 엄마가 아이와 함께 잔다면 불을 끄고 아이 옆에 눕는다.

분위기를 만들어야 한다. 엄마는 아이를 재우는데 아빠는 거실에서 텔레비전을 본다면 아이는 잘 잠들 수 없다.

수면환경 가운데 가장 중요한 것은 집 안의 온도이다. 아이가 잠자기 적합한 온도는 4주가 지나면 18~22도 정도이다. 실내온도가 25도를 넘으면 아이는 잘 못 잘뿐더러 잘 먹지도 않는다. 특히 모유 수유를 하는 아이는 27도가 넘어가면 잠만 잔다. 따라서 집 안 온도를 너무 덥지 않게 관리하는 것도 아이를 잘 먹이고 재우는 데 꼭 필요한 조건이다.

반응하고, 자극하고, 놀아줘라

태어난 지 11개월 된 남자아이 민재는 순해서 혼자서도 잘 논다. 엄마가 설거지하면 주방 싱크대를 열고 냄비나 프라이팬을 끄집어내어 논다. 놀이가 지겨워지면 거실로 기어가 텔레비전 장식대를 잡고 서서 서랍을 하나씩 연다. 그런데 잘 놀던 민재가 갑자기 엄마에게 기어온다. 마침 설거지도 다 끝났지만 엄마는 당황한다. 뭘 가지고 같이 놀아야 할까? 민재에게 쥐어줄 장난감을 찾았지만 워낙 장난감에 관심이 없어 하니 신통한 것이 보이지 않는다. 엄마는 그저 어설프게 율동하고 노래를 부른다. 민재는 한참 엄마를 보고 웃더니 다시 책장 쪽으로 기어가 혼자 논다.

민재 엄마는 아이가 혼자서 잘 놀다가 놀아달라는 듯 자기에게 기어오면 무척 당황스럽다고 고백했다. 도대체 어떻게 놀아주어야 하는지, 무엇을 가지고 놀아주어야 하는지 난감하다는 것이다. 물론 아이가 잘 때 인터넷을 몇 시간이나 뒤져 두뇌발달에 좋다는 장난감을 구입하고, 집에서 놀아주는 법을 공부했지만 민재는 엄마가 공부한 놀이법이나 장난감에는 도통 관심이 없었다.

아이와 놀려면 먼저 아이가 무엇을 좋아하는지 알아야 한다. 우리 아이가 무슨 놀이를 어떻게 할 때 얼마나 즐거워하는지 알아야 한다. 그러려면 우리 아이만의 놀이를 배워야 한다. 아이가 혼자 놀 때 '이때가 기회다' 하면서 집안일을 할 것이 아니라 옆에서 아이 놀이를 흉내내보자. 아이가 냄비 뚜껑을 두드리면 엄마도 두드려보고, 냄비 뚜껑을 머리에 쓰면 엄마도 머리에 써본다. 생각보다 아이가 재미있어 한다. 그렇게 아이와 놀다보면 아이가 먼저 제시한 놀이에서 엄마가 무엇을 더해주면 좋아할지가 보인다.

아이가 냄비를 두드리며 재미있어 한다면 엄마가 생수병을 가져와 아이처럼 두드려본다. 그러면 아이의 놀이가 하나 확장된다. 그러다 엄마가 실수로 생수병을 데굴데굴 굴렸는데 아이가 까르르 웃으면 생수병 굴리는 놀이를 하면 된다. 엄마가 하는 놀이를 아이가 유심히 보거나 웃으면 재미있다는 표시다. 그 놀이를 조금 더 계속해도 된다는 신호다.

아이가 좀처럼 혼자 놀지 않는다면 소아청소년과에서 받은 '아기수첩'이나 보건소에 가면 주는 '모자보건수첩'을 활용할 수 있다. 엄마들은 대개 이 수첩을 예방접종일을 기록하는 데만 사용한다. 그런데 이 수첩을 보면 발달시기별로 '우리 아이 이만큼 할 수 있어요'라는 코너가 있다. 월령에 따라 아이가 할 수 있는 일을 10항목 이상 적어두었는데, 이것을 놀이에 활용하면 된다.

이것은 집에서 쉽게 할 수 있는 발달검사이기도 하지만 이 시기 아이가 즐겨 하는 놀이이기도 하다.

예를 들어 수첩에 '바닥에서 껑충껑충 뛸 수 있는가?'라고 써 있다면 이는 이 시기 아이가 획득해야 하는 운동발달 능력이기도 하다. 발달도 도울 겸 엄마는 아이와 토끼처럼 껑충거리며 뛰는 놀이를 하면 된다.

아이는 끊임없이 움직이면서 논다. 만약 집은 좁은데 이것저것 물건이 많

Tip

0~2세 놀이에 참고하면 좋은 놀잇감

생후 0~6개월 | 아이 침대나 벽에 부착하는 깨지지 않는 거울, 모빌, 손잡이가 있는 딸랑이, 손으로 치거나 발로 차거나 입에 물거나 쥘 수 있는 놀잇감

생후 7~12개월 | 아이가 자신이 움직이는 모습을 볼 수 있을 정도의 깨지지 않는 큰 거울, 세탁할 수 있는 인형, 속이 꽉 찬 봉제 동물 인형, 부드럽고 가벼운 블록 몇 개, 다양하게 조작할 수 있는 손에 쥐는 놀잇감, 쌓을 수 있는 놀잇감, 채웠다가 비울 수 있는 용기, 헝겊 책, 책장이 두껍고 모서리가 둥근 그림책, 엄마나 아빠가 읽어줄 그림책, 조작하면 소리가 나는 종이나 딸랑이, 미는 놀잇감, 재미있는 효과를 내는 공

생후 13~24개월 | 단단하고 깨지지 않는 전신거울, 단순하고 씻을 수 있는 인형 몇 개, 작은 나무나 단단한 플라스틱으로 된 사람이나 동물모형 몇 개, 아이가 들어가서 탈 수 있는 차, 교통놀이 장난감(자동차, 트럭, 기차 등) 몇 개, 작고 가벼운 블록 세트와 누르면서 맞추는 블록, 꼭지가 있는 3~5조각 퍼즐, 구슬 꿰기 장난감(18개월 이후), 쌓기 놀이 장난감, 누르면 튀어나오는 장난감, 책장이 두꺼운 책, 엄마나 아빠가 읽어줄 그림책, 질긴 종이와 크고 독 없는 크레용, 밀고 당기는 다양한 장난감, 바퀴가 4개 달린 타고 노는 놀잇감, 낮고 부드러우며 오르내릴 수 있는 계단, 기어들어갈 수 있는 터널

출처 : 『우리 아이들의 놀잇감 선택방법』, 이기숙·오은순, 양서원, 1998

아 아이가 움직일 공간이 작으면 아이의 놀이를 위해 집 안에 있는 물건을 치우는 것이 좋다. 또 아이의 호기심과 두뇌를 자극하려면 새로운 것이 있어야 한다. 매일 똑같은 환경에서는 아이가 놀거나 움직일 필요성을 느끼지 못한다. 따라서 1~2주일 단위로 집 안의 놀이 환경을 바꾸는 것이 좋다. 점점 많아지는 장난감을 그냥 늘어놓을 것이 아니라 1~2주마다 배치를 바꾸고, 아이가 흥미를 보이지 않는 것은 치워두었다가 한참 지난 뒤 다시 꺼내는 것이다.

그런데 이렇게 하는 것도 한계에 부딪힐 때가 있다. 이때마다 새 장난감을 살 수는 없다. 이 경우 가장 좋은 방법은 남의 집에 놀러가는 것이다. 또래가 없다면 엄마 친구도 괜찮고 친척집도 좋다. 그곳에 가면 아이는 새로운 놀잇감을 만난다. 때로는 새로운 사람만으로도 아이의 놀잇감은 충족된다. 엄마와 다르게 반응하고, 말하고, 자극하는 다양한 사람이 아이의 운동, 언어, 인지 영역을 고르게 발달시킨다. 아이가 어려서 힘들다면 집에 손님을 자주 초대하는 것도 한 가지 방법이다. 이렇게 하면 아이는 엄마, 아빠한테만 붙어서 놀아달라고 조르는 일이 줄어들고, 엄마, 아빠도 어떻게 놀아줘야 할지 고민하는 일이 줄어든다.

03

부모와 아이의
소중한 언어, 애착

아이의 욕구를 읽자

 생후 28개월 된 남자아이 훈이는 3개월 전부터 어린이집에 다닌다. 훈이 엄마는 둘째를 임신하면서 아이와 재미있게 놀아주지 못하는 것 같아 28개월 된 훈이를 어린이집에 보냈다. 훈이는 처음부터 잘 적응했다. 그런데 한 달 전부터 훈이가 이상한 행동을 했다. 하고 싶은 것이 마음대로 안 되거나 마음에 안 들면 엄마, 아빠 얼굴을 발로 찼다. 놀란 엄마가 호되게 야단치면 잘못했다고 말은 하는데 뒤돌아서서는 또 반복한다. 훈이는 왜 그럴까?

엄마, 아빠는 잘 모르겠지만 엄마가 임신한 뒤 어린이집에 다니게 되면서 아이는 자기 욕구가 좌절되는 경험을 했을 수 있다. 생후 28개월이면 욕구도 많고, 활동량도 많고, 변덕도 죽 끓듯 하는 무서운 시기다. 이럴 때 엄마가 자기 욕구에 민감하게 반응하지 않으면 엄청나게 화낸다. 엄마는 아니라지만 점점 배가 불러오니 자기도 모르게 아이에게 소홀하거나 이전과는 다르게 아이와 신나게 놀지 못했을 수도 있다. 아이는 이럴 때 '뭐야? 엄마는 내가 소중하지 않은가?'라고 생각해 불안감, 분노감을 키운다.

엄마들은 대부분 둘째를 임신하면 큰아이를 어린이집에 보낸다. 그러면서 아이가 어린이집에 가서 실컷 놀고 왔을 거라고 생각한다. 하지만 아무리 재미있었어도 아이가 가장 편안하게 느끼는 곳은 집이다. 처음 어린이집에 가는 아이는 어느 정도 스트레스를 받았을 테고, 엄마가 이전과는 달라 보여 분노가 쌓였을 수 있다. 엄마는 몸이 무겁더라도 하루에 시간을 정하여 아이와 신나게 놀아주어야 한다. 엄마가 힘들다면 아빠가 그 공백을 메워야 한다.

우리는 순간순간 아이가 무엇을 원하는지 모른다. 갑자기 울음을 터뜨린 아이를 안고 장난감도 주어보고, 사탕도 주어보지만 아이가 왜 울기 시작했는지 모른다. 또 느닷없이 문제행동을 보이는 아이가 왜 그런 행동을 하는지, 언제 어떤 일로 얼마만큼 스트레스를 받았는지 모른다.

아이는 엄마, 아빠가 사랑으로 만들어냈지만 세상에 나오는 순간 이미 엄마, 아빠와는 다른 생각을 하고 다른 욕구를 지닌 독립된 존재이다. 이 때문에 내 속으로 낳았어도 도통 속을 모르는 것은 당연하며, 알기 위해서는 누구보다 민감하게 아이를 관찰해야 한다. 아이의 욕구를 읽기 위한 민감성은 부모가 되는 순간부터 노력해야 얻을 수 있다.

돌 전 아이를 위한 민감성은 주로 생리적 욕구에 맞춰져 있다. 먹고 싶을 때, 자고 싶을 때, 기저귀를 갈고 싶을 때, 놀고 싶을 때, 바깥에 나가고 싶을 때 등 아이는 나름대로 신호를 보낸다. 똑같은 울음으로 느껴지지만 그 양상은 조금씩 다르다. 길이도, 소리도, 얼굴 표정도 다르다. 이런 것은 아무리 초보 엄마라도 민감해지려고 노력하면 우리 아이만의 신호를 3개월이면 읽을 수 있다.

그런데 이러한 신호는 엄마, 아빠가 자신의 입장에서 '도대체 뭘 원하는 거야? 도대체 왜 이러는 거야?'라고 생각해서는 알 수 없다. '혹시 어디가 불편하니? 어떻게 하면 너를 편하게 해줄 수 있을까?'라며 아이에게 집중해야 읽어낼 수 있다. 부모가 신호를 읽으려 드는 것은 부모 욕구를 해결하려는 것이지 아이 욕구에 관심을 둔 것이 아닌 경우가 대부분이다.

초보 부모는 아이 울음을 잘 견디지 못한다. 이 때문에 아이가 울면 빨리 울음을 멈추게 하는 데만 급급해한다. 그런데 마음이 급해지면 '민감성'을 잃는다. 급해지면 급해질수록 민감하게 반응할 수 없고 아이 욕구도 읽을 수 없다.

지금 아이 기분이 어떤지, 아이가 무엇을 원하는지 알려면 아이에게 집중해야 한다. 이것은 피아노를 조율하는 것과 비슷하다. 건반을 눌러서 온 신경을 집중해 소리를 들어본 후 조금 조율하고, 또 건반을 눌러서 조심스럽게 소리를 들어보고 음을 맞춰가는 것처럼, 아이의 작은 반응에도 귀를 기울여 들어보고 상대방에 맞추려고 노력해야 한다.

자식 사랑에는 조건이 없다

은순이는 오늘도 손톱을 물어뜯는다. 저러다가 입에 세균이라도 들어가면 어쩌나? 유치원 가서도 저러다가 친구들에게 놀림당하면 어쩌나? 나중에 손톱 모양이 미워지면 어쩌나……? 그림책을 읽으면서 손톱을 뜯는 아이를 보면 엄마는 별별 걱정이 다 든다. "은순아, 엄마가 손톱 뜯으면 안 된다고 했잖아. 이제부터 손톱 뜯으면 엄마는 너랑 말 안 할 거야. 사탕도 안 줄 거야." 은순이는 엄마의 말에 깜짝 놀란 듯 입 안에 있던 손가락을 뺀다.

"아이를 조건 없이 사랑합시다!"라고 말하면 다들 공감하고 자신들은 그렇게 한다고 말한다. 하지만 생각보다 부모는 아이에게 조건을 많이 단다.

"네가 이런 것, 저런 것을 해주면 엄마도 이런 것, 저런 것을 해줄게." 아이를 키우다보면 부모는 이런 말을 많이 한다. 그런데 이런 것들이 모두 '조건 있는 사랑'이다.

"네가 손톱을 뜯지 않으면 선물을 줄 거야. 엄마가 예뻐할 거야"라고 말하면 아이는 '내가 손톱을 안 뜯어서 사랑받아야지'라는 생각도 하지만 '이게 고쳐지지 않아 엄마가 날 사랑하지 않으면 어쩌지?'라는 생각도 한다. 이 때문에 아이가 '손톱을 뜯지 않는 것'은 부모 사랑의 조건이 된다.

굳이 이렇게 말하지 않는 경우에도 조건은 존재한다. 아이가 손톱을 뜯은 날은 엄마 얼굴이 짜증난 듯 찡그려지고, 그렇지 않은 날에는 맛있는 간식을 주었다면 아이는 '내가 엄마 마음에 들게 잘해야지만 사랑을 받는구나'라고 생각하기 때문에 조건 있는 사랑이 된다.

　이런 문제를 다룰 때는 아이에게 이것은 이런저런 이유로 반드시 고쳐야 할 문제이지만 엄마는 아이의 손톱이 동그랗든, 세모든, 찌그러져 있든 상관없이 사랑한다는 뜻을 분명히 밝혀야 한다.

생후 11개월 된 은수가 잠깐 낮잠 자는 사이 엄마는 인터넷과 요리책을 뒤져 영양이 풍부한 재료로 잘 먹지 않는 은수를 위해 이유식을 만든다. 은수가 일어나자 엄마는 최선을 다해 아이를 유혹한다. 은수는 세 번째까지 잘 받아먹더니 갑자기 고개를 돌린다. 그리고 식탁의자에서 내려달라고 떼를 쓴다.
엄마는 몇 번 달래다가 "안 돼. 다 먹으면 내려줄게" 하지만 아이는 고개를 도리도리하며 다리까지 흔들어댄다. 급기야 엄마는 "엄마가 얼마나 열심히 만든 줄 알아?" 하면서 소리 지른다.

　은수 엄마의 고민은 은수가 너무 안 먹고 너무 안 잔다는 것이었다. 그런데 그 고민에 대한 해답은 의외로 엄마의 양육태도에 있었다. '이거 다 먹으면' '칭얼대지 않고 잘 자면' '이 옷 입으면' '맘마 하고 말하면' 식의 조건을 다는 것이 문제였다.

　열심히 이유식을 만들었는데 잘 먹지 않을 때, 자장가를 열 곡이나 불러주었는데도 자지 않을 때, 예쁘게 키우고 싶어서 비싼 옷을 샀는데 절대 안 입겠다고 할 때 엄마는 아이가 자기 노력을 몰라주는 것이 서운해 실망하는 태도를 보였다.

　그러다보니 은수는 '우리 엄마는 말을 잘 들어야만 나를 사랑할까?'라는 생각에 엄마의 조건 없는 사랑을 확인하기 위해 엄마가 절대 자신을 이길 수 없는 것을 걸고 넘어진다. 생존에 관련된 것이 그것이다. 아이는 눈치 백단이라 '다른 것'은 몰라도 엄마가 '먹는 것' '자는 것'은 아무리 힘들어 씩씩거리면서도 자기 뜻을 들어줄 수밖에 없다는 것을 안다. 그래서 잘 먹지도, 자지도 않는다.

은수 엄마는 아이에게 조건 거는 태도를 고치고, 아이와 애착관계를 다시 맺어야 하는 숙제를 받았다. 아이와 부모 관계에서는 조건이 있으면 안 된다. 조건이 있는 부모의 사랑은 아이를 불안하고 의기소침하게 만든다. 조건을 들어주지 않으면 생존에 절대적인 존재가 자신을 버릴지도 모르는데 누군들 불안하지 않을까?

부모의 사랑에 조건이 붙어 있으면 아이는 몹시 불안정해진다. 아이를 정서가 안정된 건강한 사람으로 키우고 싶다면 부모는 자식을 조건 없이 사랑해야 한다.

아이를 조건 없이 사랑하기 위해 부모가 조심해야 할 것이 '칭찬'이다. 부모는 자식을 격려하고 잘 키워야 한다는 의미로 칭찬한다. 그런데 칭찬 속에는 낚싯밥 같은 것이 숨어 있어 아이는 조건이 붙은 것처럼 느낄 수 있다. 따라서 잘한 것이 아니라 최선을 다한 것을 칭찬하고, 혹 못했더라도 최선을 다했다면 칭찬해야 한다. 칭찬이 부모에게 사랑받기 위해 잘해야 한다는 부담으로 작용해서는 안 된다.

민감성이 애착형성의 노하우다

초보 엄마치고는 아이를 능수능란하게 다루는 지현 엄마는 만 3세 된 지현이를 키우면서도 집을 항상 깔끔하게 해놓는다. 그런데 지현이네 집은 말이 없고 웃음소리도 없다. 지현 엄마는 취업을 준비하다가 지현이가 생기자 직장을 포기했다. 엄마는 지현이 때문에 자기 인생을 잃어버렸다는 생각이 든다. 그래서 지현이가 울어도 잘 안아주지 않으며, 따뜻한 말도 건네지 않는다. 그래도 아이에게만큼은 잘했다고 생각했는데 지현이가 얼마 전부터 안아주려고 하면 엄마를 밀어냈다. 엄마가 배신감을 느껴서 억지로 안으려 했더니 아이가 발로 뻗치면서 엄마를 밀쳐냈다. 엄마는 화가 나 아이를 때렸다.

어떤 부모는 많은 시간을 함께하고, 먹여주고, 입혀주고, 재워주면 아이가 잘 자라지 않느냐고 한다. 지현 엄마도 아이를 사랑하지 않는 것은 아니지만 자기 문제가 너무 커, 최소한 할 것만 해주면 아이가 그런대로 자라겠지 했을지도 모른다. 하지만 지현이는 또래보다 운동발달도, 언어발달도 늦었다. 몸집도 작은 편이었고 표정도 우울해보였다. 또래를 만나도 별 관심이 없었다.

지현이 나이면 자신을 지나치게 괜찮다고 생각하는 시기이다. 이 시기 아이는 제 몸만 한 상자도 들 수 있고, 할머니에게는 무언가 가르쳐줄 수 있다고 생각한다. 자기 의지가 생기기 시작해 슬슬 고집 피우는 일도 많지만 그것 때문에 하루 종일 우울해하지는 않는다. 그래서 서너 살짜리 아이가 있는 집은 아이 고집을 잡느라 소리 지를 일도 많지만, 반대로 아이 때문에 웃을 일도 많다. 기분이 나쁘다가도 아이 얼굴을 보면 미소가 퍼지고 웃음이 나온다.

그런데 지현이는 또래와 너무 달랐다. 지현 엄마는 자신을 밀어내는 지현이를 보고서야 무언가 심각하게 잘못되었다는 생각이 들어 전문가를 찾았지만 아이는 심각한 애착장애를 가지고 있었다. 상담 결과 아이는 다친 마음을 치료하기 위해 놀이치료를 받아야 하며, 엄마는 처음부터 다시 아이와 애착을 형성하기 위해 모아애착 프로그램 같은 애착교육을 받으라는 진단을 받았다.

아이와의 애착은 아이를 먹여주고, 입혀주고, 재워주는 것만으로는 충분하게 형성되지 않는다. 아이에게 위로와 지지, 자극이 필요할 때 이를 재빨리 알아채 반응하는 부모의 민감성이 절대적으로 필요하다. 또 따뜻한 접촉, 안정감을 주는 양육태도도 필요하다. 그리고 놀아주는 행동, 자극해주는 행동도 해야 한다. 그래야 아이가 더 큰 세상에 나가서 새로운 세상을 탐색하고 배울 수 있도록 격려하고 자극하는 부모가 될 수 있다.

아이가 울면 반응해주고, 따뜻하고 사랑스러운 눈빛으로 아이 마음을 읽어주어야 한다. 누워 있는 아이 발에 입을 맞추고 수시로 안아주고 뽀뽀해주는 것이 좋다. 기저귀를 갈 때도 배에 입을 맞추고 '후' 불면서 장난치고, 우유를 먹일 때도 아이와 눈을 맞추고 조용히 이야기를 들려주자.

만 2세 이전에는 공격적이거나 위험한 것 등 아주 무리한 것이 아니라면 아이 뜻을 들어주고, 최대한 스킨십을 많이 해주는 것이 좋다. 아이가 어렸을 때 충족해야 할 욕구 중에는 '의존욕구'가 있다. 이유 없이 찡찡대고 칭얼대도 누군가 자신을 받아주고 챙겨주었으면 하는 욕구, 누군가에게 한없이 기대고 싶은 욕구, '나 이것 해줘'라고 조르고 싶은 욕구 등이 그것이다. 이 욕구가 만 2세나 만 3세까지 충분히 채워지지 않으면, 아이는 인생을 살아가면서 내내 가슴에 구멍이 뚫린 것 같은 공허함을 느낀다.

하지만 아이를 지극정성으로 챙겨주라는 것은 '과잉육아'를 하라는 말이 아니다. 아이가 보내는 신호를 민감하게 읽고 정성스럽게 반응하라는 말이지 과잉보호하거나 아이가 하고 싶은 것까지 부모가 알아서 해주라는 말은 아니다. 또 많이 안아주라는 말은 울기만 하면 안아 올리고 팔이 아파도 참으라는 것이 아니다. 누워 있는 아이라면 누운 자세로 팔베개를 하고 안아줘도 되고, 앉아 있는 아이라면 아이 가슴과 엄마 가슴을 맞대고 등을 토닥거리는 것으로 스킨십을 할 수도 있다.

"우리 아이는 지금 만 3세인데 어떻게 애착을 다시 형성해야 하죠?"라고 걱정하는 부모가 있을 것이다. 처음 애착을 형성하는 만 2세 전보다는 시간이 많이 걸리겠지만 지금부터라도 다시 안정적인 애착을 형성하기 위해 노력하면 된다.

첫째, 아이의 행동을 좋은 말로 포장해준다. 아이가 너무 산만해서 무엇이든 잘 깬다면 "내가 그럴 줄 알았다. 안 그러면 네가 아니지" 할 것이 아니라 "괜찮아?" "안 다쳤어?"라고 묻는다. 아이가 제가 먹던 것을 동생에게 줬다면 "엄마가 동생 먼저 주고 먹으라고 했잖아"라고 혼낼 것이 아니라 "와, 동생이랑 나누어 먹다니 정말 착하구나"라고 좋은 말로 포장해야 한다.

그런데 어제까지는 혼내기만 하던 엄마가 갑자기 부드럽게 말하면 아이는 처음에는 놀랄 것이다. 그러다가 헷갈려 한다. '이상하다. 우리 엄마는 무조건 나한테 잘못했다고 하는데…….' 하지만 그런 일이 반복되면 '아, 엄마는 나를 중요하게 생각하는구나'로 아이의 생각이 바뀐다. 아이 행동을 말로 포장하는 것은 어렵지 않다. 아이의 좋은 면을 보려 하면 보인다.부모는 아이의 좋은 면보다 나쁜 버릇을 말하는 습성이 있다. 산만하더라도 "에너지가 넘치는구나"라고, 생각이 너무 많아 얼른 대답하지 못하면 "신중하구나"라고, 행동이 느려도 "조심성이 많구나"라고 말해주면 된다.

둘째, 좋은 말과 함께 따뜻한 마음을 보여야 한다. 몇 마디 달콤한 말로 불안정한 애착이 쉽게 바뀌는 것은 아니다. 여기에는 행위가 필요하다. 착하다는 말을 할 때는 다정한 눈빛, 다정한 손길, 가까이 다가가기, 부드러운 목소리가 함께해야 한다. 그래야 이전까지 엄마가 주었던 부정적인 경험을 버리고 긍정적인 경험을 쌓아 안정된 애착을 다시 형성할 수 있다. 그런데 이것은 한두 번만으로 완성되지 않는다. 한번 잘못된 애착을 바로잡으려면 부모의 인내심이 필요하다.

셋째, 아이에게만 집중하는 시간을 30분에서 1시간 정도 만든다. 엄마와 애착관계가 불안정한 아이는 대부분 어린이집에 잘 적응하지 못하고 돌아온다. 이때 엄마와 애착 경험을 다시 쌓아야 한다. 최소 두 달 정도 하루 한두 시간은 아이와 집중하는 시간을 만들어야 한다. 형제가 있다면 아이는 하루 한두 시간 다른 사람에게 봐달라고 부탁하고 애착이 불안정한 아이와 아주 신나게 놀아줘야 한다. 그 시간에는 오직 아이에게만 집중해야 한다. 아이의 눈빛, 손짓, 몸짓에 집중해야 한다. 그리고 엄마도 아이와 진심으로 즐겁게 보내야 한다.

애착은 엄마와 아이 두 사람이 자연스럽게 형성하는 본능적인 과정이다. 엄마가 '애착'에 대해 공부한 후 아이에게 의도적으로 주는 사랑이 아니다. 정상적인 엄마와 아이 관계라면 그냥 두어도 애착이 안정적으로 형성된다. 아이는 태어나자마자 엄마와 애착을 형성하기 위해 끊임없이 노력하기 때문이다.

아이에게는 엄마와의 애착이 생존하기 위한 본능이다. 그래서 엄마가 자기가 배고픈 것을 알 수 있도록 울고, 졸리다는 것을 알 수 있도록 칭얼거린다. 엄마의 얼굴에만, 엄마의 냄새에만 반응하여 엄마를 기쁘게 한다. 태어난 지 몇 주밖에 되지 않았으면서 무엇을 아는 것처럼 엄마가 어르면 웃고, 초롱초롱한 눈으로 엄마를 바라본다. 엄마가 안으면 아이는 폭 안겨준다. 엄마가 좋아하는 표정을 짓고 엄마가 들을 때만 옹알이를 한다. 사랑하지 않고는 못 배길 행동을 하는 것이다. 엄마는 이런 아이의 애착행동을 보면서 점점 '나는 아이를 위해 목숨을 바칠 수도 있다'고 생각하게 된다. 이러한 강력한 감정적 결합이 생겨 부모는 본능적으로 아이에게 민감하게 반응하고 자꾸 볼을 비비고 안아주고 싶은 충동을 느낀다.

그런데 엄마에게 신체적·정신적 문제나 어려움이 있다면 이런 자연스러운 과정이 꼬이게 마련이다. 애착형성 방법을 여러 번 읽어보고 실천하려고 노력하라. 그리고 매일 아이 사진을 찍어보자. 아이가 잠든 저녁 그날 찍은 아이 사진을 보면 내가 이렇게 했을 때 아이가 웃었구나, 찡그렸구나, 속상해했구나 등을 느낄 수 있다. 남편에게 자신과 아이가 노는 모습을 찍어달라고 해보자. 그것을 파일로 만들어 매일 들여다보면 어떤 깨달음이 생길 것이다.

04 늦되거나 빠르거나
- 김수연 소장님의 1:1 상담

목가누기가 안 되는 7개월 아이

태어난 지 7개월 된 남자아이 영철이는 발달이 늦다. 목가누기 말고는 아무것도 안 된다. 혼자 뒤집기를 못해 엎어놓으면 2분도 견디지 못한다. 얼마 전부터 왼쪽 다리를 떨어 대학병원에서 MRI 검사, 뇌파검사 등을 해보았지만 이상이 없다는 말만 들었다.

엄마의 고민 여전히 발달도 늦고 다리 떨림 증상도 있는데 어떻게 해야 하나?

김수연 소장님의 발달검사
1. 등으로 누워서 고개를 가누고 일어나 앉기

등을 대고 바로 누워 있는 아이의 양손을 잡고 천천히 일으켜본다. 영철이는 고개를 앞쪽으로 들었다 뒤로 떨어뜨렸다 했다. 보통 엄마들이 집에서 할 때는 아이를 너무 빨리 들어 올려 아이가 순간적으로 몸에 힘을 주기 때문에 고개가 떨어지지 않아 목을 가누는 줄 안다. 영철이도 목을 완전히 가누는 것은 아니다.

2. 등 자극에 대한 반응 살피기

엎드려놓고 등을 손가락 여러 개로 피아노 치듯 두드렸을 때 아이 반응을 살핀다. 등에 자극을 주니 영철이는 고개를 뒤로 돌리려는 반응을 보였다. 이러한 반사행동은 보통 생후 6개월이면 사라져야 정상이다.

3. 네발로 몸 일으켜 세우기

아이 가슴에 풍선을 놓고 엎어놓았을 때 양팔과 두 다리를 뻗어 네발로 선 모양이 되어야 한다. 영철이는 팔을 앞으로 뻗고 지지하는 것을 무척 힘들어했다.

4. 손 뻗어 장난감 잡기(링)

눈앞에 장난감을 주었을 때 손을 뻗어 잡는 것을 본다. 생후 4~5개월만 되어도 금방 잡는데 영철이는 시간이 오래 걸렸다. 또 잡았다가 금세 놓쳤다.

5. 청각자극에 대한 반응 살피기

엄마가 아이를 안고 앉아 아이 뒤에서 종을 흔들어본다. 오른쪽 귀, 왼쪽 귀 뒤에서 흔들었을 때 어떻게 반응하는지 살핀다. 또 장난감을 눈앞에 제시하고 종을 흔들었을 때는 어떻게 반응하는지 살핀다. 다양한 소리 자극에는 어떻게 반응하는지도 관찰한다. 영철이는 반응이 빠를 때도 있고 늦을 때도 있었는데, 특이하게도 고개가 한 단계, 두 단계, 세 단계로 잠깐씩 멈추면서 돌아갔다.

6. 거울에 비친 자기 얼굴에 대한 반응 살피기

아이 얼굴만 보이는 작은 거울을 준비한다. 영철이는 한참 쳐다보다가 손을 내밀어 거울에 비친 자신과 장난했다.

7. 그림책에 대한 반응 살피기

그림책을 보여주었을 때 어떤 반응을 보이는지 관찰한다. 영철이는 열심히 보

> 면서 팔을 앞으로 뻗어 만지려고 했다.

운동발달이 떨어지면 소아신경과를 찾아 MRI검사나 뇌파검사를 하게 된다. 그런데 운동발달지연을 보이는 아이들 중 60~70%의 아이가 해당 검사에서 '정상'이라는 진단을 받는다. 아이 증상은 여전한데 이런 검사결과가 나오면 '이건 소아신경과 영역이 아니구나' 생각하고 집으로 돌아갈 것이 아니라 '다른 과'를 찾아봐야 한다.

다음에 가봐야 할 곳은 '소아재활의학과'이다. 이곳에서는 운동발달이나 인지발달 등에 문제가 있는지 살피고 운동발달이 지연된 경우 소아물리치료 등을 한다. 영철이의 경우 뇌 기능을 이해하기 위해서는 발달검사할 때 보이는 아주 작은 신호도 특히 돌 전일 경우 면밀히 관찰해야 한다. 무언가 잡을 때 손 모양, 고개 돌리는 속도, 반응을 보이는 속도 등이 중요한 자료가 된다.

영철이의 전반적인 발달검사 결과, 신체 백분위수로 따졌을 때 머리둘레는 90번째 3~97까지는 문제가 없다, 신장은 50~75번째, 체중은 90~97번째였다. 신장에 비해 체중이 조금 많이 나가는 편이다. 영철이처럼 운동발달이 떨어지는 아이는 체중이 신장에 비해 많이 나가면 앞으로도 체중이 더 증가할 가능성이 높다. 또 몸이 무거워 신체놀이를 더 안 하게 된다. 신장에 비해 체중이 너무 많이 나가지 않게 항상 '아기수첩' 성장곡선에 체크하며 관리하는 것이 좋다.

운동발달의 경우 목가누기가 확실히 안 되었다. 장난감 같은 것을 주면 엄지가 나올 때도 있고 나오지 않을 때도 있으며 물건 잡는 것을 힘들어했다. 이는 손 조작 능력이 또래에 비해 떨어지는 것이다. 하지만 감각반응에는 문제가 없었다. 청각자극에 늦게 반응할 때도 있었지만 그건 운동발달이 늦기 때문이다. 인지발달에도 문제가 없었다. 행동발달은 사물에 대한 흥미도가 무척 높은 편이고, 낯을 심하게 가리지도 않았다.

영철이는 모든 것을 열심히 관찰하고 싶어 했다. 인지발달에는 문제가 없다보니 머리로는 하고 싶은데 몸이 따라주지 않아 자꾸 짜증을 냈다. 보통 영철이처럼 인지발달과 운동발달에 차이가 있는 아이는 기질은 그렇지 않은데도 짜증이 많은 아이로 오해를 사기도 한다. 운동발달수준과 인지발달수준의 차이가 줄어들면 한결 순해지므로 아이 발달상황에 대한 엄마의 이해가 필요하다.

영철이는 전반적으로 근육에 힘이 너무 들어가 뻗치는 증상이 있으므로 소아물리치료를 하는 것이 운동발달에 도움이 된다. 아이의 운동발달 지연은 조금이라도 일찍 발견해 치료하는 게 효과적이다. 혼자서 잘 걸을 때까지 소아물리치료를 계속하는 것이 좋다. 소아물리치료는 종합병원 재활의학과의 '소아물리치료실'이나 전국의 장애인종합복지관에서 받을 수 있다.

기지 않는 10개월 아이

생후 10개월 된 남자아이 근이는 아직 기지 못한다. 6개월 때 뒤집기를 했는데 주로 누워서 놀 뿐 기지 못한다. 억지로 엎어놓으면 다시 돌려놓으라고 떼를 쓰면서 운다. 근이는 옹알이는 고사하고 별 다른 소리도 내지 않는다. 잘 울지도 않는 편이다.

엄마의 고민 얼마 전 같은 개월의 아이가 공을 쫓아 기어 다니는 것을 본 뒤 우리 아이만 너무 늦은 것은 아닌지 덜컥 겁이 났다. 근이의 운동발달을 도우려면 어떻게 해야 하는지 궁금하다.

김수연 소장님의 발달검사

1. 콩 잡기
생후 5개월 아이에게 콩을 주면 손바닥 전체로 콩을 잡는다. 10개월 정도 되면 검지로 콩을 잡으려고 해서 콩이 더 안 잡힌다. 근이도 콩을 잘 잡지 못하는데, 그래도 검지가 가끔 나왔다 들어갔다 했다.

2. 기기
근이를 엎어놓았더니 엎드려 있는 것을 무척 싫어했다. 좋아하는 물건을 앞에 놓았더니 그것을 잡으려고 배밀이 수준으로 몸을 끌고 가듯 천천히 기었다.

3. 평형감각 살펴보기
엄마가 아이 허리를 잡고 옆으로 뒤집어서 들어 올린다. 이때 아이가 다리를 들어 올려야 한다. 몸이 무거운 아이는 중력에 반응해 다리를 잘 들어 올리지 못한다. 그래도 근이는 엄마가 옆으로 들어 올렸을 때 다리가 올라오는 편이었다.

4. 거꾸로 잡고 내리기
아이 등 쪽에서 양 겨드랑이를 잡고 "와, 폭탄이다" 하면서 아이 머리가 땅에 닿을락말락할 정도로 바닥을 향해 거꾸로 내린다. 이때 아이가 자기 머리를 보호하기 위해 반사적으로 팔을 뻗쳐야 한다. 근이는 여러 번 했더니 마지막에는 팔을 조금 뻗쳤다. 운동발달이 떨어지는 생후 10개월 아이에게 놀이로 해도 좋은 검사이다.

5. 컵 안에 있는 목걸이 꺼내기

컵 두 개를 놓고 아이가 보는 앞에서 그중 한쪽에 목걸이를 넣고 꺼내보게 했다. 근이는 망설이지 않고 잘해냈다.

6. 행동 모방하기

엄마가 앞에 있는 장난감을 손으로 탁탁 쳤다. 근이는 한참 동안 보고 있다가 엄마가 몇 번 하니깐 양손으로 바닥을 때렸다. 이러한 모방놀이에서 운동성이 떨어지면 양손을 장난감에 맞추기가 어렵다. 엄마가 작은 종을 잡고 흔드는 모습을 보여줬다. 근이는 종을 아주 잘 흔들었다. 종 흔드는 행동 모방은 생후 7~8개월에 보인다.

7. 까꿍놀이

엄마가 잠깐 얼굴을 가렸다가 '짠' 하고 등장하는 까꿍놀이를 했다. 근이는 바로 전에 본 종에 몰두하느라 다른 놀이에 전혀 관심을 보이지 않았다.

8. '엄마' '맘마' 따라 하기

여전히 '종'을 가지고 노느라 반응이 전혀 없었다. 근이는 종을 본 뒤로는 다른 어떤 검사에도 반응을 보이지 않고 종만 가지고 놀았다.

운동성이 전반적으로 떨어지는 아이는 뒤집기 여부와 상관없이 태어날 때부터 깨어있는 시간에는 자주 엎어두는 것이 좋다. 그래야 고개를 들면서 운동하고 기어갈 힘이 생긴다. 보통 엄마들은 뒤집어야 길 수 있다고 생각하여 뒤집기가 늦어지면 뒤집기만 기다린다. 그런데 아이가 조금이라도 빨리 기게 하려면 뒤집기를 기다리지 말고 엎어놓아야 한다. 뒤집기 단계는 생략해도 상관없다. 근이처럼 10개월 정도 된 아이의 발달이 늦다고 생각될 때는 우선 기는 모습을 보아야 한다. 속도감이 떨어지고 배밀이 수준이더라도 생후 9개월,

10개월까지는 기었다면 걱정할 필요 없다. 한 발만 사용하든 양발을 다 사용하든 일단 기기만 하면 된다.

그런데 생후 10개월이 되었는데도 아이가 전혀 길 것 같지 않고, 앉혀놓으면 자꾸 옆으로 쓰러지며, 손을 잡고 일으켜도 전혀 일어나지 못하면 소아물리치료를 빨리 시작해야 한다. 다행히 근이는 배밀이긴 하지만 길 수 있었고, 앉혀놓으면 앉아 있었고, 손을 잡아주면 잘 일어났다.

발달검사 결과 근이의 발달지수는 생후 10개월 수준이었고, 운동발달은 7개월 수준이었다. 그리고 전반적으로 표정이 없었다. 아이가 기분이 좋은지 나쁜지, 무슨 생각을 하는지 전혀 알 수 없었다. 근이는 새 장난감이나 낯선 환경에 관심을 보이는 것이 아니라 검사자 얼굴이나 목소리에 관심을 많이 보였다. 이런 아이는 주변의 장난감보다는 사람에 관심을 보이고, 소리에 관심을 보인다.

이런 아이가 사교적인 기질이라면 낯선 사람과 잘 노는데, 사교적인 편이 아니라면 낯선 사람을 파악할 때까지 계속 쳐다본다. 낯선 사람이 한 마디만 하면 다른 곳을 보다가도 다시 그 사람을 쳐다본다. 이런 아이는 대개 낯가림이 심하다.

이런 아이는 어떻게 키워야 할까? 전반적인 발달은 크게 걱정할 필요 없다. 하지만 아이의 기질상 앞으로 운동발달이 늦어질 수 있으므로 좀 거칠게 놀아주어야 한다. 너무 편안하게 안아주고, 안전한 놀이만 하는 것은 아이의 운동발달에 도움이 되지 않는다. 발달검사에서 했던 평형감각 놀이나 거꾸로 잡고 내리기 놀이를 자주 해주고, 울더라도 아이가 좋아하는 물건을 눈앞에 두어 빠르게 길 기회를 많이 주어야 한다.

럭비공을 끼듯이 옆으로도 안아보고, 아이가 불안해하겠지만 한 손으로도 안아준다. 미끄럼틀이나 시소도 태워준다. 아이가 자기 몸을 많이 움직일 수 있게 놀아주라는 것이다. 아이를 안아 공중으로 높이 올리는 것도 괜찮다. 조금 불안한 상황에서 아이는 자신을 지키기 위해 몸의 힘을 키우게 된다. 하지만 절대로 엄마 손을 떠나 공중으로 띄우면 안 된다.

근이는 낯가림이 심해 사람에 대한 선호도가 확실하다. 아무리 까꿍 해도 웃지 않는 사람이 있는가 하면 얼굴만 봐도 웃는 사람이 있다. 이런 아이 취향은 존중해주어야 한다. 아이가 준비되지 않았을 때 새로운 사람이 다가서지 않도록 배려해야 한다. 아이가 한두 시간 지난 뒤에야 낯선 사람을 보고 웃었다면 그때 아이에게 다가서게 한다. 하지만 아이가 계속 싫어한다면 억지로 안기게 해서는 안 된다. 근이는 새로운 얼굴, 낯선 목소리에 민감해서 자신이 감당할 수 없는 자극이 많이 주어지거나 빨리 주어지면 스트레스를 심하게 받을 수 있다.

너무 빨리 걸은 10개월 아이

이제 생후 10개월 된 여자아이 희현이는 7개월에 걸었다. 4개월에 뒤집었고, 배밀이를 일주일 정도 하더니 5개월에 자기 다리를 집고 일어섰다. 그 후 한 달 정도 일어서는 연습을 하더니 6개월에는 잡고 걷고, 7개월에는 한 발을 떼었으며, 8개월에는 자연스럽게 걸었다.

엄마의 고민 주변에서 일찍 걷는 아이는 다리가 휜다, 척추에 무리가 간다고 해서 걱정되고, 너무 빨리 걸어서인지 잘 넘어지고 부딪히는데 괜찮은지도 궁금하다.

김수연 소장님의 발달검사

1. 안정감 있게 걷기

희현이가 걷는 모습을 보면 팔이 아래로 내려가 있다. 현재 걷는 모습은 약간 뒤뚱뒤뚱하기도 하고 불안해 보였다.

2. 공차기

희현이 앞에 공을 주고 차보라고 했다. 희현이는 공을 힘 있게 차지 못하고 앞으로 밀었다. 앞으로 밀면서 공이 굴러가는 모양을 한참 관찰했다. 밀면 공이 앞으로 간다는 것을 알고 있는 듯하다. 희현이가 공을 차는 것은 운동발달 능력이라기보다는 관찰력과 집중력의 힘이다. 인지발달이 도와주기 때문이다.

3. 중력에 반응하기

평형감각을 알아보기 위해 아이 등 뒤에서 겨드랑이에 손을 넣어 잡고 머리 방향을 오른쪽과 왼쪽으로 바꿔보았다. 90도 각도로 완전히 옆으로 했을 때도 머리나 다리가 많이 올라오지 않았다. 아이를 거꾸로 해서 머리가 닿을락말락할 정도까지 바닥으로 내렸다. 이때 두 팔이 머리를 보호하기 위해 앞으로 나와야 한다. 희현이는 팔이 앞으로 나오긴 하는데 완벽하지 않았다. 이것은 평형감각이나 균형감각이 부족하다는 신호다. 그래서 걸을 때 자주 넘어지는 것 같다.

4. 컵에 감춰진 장난감 찾기

생후 10개월쯤 되면 아이 앞에 컵 두 개를 놓고 그중 한 컵에 장난감을 넣었을 때 아이가 찾을 수 있다. 희현이도 잘 찾았다. 이런 모습을 보면 희현이의 인지발달은 10개월 정도 되었다고 생각할 수 있다. 희현이는 장난감을 넣은 컵을 가만히 들여다보다가 집어 올렸다.

5. 엎어진 컵 속의 장난감 찾기
위의 실험이 잘되면 이번에는 컵을 엎어놓고 해본다. 처음에는 조금 헷갈려하더니 몇 번 연습하니까 잘 찾았다.

6. 엄지와 검지로 콩 집기
엄지와 검지로 콩을 집을 수 있는 것은 생후 12개월 수준이다. 희현이도 엄지와 검지로 콩을 집었다. 하지만 매번 엄지와 검지를 사용하지는 않았다. 검지로만 콩을 긁어서 집기도 했다.

7. 바이, 바이 모방하기
희현이가 '바이 바이' 하는 모습을 보았다. 옆으로 하는 것이 아니라 앞으로 손목이 흔들거렸다. 이 검사를 할 때는 엄마가 이전에 아이에게 '바이 바이'를 가르친 적이 있다면 말로만 "바이 바이 해보세요"라고 해야 한다. 맨 처음 아이에게 가르칠 때는 '바이 바이' 하면서 말과 함께 손을 흔들어주어야 하지만 검사할 때는 말만 해야 한다. 그렇게 해야 아이가 말을 알아듣고 행동하는지 판단할 수 있다.

걷기의 정상범위는 생후 8개월에서 16개월까지이다. 이는 16개월이 조금 지나서 걷는 아이도 있고 8개월 이전에 걷는 아이도 있다는 말이다. 하지만 희현이는 그보다 빨리 걸었기 때문에 정말 빨리 걸은 것이다. 이때 다리가 휜다거나 척추에 무리가 간다고들 하는데, 그렇지는 않다.

희현이는 뒤집고, 기고, 잡고 서고 나서 걸었다. 이것은 앉아 있던 아이가 어느 날 갑자기 벌떡 일어나 걸은 것이 아니라 정상 운동발달 단계를 모두 거치고 걸었다는 것을 의미한다. 단지 단계를 넘어가는 데 시간이 짧게 걸린 것뿐이다. 따라서 빨리 걸었더라도 척추에 무리가 간다거나 다리가 O자형이 되지는 않는다. 너무 어린아이를 억지로 세우거나 걷게 했을 경우에는 잘 살펴봐야 한다.

엄마들은 아이가 빨리 걸으면 똑똑할 것이라고 생각한다. 하지만 인지발달 정도는 걷는 것 하나만 보고 판단하지 않는다. 손 조직 능력도 보고 언어이해력, 언어표현력도 보아야 한다. 아이가 빨리 걷기를 바라기보다 어떤 특성이 있는지 이해하면서 키우는 것이 더 중요하다.

희현이의 발달검사는 생후 10개월 수준으로 진행했다. 희현이의 전반적인 발달검사 결과 신체 백분위수로 따졌을 때 신장은 25번째, 체중은 10~25번째였다. 운동발달은 13개월 수준이었고, 인지발달은 12개월 수준이었다. 인지발달은 정상범위에서 잘하는 정도이고 운동발달은 정상범위보다 훨씬 잘했다. 신장 대비 체중은 적절하지만 또래에 비해 체구가 작은 편이었다. 그런데도 희현이는 계단 오르기를 하고, 공을 차고, 빨대를 우유팩에 꽂을 수도 있었다. 그것은 선천적인 운동성이 받쳐주기 때문이다. 이런 경우 유전적인 요인이 많이 작용한다.

물론 돌연변이로 운동성이 좋은 아이가 태어날 수 있지만 엄마, 아빠의 운동성이 좋은 경우가 더 많다. 희현이도 그런 경우였다. 아빠는 운동을 매우 잘했고, 엄마도 웬만한 운동은 어렵지 않게 했다. 희현이는 큰 근육 운동은 워낙 뛰어났지만 작은 근육은 뛰어나다고 볼 수 없었다. 그러나 큰 근육수준을 따라가는 것은 관찰력, 흥미력, 집중력이 매우 높기 때문이다. 희현이는 자신이 할 수 없는 일을 만나면 아주 세밀하게 관찰했다. 그리고 그것을 어떻게든 해보려고 집중했다. 그 수준이 높아 운동발달, 인지발달이 더 빠르게 느껴지기도 한다.

희현이의 발달검사 결과를 보고 엄마는 조금 실망했을지도 모른다. 운동발달이 빠르면 인지발달도 엄청 빠를 것이라고 생각하기 때문이다. 하지만 그보다 좋은 것은 아이의 관찰력과 흥미도, 집중력이 뛰어나다는 것이다. 희현이는 지능지수IQ가 140~150이 되지 않더라도 자기가 원하는 분야를 찾으면 엄청난 집중력을 가지고 성과를 많이 낼 것이다.

요즘 전문가들은 지능지수를 별로 중요하게 생각하지 않는다. 지능지수는 정상 범위90~110에 속하면 된다고 본다. 그보다 아이가 얼마나 집중할 수 있는가, 자기가 원하는 것을 조금 떼를 부리더라도 끝까지 밀고 나가는 힘이 있는가를 더 중요하게 생각한다.

아이의 인지발달이 높게 나오지 않았더라도 실망하지 말자. 희현이의 경우 운동발달이 좋은 편인데다 우수한 행동발달을 도와줄 수 있는 좋은 환경어머니의 훌륭한 양육태도와 아이를 잘 보는 아홉 살 언니, 잘 놀아주는 일곱 살 오빠이 있으니 훌륭하게 자랄 것이다.

부모의 재롱에 반응이 없는 11개월 아이

태어난 지 11개월 된 여자아이 민아는 생후 7개월에 기었다. 의자를 잡고 일어서서 밀고 걸어가기도 하고, 서랍을 뒤지면서 혼자 잘 논다. 7개월까지는 잘 자지도 않고 항상 칭얼거렸는데 기기 시작하면서 혼자 노는 순한 아이가 되었다. 옹알이를 많이 하는 편은 아니다.

엄마의 고민 잼잼, 짝짜꿍 등을 전혀 따라 하지 않고 표정도 별로 없다. 강한 자극을 보여야 '까르르' 하고 한번 웃는다. 장난감을 뺏어도 별로 화를 내지 않는다. 아이가 전혀 모방하지 않고 반응도 없어 어떻게 놀아주어야 할지 모르겠다.

김수연 소장님의 발달검사

1. 기어가기
민아는 네발로 잘 기어가는데 속도가 빠르지는 않았다.

2. 서기
혼자 세워두면 잠깐 서 있다가 안정감 있게 앉았다.

3. 잡고 옆으로 걸어가기
낮은 서랍장 등을 잡고 서게 한 후 과자통 같은 것으로 유인했더니 잡고 옆으로 잘 걸어갔다. 그러나 속도가 빠르진 않았다. 과자통을 잡을 뻔하다 놓쳤는데도 민아는 화를 별로 내지 않았다.

4. 평형감각 살펴보기, 거꾸로 잡고 내리기
옆으로 잡고 허리를 들어 올리거나 아이의 등 쪽에서 양 겨드랑이를 잡고 아래로 내려보는 놀이를 했다. 머리 위치가 바뀌는 것을 별로 무서워하지 않고 잘했다. "와, 폭탄이다" 하면서 거꾸로 떨어뜨릴 듯 내리는 놀이는 아주 좋아했다. 생후 10개월 이상이면 이 검사를 할 때 팔이 앞으로 나와야 하는데, 민아는 잘 나왔다.

5. 책장 넘기기
유아용 작은 그림책을 가지고 두꺼운 책장 넘기기를 해보았는데 아주 잘했다.

6. 콩 잡기
엄지와 검지로 콩을 잡는지 보는데 아직 엄지까지는 잘 사용하지 못하지만 그래도 검지로 긁어서 콩을 잘 잡았다.

7. 연필 쥐고 낙서하기
민아에게 시범을 보여줬는데 전혀 관심을 보이지 않았다. 검사라고 꼭 다해야 하는 것은 아니다. 아이가 관심을 전혀 보이지 않으면 통과한다.

8. 이름 듣고 반응하기
엄마가 보이지 않는 곳에서 "민아야" 하고 불렀을 때 아이가 반응을 보였다.

9. 행동 모방하기
'도리도리 짝짜꿍'을 했더니 민아가 열심히 쳐다봤다. 열심히 쳐다볼 때는 계속해준다. 엄마가 팔을 흔들면서 파도 흉내를 내니까 민아는 가만히 쳐다보다가 팔을 파닥거렸다. 이 정도면 모방행동을 한 것으로 본다.

10. '맘마' 따라 하기
민아는 따라 하지 않았다. 하지만 지금 '맘마' 소리를 못해도 크게 문제되지 않는다.

돌 전 아이는 90% 정도가 모방행동을 한다. 아이가 모방행동을 잘하지 않을 때는 혹시 발달지연이 있는 것은 아닌지, 운동성이 떨어지는 것은 아닌지, 사람을 좋아하지 않는 것인지 걱정하게 된다. 그러나 아무 문제없이 기질적으로 모방놀이를 좋아하지 않는 아이도 있다.

하지만 민아는 위의 네 가지 사례에 포함되지 않았다. 민아는 모방행동을 하는 90% 아이에 속했다. 단지 엄마가 아이의 모방을 알아보지 못한 것이다. 엄마가 '엄마' 했을 때 아이가 '응응'이라고 해도 모방한 것이다. 자극이 주어지면 열심히 쳐다보는 것도 엄마 행동에 반응을 보인 것이라고 보아야 한다. 아이가 관심을 보이거나 나름대로 모방하면 엄마는 "아이고, 우리 민아 잘한다"라고 칭찬하고 계속 시범을 보이면서 같이 노는 것이 필요하다.

생후 12개월 이전 아이의 발달검사에서는 운동발달을 중심으로 본다. 4개월 이전에 목을 가눠야 하지만 뒤집기는 별로 중요하게 보지 않는다. 기는 동작은 빠르면 6개월에도 가능하지만 늦어도 10개월까지만 할 수 있다면 문제 되지 않는다. 잡고 일어서는 것도 빠르면 7개월에도 가능하지만 일반적으로 9~10개월에 하는 편이다. 11개월이면 잡고 일어서서 옆으로 걷는 것까지 하면 된다.

민아는 운동성이 그렇게 뛰어나진 않지만 모두 정상범위에 속했고, 정상범위 중 낮은 쪽이라 운동의 정확성, 안정성 등은 떨어졌다. 그래서 움직임이 느렸다. 엄마가 걱정하던 모방행동은 생후 8개월 수준에 속했다. 인지발달은 개월 수에 맞았지만 질적 운동력이 약간 떨어지다보니 개월 수에 맞는 모방을 하지 못했다.

민아는 낯선 사람을 만났을 때 뚫어지게 쳐다보다가 곧 웃고 반응하는 성격 좋은 아이였다. 새로운 사물에도 관심이 많아 뭐든 열심히 관찰하고 탐구했다. 기질이 이런 아이는 기기 전에는 매우 까다롭게 느껴지기도 한다. 아이는 뭔가 탐구하고 연구하고 싶은데 몸이 따라주지 않으니까 징징거리는 것이다. 그러나 기기 시작하면 자기 힘으로 어디든 갈 수 있으므로 온순해지는 경향이 있다.

신체 백분위수로 따졌을 때 민아의 전반적인 발달 정도는 세 번째, 체중은 열 번째였다. 신장과 체중의 균형은 맞는데 체구가 작은 편이다. 하지만 엄마가 작은 편이고 발달 정도도 정상범위이므로 크게 걱정할 것은 없다. 다만 신장과 체중의 균형을 보면서 너무 많이 먹여 뚱뚱해지지 않게 해야 한다.

서지 못하는 15개월 아이

태어난 지 15개월 된 여자아이 성아는 배밀이를 9개월에 했고, 잡고 일어서는 것은 11개월에 했다. 지금은 16개월이 다 되어가는데 혼자 서지도, 걷지도 못한다. 낯가림이 너무 심해 엄마 말고는 아무에게도 가지 않는다. 6개월 전까지만 해도 세워 놓으면 울어서 세워서 안지도 못했고, 보행기도 태우지 못했다.

엄마의 고민 성아가 겁이 많은 것 같아 엎어놓지도 못하고 세워놓지도 못했는데, 이 때문에 운동발달이 늦어진 것은 아닌지 걱정된다.

김수연 소장님의 발달검사

1. 손잡고 걷기
성아의 한 손만 잡고 걷기를 해봤다. 한 손만 잡고 걸었더니 성아가 바로 넘어졌다. 한 손으로 잡고 걷는 것이 어려워 두 손을 잡아주고 걷게 했다.

2. 손잡고 계단 오르기
한 손만 잡고 계단 오르기를 하려고 했으나 힘들어했다. 두 손을 잡고 올라가게 했더니 역시 힘들어했지만 다리에 힘을 주려고 노력했다.

3. 뒤집어 앉기
바닥에 등을 대고 눕혔더니 금세 뒤집어 앉았다.

4. 기기
네발로 잘 기는데 속도가 그리 빠르지는 않았다.

5. 손잡고 서기
엄마가 손을 잡아주니까 무릎으로 선 다음 불안해하기는 했지만 천천히 일어났다.

6. 공 던지기

제법 큰 고무공을 주고 던져보게 했더니 두 손으로 안정감 있게 잡고 잘 던졌다.

7. 숟가락으로 음식물 떠먹기

숟가락을 잡고 음식물을 흘리지 않고 잘 먹었다. 숟가락으로 음식을 먹어보게 할 때는 아이가 뜨기 쉬운 음식을 주는 게 좋다. 성아는 잘되지 않아도 짜증내지 않고 자기가 하려고 노력했다.

8. 엄지, 검지로 콩 집어넣기

생후 15~16개월이면 엄지와 검지로 무언가 집어서 안에다 놓는 정도는 할 수 있다. 이런 놀이는 아이가 얼마나 능숙하게 하는지 봐야 한다. 성아도 잘해냈다.

9. 컵에 감춰진 장난감 찾기

아이 앞에 컵 두 개를 놓고 한쪽에 장난감을 넣고 찾게 했다. 성아는 자꾸 장난감이 없는 컵만 잡았다. 컵을 뒤집어놓고 찾게 했더니 그것은 잘했다. 성아는 장난감보다 검사자 얼굴에 관심을 더 많이 보여 놀이를 잘 진행할 수 없었다.

10. 간단한 지시어 수행하기

엄마, 아빠가 나란히 앉고 아이 앞에 요구르트를 두었다. 그리고 "요구르트를 아빠에게 주세요" 했더니 성아가 잘해냈다. 이 놀이를 할 때는 미리 손을 내밀거나 눈짓이나 턱으로 암시하지 말아야 한다. 아이가 눈치가 아니라 언어를 이해해서 그 일을 할 수 있게 해야 한다.

11. 신체부위 알기

"엄마 입 찾아보세요" "엄마 코 찾아보세요" 했더니 성아는 열심히 쳐다보고 코나 입을 짚었다.

일반적으로 걸음마가 늦어질 때는 운동발달이 늦기 때문인 경우가 많다.

엄마는 아이를 너무 조심스럽게 다뤄서 그런 것은 아닌지 걱정하지만 환경의 영향보다는 대부분 운동성에 문제가 있어서 늦게 걷는다. 운동성이 떨어지는 아이는 머리가 위로 올라가거나 한 발을 떼려면 공포를 느낀다. 겁이 많거나 무서워서 걷지 못하는 것이 아니라 운동성이 떨어져서 무서운 것이다.

성아가 6개월 전까지만 해도 세워놓으면 울고 보행기도 태울 수 없었던 것은 다른 아이들에 비해 운동발달이 늦었기 때문이다. 운동발달이 늦은 아이는 머리가 위로 갔을 때 잘 적응하지 못해 무서워한다.

성아의 발달검사는 생후 14개월 수준으로 진행했다. 검사결과 운동발달이 11개월 수준이었고, 인지발달은 자기 개월 수준으로 나왔다. 놀이할 때는 흥미도도 높고 집중도가 무척 높았다. 화를 쉽게 내는 만큼 쉽게 즐거워하는 기질이 있었다. 이런 아이는 조금만 불편해도 그것을 아주 크게 표현한다. 감정조절능력은 많이 떨어지지만 흥미도나 집중도는 큰 문제가 없어 보인다. 성아는 인지발달은 정상이고, 한 손을 잡아주면 걷지 못해도 두 손을 잡아주면 걸었다. 이 경우 걷는 연습을 계속하면 혼자 걸을 수 있으므로 그리 걱정하지 않아도 된다.

아이가 아예 걷지 못한다면 이동하는 데 1시간이 걸리더라도 병원이나 복지관에 가서 치료해야겠지만 성아처럼 심각하지 않을 때는 엄마도 힘들고 아이도 너무 고생한다. 따라서 집에서 운동화를 신겨서 발과 발목을 잘 지지할 수 있게 한 다음 손을 잡고 걷기 연습을 많이 시켜주는 것이 좋다. 특히 계단 오르기가 발목과 다리 힘을 길러주는 데 좋다.

운동발달이 떨어지는 아이는 성아처럼 머리 방향이 바뀌는 것을 특히 싫어한다. 머리 방향이 바뀐다는 것에는 앉아 있다가 일어서는 것, 서 있다가 앉는 것도 포함된다. 머리 방향이 바뀌는 것은 평형감각, 균형감각과 관련이 있는데, 아이가 걸으려면 이것이 모두 중요하다. 따라서 성아가 서서히 평형감각과 균형감각을 키울 수 있는 놀이를 해주어야 한다.

다행히 성아는 아빠가 자기를 옆으로 안고 비행기처럼 들고 다니는 것을 좋아한다니 이것을 이용해 평형감각과 균형감각을 키워주자. 아빠가 아이 등 쪽에서 겨드랑이를 잡고 오른쪽, 왼쪽으로 서서히 눕혀보는 놀이를 한다. 하지만 아이가 무서워한다면 하지 않는다. 아이가 적응할 수 있는 선에서 흔드는 속도도 천천히 하고 눕히는 각도도 천천히 진행한다. 처음에는 10도나 15도 각도로 시작해 조금씩 늘린다. 장난감으로는 공 종류를 많이 준비해 던지기 연습을 하게 한다. 아직 혼자 서는 것이 힘드니 앉아서 던지기 연습을 하게 한다. 아이가 걷게 되면 공차기 연습도 시켜본다. 모두 운동발달을 향상하는 데 도움이 된다.

운동성이 떨어지는 아이는 만 5세 정도에 유아지능검사를 해보는 것이 좋다. 언어능력을 알아보는 언어성 지능검사와 언어이해력이 필요 없는 동작성 지능검사가 있는데, 동작성 지능검사에서 지능이 조금 떨어지는 경향이 있기 때문이다. 언어이해력이 필요 없는 지능은 손으로 그림을 그린다거나, 퍼즐을 맞춘다거나, 원목 막대 블록을 넣는다거나, 미로를 찾는 것 등을 말한다. 이런 쪽 지능이 떨어지면 아이는 유치원, 어린이집에서 손으로 하는 활동을 할 때 적극적으로 하기가 힘들다.

발달검사나 유아지능검사는 아이를 똑똑하게 만들기 위해 필요한 것이 아니라 아이 행동을 이해하는 데 필요하다. 아이가 유치원이나 어린이집에서 그림 그리기를 싫어하거나 퍼즐 맞추기를 싫어하는데 엄마가 미리 아이의 이런 발달특성을 알고 있다면 아이를 더 배려하고 이해할 수 있다. 따라서 만 5세까지는 주기적으로 발달검사를 하면서 살펴보는 것이 좋다.

잘 안 먹고 못 걷는 17개월 아이

태어난 지 17개월 된 여자아이 채련이는 걷지 못한다. 손을 잡아주면 좀 걷지만 손을 놓으면 그 자리에 바로 주저앉는다. 목가누기는 생후 2개월에, 뒤집기는 3개월에, 앉기는 9개월에 했고, 배밀이는 11개월 중반에 했다. 14개월부터 네발 기기를 했고, 지금 말할 수 있는 단어는 '엄마, 아빠, 꼬까, 코, 꽃, 부, 아뜨' 정도이다.

엄마의 고민 아이가 또래에 비해 잘 먹지 않는다. 현재 신장 80cm에 체중 10.5kg인데, 먹는 것에 관심이 없는 채련이 때문에 엄마는 하루 종일 아무것도 못하고 숟가락만 들고 다닌다. 잘 안 먹어서 걷지 못하는 것은 아닌지 걱정된다.

김수연 소장님의 발달검사
1. 뒤집기
등을 대고 눕혔을 때 빠른 속도로 뒤집었다.
2. 기기
잘 기어가다가 혼자 힘으로 앉았다. 장난감을 흔들거나 거울을 얼굴에 비추면서 유도할 수 있다.

3. 잡고 서기

소파 위의 좋아하는 장난감을 잡기 위해 소파를 잡고 빠르게 일어섰다. 이런 큰 근육 운동발달을 잘하는지 못하는지는 그냥 봐도 알 수 있지만 좀 더 유심히 볼 것은 아이가 얼마나 빠르고 안정감 있게 과제를 해내는가이다.

4. 잡고 옆으로 걸어가기

옆으로 걸어갈 때 채련이는 엉덩이가 뒤로 좀 빠져 있고 속도가 그렇게 빠르지 않았다. 아직 자기 몸을 똑바로 세우지 못했다.

5. 공차기

공을 두 손으로 잡고 차보라고 했더니 굴리듯이 찼다. 잘하지도 못하면서 자꾸 하려고 노력했다. 운동성이 떨어지는 아이라도 재미있으면 자꾸 하려고 한다.

6. 엄지, 검지로 콩 집기

엄지와 검지로 콩알을 집어 유리병 안에 잘 넣었다. 처음에는 입구가 큰 유리병을 주었다가 다음에는 입구가 작은 유리병을 주었더니 잘하지 못했다. 생후 17개월에는 입구가 작은 유리병에 빠른 속도로 콩 10개를 넣을 수 있어야 한다. 채련이의 경우 콩 집어넣기에서는 속도감이나 정확성이 좀 떨어졌다.

7. 책장 넘기기

콩알을 엄지와 검지로 잘 집을 수 있는 아이는 대부분 책장 넘기기도 잘한다. 채련이도 빠른 속도로 잘 넘겼다.

8. 연필 쥐고 낙서하기

채련이에게 스케치북에 낙서해보게 했다. 채련이는 연필은 제법 잘 잡았지만 '일자 쓰기'는 모방하지 못하고 낙서만 했다. 운동발달이 늦은 아이는 손 조작이나 작은 근육 운동도 잘 관찰해야 한다.

9. 간단한 율동 따라 하기

채련이가 아직 서지 못하니 앉아서 할 수 있는 율동을 보여줬다. 무척 좋아하면서 잘 따라 했다.

10. 컵에 감춰진 사탕 찾기

빈 컵 두 개를 뒤집어놓고 아이가 보는 앞에서 그중 한 컵에만 사탕을 넣고 두 컵의 위치를 한번 바꾼 다음 사탕을 찾게 했더니 찾지 못했다. 운동성이 떨어지는 아이는 컵이 속도감 있게 움직이는 것을 감지하지 못해 이런 놀이를 잘 못한다.

11. 이름 듣고 그림 찾기

과일이 그려진 그림책을 여러 권 놓고 아이에게 "포도 찾아보세요" "사과가 어디 있을까요"라고 했다. 채련이는 가만히 있다가 갑자기 툭 움직이며 지시어에 맞는 과일을 찾았다. 이런 현상은 운동성이 떨어지는 아이에게서 흔히 볼 수 있는데, 속도감 있고 유연하게 몸을 움직일 수 없기 때문이다. 이런 아이에게는 시간을 충분히 주면서 놀이를 진행해야 한다.

잘 먹지 않고 운동발달이 늦은 아이는 잘 먹지 않아서 운동발달이 늦은 경우와 운동발달이 늦어서 잘 먹지 않는 경우 두 가지가 있다. 잘 먹지 않으면 기운이 없어 운동발달이 늦어질 수 있다. 또 운동발달이 느리면 씹고 삼키기가 잘 되지 않아 잘 먹지 못하기도 한다. 그런데 채련이는 신체 백분위수를 보았을 때 신장과 체중이 모두 50번째였으니 잘 먹지 않아 운동발달이 늦은 경우는 아닌 듯하다. 오히려 생후 12개월이 다 되어서야 기었다는 것을 보니 운동발달이 늦은 탓에 씹고 삼키는 것이 잘 안 되어 이유식이 잘 진행되지 않은 것으로 보인다.

채련이의 식사시간에 엄마는 김과 밥, 물을 쟁반에 담아 아이가 놀고 있는 거실로 가져왔다. 아이가 다른 음식을 주면 뱉고 구역질했기 때문에 반찬으로는 김밖에 주지 못했다. 처음에는 밥상에 밥과 반찬을 차리고 아이 식습관까지 배려한 식사를 시도했지만 채련이가 밥상 위로 올라가 장난치는 바람에 포기했다. 그래서 이렇게 한 숟가락씩 쫓아다니면서 먹이는 것이 습관이 되었다.

'채련이가 먹는 것에 관심이 없다'는 엄마의 걱정을 해결하기 위해 식사시간을 살펴봤다. 아이는 밥 한 숟가락을 받아먹고 도망갔다가 다시 와서 먹고, 밥 한 숟가락을 먹고 엄마를 놀리듯 춤을 추기도 했다. 엄마가 밥을 먹으면서 노래도 불러주고 장난도 쳐주니까 식사시간을 재미있는 놀이시간으로 여긴 것이다.

물론 이렇게 밥을 먹이면 엄마가 힘들다. 하지만 엄마와 아이가 단둘이 밥 먹는 일이 잦은 요즘 아이에게 밥상 앞에 정좌하게 하고 먹이는 습관을 들이기가 무척 어렵다. 이 경우 어린이집에 보내야만 앉아서 먹는 습관을 들이기가 수월하다.

그렇다면 채련이는 왜 다른 반찬은 먹지 않고 뱉을까? 일반적으로 운동발달이 떨어지는 아이는 입 안에 음식이 들어왔을 때 씹는 힘이 약하다. 채련이의 성장곡선을 살펴보니 모유를 먹을 때는 오히려 작았지만 이유식을 시작하면서 25~50번째로 가고 있다. 잘 크고 있는 것이다. 그런데 엄마는 이유식이나 유아식에 관한 책을 보면서 정해진 양의 반도 못 먹는다고 걱정했다.

이유식 책에는 많이 먹는 아이는 이만큼 먹고, 적게 먹는 아이는 이만큼 먹는다는 말이 없다. 수면 책이나 이유식 책을 보면 대부분 정상범위를 밝히지 않고 평균치만 제시한다. 성장의 백분위수를 볼 때 성장이 '50번째만 정상이고 나머지는 비정상'이라고 여기지 않는다. 그런데 이유식 책에는 50번째일 때만 적혀 있어 딱 50번째에 해당하지 않는 많은 엄마들이 혼란스러워하는 것이다.

　내 생각보다 '아이가 적게 먹는 것 같다'고 느껴지면 혹시 머리가 나빠지는 것은 아닌지 불안해하지 말고 성장곡선부터 체크해보자. 성장곡선에서 정상범위3~97번째라면 걱정할 필요 없다. 그래도 걱정된다면 철분결핍성 빈혈검사를 소아청소년과에서 받고, 보건소에서 영양검사를 받아보자. 영양검사를 받을 때는 아이가 먹은 3일치 음식을 적어 보건소 영양사에게 보여주면 된다. 그럼 단백질, 비타민 등이 얼마나 들어갔는지, 칼로리가 얼마인지 알 수 있다.

　발달검사 결과 채련이의 운동발달은 생후 12개월 수준, 인지발달은 14~15개월 수준이었다. 이 정도면 자기 월령에 비해 조금 늦지만 걱정하지 않아도 된다. 보통 운동발달이 늦은 아이는 인지발달도 제 월령 수준이 나오기가 어렵다. 인지발달이라고 해도 '얼마나 빨리 반응했는가'를 체크하기 때문이다. 따라서 별 문제가 없어도 운동성이 떨어지는 아이는 인지발달도 조금 떨어지는 것으로 나온다. 그러나 크게 걱정할 필요 없다. 이런 아이는 만 5세까지 충분히 시간을 두고 기다리는 것이 가장 좋다.

　이렇게 치료가 필요한 정도가 아니라 경미한 발달지연일 때는 그동안 엄마가 먹는 것에만 신경 쓰고 다른 발달운동이나 인지 영역에 관심을 덜 가진 것은 아닌지 생각해야 한다. 아이가 고르게 발달하기 위해서는 아이 먹이기에만 집중하는 것은 금물이다. 걱정거리는 서둘러 검증해서 얼른 해결책을 찾고, 아이 발달 쪽으로 에너지를 쏟아야 한다.

말이 늦은 20개월 아이

생후 20개월 된 남자아이 주현이는 운동발달에는 문제가 없는 것 같은데 말을 한마디도 못한다. 지금 하는 말은 '엄마, 아빠' 정도다. 돌 즈음부터 자기 마음에 안 들면 소리 지르고 머리를 바닥에 박았다. 거의 매일 머리를 벽이나 모서리, 마룻바닥에 박는다.

엄마의 고민 말이 늦고 떼가 심한 것이 엄마가 잘못 놀아주어서 그런 것은 아닌지, 어른들이 너무 오냐오냐 예뻐해서 그런 것은 아닌지, 걱정된다.

김수연 소장님의 발달검사
1. 두 발로 넓이 뛰기
두 발을 모아 깡충 뛰어서 앞으로 가는 놀이다. 엄마가 시범을 보여주고 따라하게 했는데, 노력은 했지만 잘 되지 않았다. 잘 되지 않더라도 아이는 이런 놀이를 좋아하니 자주 해주는 것이 운동발달에 도움이 된다.

2. 손잡고 한 발 들고 서 있기
엄마가 양손을 잡아주고 한 발 들고 서기를 한 후 이번에는 한 손을 잡고 한 발 들고 서기를 했다. 한 손만 잡았을 때는 비틀비틀 쓰러질 듯 서 있었다. 그리고 계속 오른발만 들고 있으려 하고 왼발은 들고 있지 않으려 했다. 생후 20개월에는 한쪽만 들어도 된다. 보통 한쪽 다리만 운동성이 우월하다.

3. 계단 오르내리기
벽을 짚고 계단을 오르내릴 수 있는지 보았다. 주현이는 천천히 잘 올라갔다. 불안해지면 양손 모두 벽을 짚었지만 잘해냈다. 내려올 때는 조금 위태해보였지만 잘해냈다. 무서워하면서도 끝까지 혼자 하려는 모습을 보니 고집이 셀 것 같다.

4. 마지막 계단 점프로 내려오기
'두 발로 넓이뛰기'가 되지 않는 아이는 점프가 되지 않기 때문에 이 과제도 해내기 어렵다. 하지만 이런 놀이를 자꾸 하면 운동성이 향상된다.

5. 공차기
주현이 발 앞에 공을 놓고 차보라고 했더니 오른발로 밀듯이 찼다. 왼발에 자기 체중을 오랫동안 실을 수 없기 때문에 세게 차지는 못했다.

6. 연필 쥐고 낙서하기
아이가 연필을 쥐고 낙서해보게 했다. 엄마가 일자를 그렸을 때 아이가 약간 모방할 수 있으면 된다.

7. 책장 넘기기
보통 생후 12개월이 넘으면 해낼 수 있는 놀이로 주현이도 잘해냈다.

8. 사물 이름 말하기
동물이 나오는 그림책에서 엄마가 손가락으로 가리키며 '원숭이' '호랑이'를 따라 하게 했다. 주현이는 열심히 듣고 따라 하긴 했는데 거의 '아아아' 수준이었다.

9. 간단한 지시어 수행하기
생후 20개월이면 간단한 명령어는 이해할 수 있다. 엄마가 주현이에게 "장난감 자동차를 방에 두고 가방 가지고 오세요"라고 했다. 그런데 주현이는 방에 가서는 장난감 자동차를 다시 가지고 나왔다. 20개월이면 반복적으로 얘기하지 않아도 눈치와 언어능력을 합쳐 이런 명령에 따를 수 있어야 한다.

자기 마음에 안 들면 바닥이나 벽에 머리를 박는 아이가 의외로 많다. 눈치가 빠르고 무엇이든지 자기 마음대로 하고 싶어 하는 아이나 전반적인 발달이 떨어지는 아이가 이런 행동을 많이 보인다. 머리를 박는 행동은 이르면 아이가 자기 몸을 컨트롤할 수 있는 생후 6개월에 나타나고, 걸을 수 있고 운동성이 더 좋아지는 16개월에서 24개월까지는 극도로 심해지다가, 말을 이해하고 언어능력이 좋아지면 서서히 줄어드나.

아이가 머리를 박을 때 가장 좋은 대처방법은 엄마나 아빠가 옆방으로 가는 것이다. 아이 행동은 부모 관심을 끌기 위한 것이기 때문이다. 그러면 아이는 자기 머리가 상하지 않을 만큼만 머리를 박다가 그만둔다. 그런데 조금이라도 관심을 두면 아이 행동은 강도가 더 심해져 다칠 수도 있다. 아이가 이런 행동을 할 때 아주 단호하게 "이렇게 하면 절대 안 돼"라고 말해준다.

발달검사 결과 주현이의 인지발달 영역 중 비언어영역은 생후 24개월 수준으로 자기 월령보다 머리가 좋았다. 그런데 언어영역은 12개월 수준이었다. 운동발달은 20~21개월 수준이었다. 보통 비언어영역 쪽으로 머리가 좋은 아이는 자신이 노력해서 운동성을 향상시킨다. 주현이는 운동발달이 정상범위였지만 안정성과 순발력은 조금 떨어졌다. 이런 아이는 눈치가 무척 빠르다.

발달검사를 하기 위해 연구소에 온 주현이는 꽤 오랜 시간 있었는데도 머리를 한 번도 박지 않았다. 떼도 부리지 않고 재미있게 놀았다. 하지만 주현이처럼 언어영역과 비언어영역의 발달 차이가 큰 아이는 언어로 의사소통하려고 하면 말을 듣지 않고 아예 거의 알아듣지 못한다. 비언어영역 놀이를 할 때는 집중력도 좋고 흥미도도 높지만 언어영역 놀이를 할 때는 도망 다닌다. 그리고 떼가 심해져 자폐로 오인하는 경우가 상당히 많다.

흔히 엄마들은 영유아기에 아이가 운동을 못하면 운동을 시켜야 할 것 같고, 말이 늦으면 책을 열심히 읽어주어야겠다고 생각한다. 그런데 언어이해력이 떨어지는데 엄마가 계속 책을 읽어주면 책의 내용을 이해하지 못하는 아이는 엄마의 목소리를 무시하게 된다. 언어이해력이 늦은 아이에게 긴 문장을 읽어주는 것은 의미가 없다.

주현이의 경우 언어영역은 생후 12개월 수준으로 단지 사물 이름을 알려주는 정도로만 접근해야 한다. 그 대신 비언어영역 놀이는 주현이 월령보다 높게 24개월 수준으로 해야 한다. 주현이는 대표적인 비언어영역 놀이인 퍼즐을 아주 잘할 것이다. 아이가 잘하는 놀이는 얼마나 빠르게 놀이에 익숙해지는지 살피고 퍼즐 수준을 계속 높이는 것이 좋다. 이것이 맞춤 교육이다.

주현이가 언어영역 놀이를 조금이라도 하고 책을 좋아하게 하려면 '가족사진첩 놀이'를 권한다. 보통 아이들은 매일 보던 책에는 흥미를 보이지 않는다. 이때 기존 책에 가족사진을 찍어서 붙여 사진첩을 만든다. 아무리 책을 싫어하는 아이라도 자기 얼굴이 나오거나 엄마, 아빠, 할아버지, 할머니, 삼촌 등 자기가 아는 사람 얼굴이 나오는 책에는 관심을 보인다. 사진을 찍을 때마다 되도록 다양한 포즈를 취하고 옷을 바꿔 입는다. 강아지를 안고 있거나, 자전거를 타고 있거나, 모자를 쓰고 있거나, 가방을 들고 있거나 하는 등 다양한 모습을 만든다.

책이 만들어지면 "주현아, 강아지를 안고 있는 주현이 사진 어디 있지?" "모자 쓰고 있는 할아버지 사진 어디 있지?" 하면서 언어놀이를 한다. 이런 놀이는 억지로 앉혀 놓고 하거나 너무 오래하면 안 된다. 아이가 잘할 수 없는 놀이이므로 아주 짧은 시간만 한다. 하루 2~3분씩만 하다가 아침에 2~3분, 오후에 2~3분, 저녁에 2~3분 총 10분만 해도 된다. 그렇게만 해도 큰 효과를 볼 수 있다.

주의할 점은 아이가 언어놀이를 할 때는 주변에 아이가 관심 가질 만한 물건을 두지 말아야 한다는 것이다. 그런 의미에서 장난감이 많은 아이 방보다는 엄마, 아빠 침실이 더 적당할 수도 있다. 마지막으로 주현이처럼 언어영역과 비언어영역이 차이 나는 아이는 어린이집에 빨리 보내는 것이 좋다. 자연스러운 환경에서 또래가 말하는 것을 보고 듣게 되면 모방하고 싶은 욕구가 생기기 때문이다. 30개월 전후 언어평가를 받고 전문가 판단에 따라 언어치료를 시작할 수 있다.

걷기도 늦고 말도 늦은 23개월 아이

생후 23개월 된 남자아이 현중이는 16개월에 잡고 일어났고 19~20개월에 걸었다. 또래보다 모든 면에서 3~4개월 늦었다. 말귀는 '아빠', '안아줘', '물' 정도는 알아듣고 '주세요', '안녕하세요'는 하는데, "엄마한테 갖다주세요" 같은 간단한 지시어는 아무리 자주 해줘도 알아듣지 못한다.

엄마의 고민 현중이와 놀 때 아이 얼굴에 표정이 없는 편이라 재미있어 하는지 어떤지 알 수 없다. 누나와 잘 놀다가도 슬며시 방으로 들어가 누워서 손가락을 빨며 논다. '영유아건강검진'에서 운동발달은 괜찮은데, 언어발달은 의사소통이 안 된다며 장애가 의심된다는 진단을 받고 많이 울었다.

김수연 소장님의 발달검사

1. 혼자서 한 계단씩 오르내리기

생후 22개월 정도면 한 손으로 벽을 짚고 계단을 혼자서 오르내릴 수 있다. 현중이는 옆으로 서서 한 손보다는 두 손으로 벽을 짚고 올라가거나 내려왔다. 혼자서는 평형감각을 유지하기 힘든 것 같다. 옆으로 선 것은 두 손을 잡은 것과 같다.

2. 손잡고 한 계단씩 내려오기

엄마가 한 손을 잡아주었는데도 발을 '쿵!', '쿵!' 불안하게 놓으며 아주 천천히 내려왔다.

3. 안정적으로 뛰어가기

생후 22개월 정도면 뛰는 모습이 안정적인데 현중이는 뒤뚱뒤뚱 뛰며 속도가 좀 떨어졌다.

4. 뛰어가다 스스로 멈추기

뛰어가다가 멈출 때는 평형감각을 잘 유지해 안전하게 멈췄다.

5. 아무것도 잡지 않고 공차기

생후 22개월 정도면 손을 대지 않고 '뻥' 찰 수 있다. 현중이는 힘이 드는지 발로 차지는 않고 자꾸 손으로 잡으려고 들었다.

6. 두 발 모아 껑충 뛰기

누나가 두 발 모아 껑충 뛰는 모습을 보여주었지만 좀처럼 따라 하지 않으려 했다.

7. 흘리지 않고 물 따르기

양손이 협응하는지 알아보기 위해 컵에 물을 따랐다가 다른 컵에 부어보게 했다. 조금 흘리긴 했지만 조심스럽게 잘해냈다.

8. 숟가락을 사용해서 음식물을 흘리지 않고 먹기

생후 22개월이면 혼자서 흘리지 않고 음식을 먹을 수 있다. 현중이에게 플레인 요구르트를 주고 숟가락으로 떠먹어보게 했다. 숟가락을 쥔 모양이 주먹을 쥔 듯 조금 둔해 보였지만 혼자서 잘 떠먹었다.

9. 막대에 블록 끼우기
얇은 원통 블록에 노릇저림 구멍이 난 블록들을 끼워보는 놀이를 누나와 함께 해봤다.

10. 신체부위 알기
"엄마 눈이 어디 있을까?" "현중이 코는 어디 있을까?"라고 물었더니 전혀 하려 들지 않고 도망가려고만 했다. "엄마 입 어디 있어?"에는 마지못해 엄마에게 뽀뽀했다.

11. 소유격 이해하기
누나의 가방, 아빠의 휴대전화 등 소유격을 알아보기 위한 놀이를 했는데, 현중이는 무표정한 얼굴로 고개를 돌렸다.

12. 간단한 율동 따라 하기
엄마가 '둥글게, 둥글게' 같은 간단한 율동을 보여주었다. 현중이는 엄마가 하는 모습을 쳐다보지도 않았다.

13. 간단한 지시어 수행하기
"아빠에게 차 열쇠를 갖다주세요"라는 간단한 심부름을 시키려고 했지만 현중이는 하지 않으려고 마구 버티면서 울었다.

소아청소년과의 '영유아발달검진'은 의사소통, 큰 근육 운동, 작은 근육 운동, 문제해결, 개인-사회성 등 5개 영역에 6개 질문으로 구성되어 있다. 엄마들은 대개 이 질문지를 무척 빠르게 작성하며, 전문의는 이것을 보고 발달 평가를 하게 된다. 질문이 많지 않고 엄마가 주도하여 작성하는 발달검사에 무슨 의미가 있을까 의심하기도 하는데, 소아청소년과의 영유아발달검사

는 발달에 문제가 있다고 의심되는 아이를 걸러내는 것이다.

　전문의는 설문지를 보고 어떤 한 영역이라도 정상범위에 들지 않으면 발달지연이 있다고 말한다. 전문의가 발달장애가 의심된다고 했다면 의사소통 영역에서 점수가 너무 낮게 나온 것이 아닌가 싶다. 전체적으로 발달지연이 있는데 특히 의사소통 쪽 점수가 너무 낮으면 '발달장애가 의심된다'고 말한다. 그리고 이는 '발달장애이다'라고 단정하는 것이 아니라 '발달장애일 수도 있다'는 추정이다. 그럴 여지가 있으므로 전문기관을 찾아 검사해보라는 말이다.

　〈60분 부모〉에 발달검사를 의뢰하는 경우 엄마들이 보낸 편지만으로도 대부분 아이의 발달수준에 대한 감이 잡힌다. 하지만 현중이는 그런 감이 잡히지 않았다. 그래서 엄마가 소아청소년과에서 받았다는 생후 22개월 수준으로 발달검사를 진행했다. 현중이는 발달검사 내내 협조가 너무 안 되었다. 22개월 수준이 어려웠다는 생각에 수준을 낮춰서 다시 했지만 여전히 협조가 잘 되지 않았다.

　'영유아발달검진'에서는 운동발달은 괜찮다고 했지만 발달검사 결과 운동발달, 인지발달 모두 생후 15~16개월 수준이었다. 아이의 흥미도, 협조도가 너무 떨어져 혹 자폐 경향이 있는지 추가검사를 해보았다. 여러 가지 자폐진단을 내리는 검사 도구를 가지고 시도해보니 다행히 자폐로 진단하기는 어렵다는 결과가 나왔다.

　아이가 의사소통 능력이 너무 떨어질 때는 선천적으로 자폐 경향이 있어서인지, 인지발달이 떨어져서인지 판단해야 한다. 선천적으로 자폐 경향이 있는 아이는 언어적 의사소통은 물론 비언어적 의사소통도 안 된다. 정말 급할 때가 아니면 상호작용을 하지 않으려고 한다. 장난감을 주면 지나치게 냄새를 맡는다거나, 어떤 소리에 너무 민감해서 무서워한다거나, 피부 만지는 것을 너무 싫어한다거나, 뱅글뱅글 돌면서도 전혀 어지러워하지 않는다.

그런데 현중이는 선천적 자폐성 발달장애라기보다는 인지능력이 떨어져 그런 경향이 있다는 진단이 내려졌다. 인지능력이 떨어지는 아이도 놀이에 흥미도가 떨어지고, 협조도도 떨어진다. 현중이가 표정이 너무 없다고 걱정하는 것도 자폐와 관련된 행동은 아니다. 자폐 성향이 있는 아이는 표정이 없는 것이 아니라 상황에 맞지 않는 표정을 짓는다.

현중이의 이런 발달상태를 생후 23개월에 발견해 무척 다행스럽다. 그런 의미에서 소아청소년과에서 실시한 '영유아발달검진'이 조기 발견에 결정적인 역할을 해준 경우이다. 현중이는 초등학교 때까지는 각종 발달 프로그램에 참여시켜 인지능력과 상호작용하는 능력을 높여주어야 한다.

집 주변의 장애인종합복지관이나 통합 어린이집을 알아보고 대기자가 많아 1~2년 기다려야 하더라도 일단 신청해두자. 실질적인 프로그램에 들어가는 것은 보통 만 4세부터이고 초등학교 때까지 도와주어야 하므로 복지관 프로그램을 2년 정도 기다린다 해도 그렇게 늦은 것이 아니다.

기다리는 동안 가까운 곳에 발달이 떨어지는 아이가 다닐 만한 곳이 있는지 발품을 팔아서 알아보자. 어떤 곳도 찾지 못했다면 일반 어린이집이라도 보낸다. 일반 어린이집은 특별한 프로그램 없이 아이들이 모여서 놀도록 놔두기 때문에 현중이가 스트레스를 받지 않고 모방학습을 하기에 좋은 곳이다. 이때 "발달이 좀 늦어서 발달검사를 받았더니 15~16개월 수준이래요. 발달이 좋은 아이들 속에서 모방학습을 하면 발달이 더 좋아질 거라고 해서 왔어요"라고만 설명한다. 그리고 장애인종합복지관이나 통합 어린이집을 보내려면 발달진단서가 필요하므로 동네 소아청소년과 선생님께서 부탁해서 받도록 한다. 참고로 발달 지연에 대한 일반 진단서는 여러 과에서 받을 수 있고, 발달장애 진단서는 소아정신과나 재활의학과에서 받을 수 있다.

현중이와 집에서 놀 때는 아이가 생후 15~16개월 수준이라고 생각하고 놀아준다. 누가 빨리 가나 놀이, 가위바위보 놀이, 숨바꼭질 놀이 등 신체 동작 놀이는 누나를 적극 활용하고, 언어놀이는 두 아이의 수준 차이가 심하므로 누나와 같이 하지 않는 것이 좋다. 되도록 현중이만 데리고 하되 아이가 표정이 별로 없더라도 도망가지 않고 본다면 그림책을 보며 '원숭이, 껑충껑충 토끼' 이런 식으로 언어자극을 계속해준다.

현중이는 생후 19개월에 걸었기 때문에 말문도 늦게 트일 것이므로 그냥 자극만 해주자. 비언어놀이는 간단하게 퍼즐, 동그라미, 네모 넣는 정도로 하면 된다. 운동놀이는 계단 오르내리기, 시소타기, 미끄럼틀타기 등 많이 뛰어노는 놀이를 한다. 인지발달이 떨어져 반응이 없는 아이와 놀려면 인내심이 많이 필요하다. 빠른 효과를 기대하기보다는 서서히 나아진다는 생각으로 놀아주자.

운동능력은 좋은데 말이 늦은 26개월 아이

 태어난 지 26개월 된 남자아이 명건이는 운동발달은 문제가 없는데 말이 너무 늦다. '앉아, 일어서, 이리 와, 주세요, 사랑해' 등은 알아듣는데, 지시하면 전혀 알아듣지 못한다. 지금 말할 수 있는 단어 수는 13개 정도다. 하고 싶고, 먹고 싶은 것이 있으면 짜증내듯이 '아앙'거리면서 어조로만 의사를 표시한다.

엄마의 고민 얼마 전 학습지 선생님이 여러 가지 상황으로 볼 때 아이가 자폐 초기일 수도 있다고 했다. 그 말을 듣고 보니 아이가 눈도 잘 안 맞추고, 책도 끝까지 못 읽게 할 뿐 아니라 혼자 벽을 보면서 놀기도 해 걱정된다.

김수연 소장님의 발달검사

1. 계단 오르내리기
명건이는 손을 잡아주지 않아도 안정적인 자세로 계단을 혼자서 오르락내리락 했다. 생후 25~26개월 아이의 정상적인 모습이다.

2. 마지막 계단에서 점프하기
엄마가 시범을 보이자 명건이가 '껑충' 하면서 잘 따라 했다. 마지막 계단에서 점프하는 모습을 보니 평형감각이나 균형감각에는 큰 문제가 없는 것 같다.

3. 줄 따라 걷기
아무 문제없이 줄을 따라 잘 걸었다. 명건이가 잘하자 엄마가 꼭 안아주며 엉덩이를 토닥토닥해주었는데 아주 좋은 태도다.

4. 줄 따라 뒤로 걷기
명건이의 운동발달수준을 알아보려고 3번보다 조금 어려운 것을 해보았다. 뒤로 걸을 때는 줄을 따라가지 못하고 옆으로 빠졌다. 이 시기에 못해도 되는 놀이지만 이런 놀이를 자주 해주면 좋다.

5. 두 발로 제자리에서 점프하기
손을 잡아주지 않아도 아이가 제자리에서 점프했다.

6. 한 발 들고 서기
잡아주지 않아도 한 발을 들고 잘 서 있었다. 엄마가 다른 발도 들어보려고 했더니 명건이가 싫어했다.

7. 공차기
혼자서 한 발을 들고 설 줄 아는 아이는 공차기도 잘한다. 명건이도 아주 잘 찼다.

8. 연필 쥐고 가로, 세로로 줄긋기
엄마랑 집에 있을 때 곧잘 하던 놀이인데 검사 날은 잘 따라 하지 않았다. 엄마가 손을 잡고 도와주었는데, 그렇게 싫어하지도 않고 도망가지도 않았다.

9. 모양 퍼즐 맞추기
두 돌이 지나면 네모, 세모, 원 모양 퍼즐 3개 정도는 충분히 맞출 수 있다. 아무 문제없이 잘 맞췄다.

10. 컵에 감춰진 장난감 찾기
컵 두 개를 엎어놓고 명건이가 보는 앞에서 그중 한 컵에 장난감을 숨겼다. 그리고 그것을 한번 돌려 위치를 바꿨다. 장난감 종류를 바꿔 두 번 해보았는데 명건이는 두 번 다 장난감을 찾지 못했다.

11. 이름 듣고 그림 찾기
동물 그림이 있는 책을 펼치고 엄마가 "꿀꿀 어디 있어요?" 하자 명건이는 엄마가 하는 말을 따라 하며 돼지를 잘 찾았다. 이 언어놀이는 생후 14~16개월 수준이다. 흥미도도 높고 협조도도 높았다.

12. 상황에 맞는 그림 찾기
언어놀이 수준을 한 단계 높여보았다. 양치질하는 아이, 자는 아이, 자전거 타는 아이 등 상황이 그려진 책을 펼쳐놓고 "치카치카 이 닦는 친구 어디 있어요?"라고 물었다. 명건이는 가만히 보다가 도망갔다.

13. 간단한 지시어 수행하기
명건이 눈앞에 귤을 두고 "엄마한테 귤 가져다주세요" 했더니 명건이는 엄마가 아니라 지시한 사람에게 귤을 주었다.

엄마가 혹시 '자폐아'가 아닐까 하고 걱정을 많이 하여 아이가 엄마와 함께 지내는 모습을 살펴봤다. 자폐 성향을 타고난 아이는 의사소통이 잘 안 된다. 그리고 비언어, 즉 몸짓으로도 상호작용이 안 되어 눈 맞춤을 하기가 어렵다. 명건이는 손짓, 발짓을 다 동원해 '바나나'가 필요하면 '바나나'를 가리켰고, 밖에 나가고 싶으면 나가고 싶다고 표현했다. 엄마가 무슨 말을 하면 응답했다.

자폐 경향이 있으면 놀자고 엄마에게 오기보다 무언가를 먹고 싶어 그러는 경우가 많다. 명건이는 언어로 의사소통을 하지 못해 답답해 보였지만 엄마랑 잘 놀았다. 특히 엄마는 아이가 말을 못하는 점을 배려하여 아이가 '좋다' '싫다'로만 대답할 수 있게 했다. 또 엄마 목소리 톤이 조금 낮은 저음으로 안정되어 있고 또박또박 말하는 타입이라 아이에게 좋은 언어자극을 줄 듯 보였다.

엄마가 걱정한 '아이의 떼'도 자폐같이 보이지는 않았다. 엄마가 아이의 떼를 참기 어려워 문제이지 명건이가 떼로 소리 지르는 것은 보통 아이들의 떼 정도로 보였다. 따라서 아이가 자폐일 확률은 없어 보였다. 그래도 자폐가 의심된다면 발달검사를 할 때 아이 흥미도와 협조도, 집중력을 유심히 보아야 한다.

발달검사를 한 명건이는 생후 14~16개월의 언어놀이에는 흥미를 가지고 참여했는데, 수준이 조금 올라가니 이내 흥미를 잃었다. 그 대신 운동놀이나 비언어놀이에는 흥미도나 협조도가 아주 좋았다.

명건이의 발달수준은 비언어영역, 운동영역 모두 자기 나이 수준이었다. 단지 언어발달만 14개월 수준으로 나왔다. 명건이는 언어놀이를 할 때 떼가 심해졌다. 그래도 엄마가 시키려고 하니까 상호작용이 어려웠지만 언어놀이 이외의 시간에는 상호작용이 아주 우수했다. 발달검사 결과로 보면 명건이는 자폐 경향이 있다기보다는 언어발달만 수준이 떨어졌다.

아이가 말을 못 알아들을 때, 아이가 하지 않으려고 할 때 부모가 적절하게 대처하지 못하니 아이에게는 자꾸 화가 쌓인다. 그러다보니 아이는 화를 점점 더 많이 내고 엄마와 상호작용이 자꾸만 망가져 자폐아처럼 보인다. 학습지 선생님은 아이를 잠깐씩 만나니 아이가 말을 안 듣고 상호작용을 하지 않으려는 모습만 보고 자폐가 아닐까 오해한 듯싶다.

명건이에게는 언어자극이 필요하다. 아이는 하기 싫어하는데 엄마가 하루 종일 떠들면서 언어자극을 주려고 하면 엄마도 힘들고, 아이도 너무 힘들다. 제 또래보다 뒤처진 14개월 수준의 언어이해력을 보인다면 언어발달과 관련해 아이를 도와줄 곳을 찾아야 한다. 집 주변 복지관도 좋고, 아동발달센터, 언어치료센터, 소아정신과, 놀이치료센터, 음악치료센터 모두 좋다. 관련 기관을 찾아 방문한 엄마들은 가끔 당황하기도 한다. 관련 기관마다 자기네 기관에서 치료하면 좋아진다고 하니 말이다. 아이와의 놀이를 통해 언어 자극이 주어지면 되므로 고가의 발달 치료보다는 부담 없는 비용의 영유아 프로그램을 활용해도 된다.

그런데 치료라는 이름에 너무 연연하지 말자. 명건이가 생후 14개월 수준으로 언어를 이해하고 표현하며 이에 맞는 언어놀이를 한다는 것이 중요하다. 아이가 인이를 하기 위한 수단으로 음악이 들어가도 상관없고, 미술이 들어가도 상관없고, 놀이치료 환경이어도 상관없다. 음악치료를 예로 들면 "하나 둘 셋, 이번에는 명건이 차례예요" 하면서 "북을 치는 막대를 선생님 주세요"라는 식으로 언어놀이가 나올 수 있다. 어느 치료환경이건 언어 자극이 들어가게 마련이다.

마찬가지로 학습지로 언어 자극을 주어도 되고, 할머니가 자극을 주어도 되고, 어린이집에서 자극을 주어도 된다. 기관을 찾아보라는 것은 전문적인 치료를 받아보라는 의미도 있지만 엄마 혼자 아이에게 언어자극을 주기가 너무 힘드니까 엄마를 도와줄 곳을 찾으라는 의미도 있다. 또 아이는 엄마한테는 긴장하지 않는다. 긴장하지 않기 때문에 자기가 하기 싫은 것을 엄마가 하자고 하면 더 협조하지 않는다. 그렇기 때문에 엄마 이외에 다른 누군가 도와주어야 한다.

'마땅한 기관이 없다' '너무 오래 기다려야 한다'고 속상해하지 말고 아이에게 다른 언어자극을 줄 이모, 고모, 할머니를 찾는다는 생각으로 치료를 시작하면 좋다. 자꾸 복지관의 영유아 프로그램을 추천하는 것은 엄마 이외의 사람들과 다양하게 노는 경험을 자주 하게 하려면 아무래도 저렴한 프로그램이 좋기 때문이다. 그런 면에서 학습지도 도움이 될 수 있고, 어린이집 선생님이 명건이 상황을 이해한다면 어린이집에 보내는 것도 도움이 된다.

여기서 아주 중요한 것은 검사했을 때처럼 "엄마 귤 주세요"라고 했는데 지시를 잘 따르지 못하면 화를 누르고 '아이가 아직 이걸 이해하지 못하는구나'

생각하며 관찰자가 되고 검사자가 되어 아이를 파악하는 것이다. 그리고 아이의 이해가 부족한 부분의 놀이를 더 많이 해주면 된다. '엄마 귤 주세요'를 이해하지 못했다면 엄마, 아빠가 나란히 앉아 목적어를 바꿔가며 '엄마 주세요, 아빠 주세요'를 많이 연습한다. 그리고 나아지면 '아빠 딸기 주세요, 엄마 귤 주세요'로 조금씩 수준을 높인다.

굳이 치료기관, 놀이기관이 아니더라도 하루 30분씩 다른 사람이 아이에게만 집중하여 새로운 언어자극을 주면 아주 좋다. 그리고 명건이는 앞으로 6개월이나 12개월에 한 번씩 언어발달을 체크하는 것이 필요하다. 발달 정도를 적어둘 때는 아이가 새롭게 어떤 말을 알아들었는지, 새롭게 무슨 말을 했는지 기록한다. 6개월 전과 지금 어떤 변화가 있는지 공부하듯이 살펴본다. 그리고 생후 30개월 전후로 언어치료를 시작하고 만 5세 무렵에 유아지능검사를 받아본다. 이때 언어영역 지능과 동작영역 지능을 파악한 후 초등학교 입학 준비에 대해 전문가와 상의한다.

말이 늦고 혼자 노는 28개월 아이

생후 28개월 된 남자아이 승기는 말귀는 다 알아듣는 것 같은데 도통 말을 하지 않는다. 의사표현은 그저 '응응' 소리를 내면서 손가락으로 가리키는 정도이다. 간단한 심부름은 할 줄 알고 그림책을 읽어주면 이해하는 듯하다. 친구들이 놀러와도 어울리지 않는다. 승기는 아토피피부염이 있다.

엄마의 고민 운동발달에도 문제가 없고 언어이해력도 문제가 없는 것 같은데 왜 말하지 않는지 모르겠다. 혼자 놀기를 좋아하고, 불러도 대답을 잘 하지 않으며, 눈 맞춤이 안 되니 자꾸 '자폐'라는 단어가 머리에 떠오른다.

김수연 소장님의 발달검사

1. 공 던지기

엄마가 공을 던져주자 힘 있게 바닥에 튕기도록 잘 던졌다. 승기가 아주 즐거워했다.

2. 공차기

공을 밀듯이 찼다. "뻥" 차고 싶어 하는데 그러려면 힘이 더 들어가야 할 것 같다.

3. 혼자서 계단 오르내리기

아무것도 잡지 않고 혼자 계단을 잘 올라가고 내려왔다. 올라갈 때나 내려갈 때 왼발이 먼저 나왔다. 아주 조심스러워했다.

4. 마지막 계단에서 뛰어내리기

엄마가 마지막 계단에서 점프하는 모습을 보여주었다. 승기는 따라 하지 않고 내려왔다.

5. 제자리에서 점프하기

엄마가 "점프 한번 해봐" 했더니 승기가 양팔을 머리 위로 올리고 점프할 것처럼 무릎을 굽혔다가 폈다. 몸을 조금 띄우려다가 엉덩방아를 찧었다.

6. 한 발 들고 2초 서 있기

엄마가 한 발을 들고 서 있는 시범을 보였다. 승기는 어려워하며 하지 않았다.

7. 콩 집어서 컵에 넣기

바닥의 콩을 엄지와 검지로 집어 커다란 컵에 넣는 것을 큰 문제없이 했다.

8. 일자 긋기

엄마가 일자를 긋는 시범을 보였다. 아이가 그으라는 것을 이해해 의도적으로 힘을 주어 일자 긋기도 하고 원도 그렸다.

9. 간단한 지시어 수행하기
엄마의 머리띠를 가지고 놀다가 "엄마한테 해주세요" 했더니 엄마 머리에 머리띠를 해주러 왔다. 승기가 엄마와 노는 모습이 무척 다정해 보였다.

10. 신체부위와 소유격 이해하기
"승기 코 어딨어?" "엄마 코 어딨어?" 하니까 웃으면서 지시를 잘 따랐다. 엄마의 언어놀이에 반응을 잘했다.

11. 그림책의 사물명 인지하기
그림책을 보면서 "악어가 어디 있을까?" 하니까 아주 잘 짚었다. 악어는 좀 어려운 동물 이름에 속한다. 쉬운 동물 이름이라면 생후 16개월 정도에 할 수 있다.

12. 그림책 상황을 설명하면 이해하고 찾기
"코 자는 아기가 어디 있을까?"라고 물으니 그림책에서 상황에 맞는 그림을 잘 찾아냈다. 속도가 조금씩 늦었지만 다 지적해냈다.

13. 모양 퍼즐 맞추기
삼각형, 네모, 꽃 모양 등 퍼즐을 잘 찾았다.

14. 일상사물 이름 이해하기
콩, 컵, 신발, 자동차 등 여러 가지 사물을 놓고 그중 하나를 달라고 했다. 승기는 아주 잘해냈다.

15. 동물 소리 듣고 그림 찾기
시각적으로 분별하기 어려운 동물 카드(머리 부분만 있는 고양이, 소, 개 등)를 주었는데 승기가 어려워했다.

16. 크기 개념 이해하기
큰 공과 작은 공이 그려진 종이를 보여주며 큰 것을 혹은 작은 것을 골라보게 했다. 승기는 맞히기도 하고 틀리기도 했다.

17. 사물의 기능 이해하기
가위, 쓰레기통, 신발, 빗, 다리미 등이 그려진 종이를 보고 기능을 설명했다. "아빠 옷 다리는 것 어디 있어요?" 했더니 승기가 손가락으로 다리미를 가리켰다.

18. 똑같은 것 찾기
네모, 마름모, 원, 세모 카드를 나란히 늘어놓고 그중 원이 그려진 카드와 똑같은 카드를 찾아보게 했는데 승기는 단번에 찾아냈다. 놀이할 때 승기는 전혀 산만하지 않고 차분했다. 말은 한마디도 하지 않았지만 행동으로 모두 잘했다.

19. 블록 쌓기
승기는 블록을 6~7개 정도 쌓을 수 있었다. 마지막 블록조각을 올려놓자 탑이 무너졌는데 승기는 화도 별로 내지 않고 또다시 블록을 쌓았다.

다른 사람과 상호작용이 부족하고, 말을 잘하지 않고, 불러도 대답하지 않는다고 '자폐'라고 할 수는 없다. 자폐를 의심하려면 말귀를 얼마나 알아듣는지, 사람에게 얼마나 관심을 보이는지, 스트레스 상황에서 얼마나 떼를 부리는지 등을 살펴야 한다.

자폐성 발달장애의 경우 보통 언어발달이 떨어지면서 운동발달이 떨어지고, 사람과 노는 것을 좋아하지 않는다. 그런데 승기는 엄마와 있는 모습이 참 다정해 보였다. 그리고 발달검사를 하려고 승기 집에 갔을 때 낯선 사람이 왔는데도 크게 긴장하지 않았다.

조금 걱정스러운 것은 엄마가 승기에게 아주 다정하게 대하다가도 아이가 너무 돌아다니면서 먹는다고 승기 또래의 일반적인 행동이다 팔을 잡아끌어서 식탁 앞으로 데리고 온다거나, "너 굶어, 다 치울 거야"라고 언어적으로 강하게 얘기한다거나, 신체적으로 강요하는 태도를 보이는 것이다. 이러다보면 아이는 엄마가 자신을 존중해주는지 아닌지 의심한다. 이런 양육자 중심 양육태도는 고쳐야 한다.

아이에게 어떤 문제가 있건 발달검사를 할 때는 전반적인 것을 다 봐야 한다. 걷는 아이의 발달검사는 주로 한 발 들고 서 있거나 깡충 점프하는 것과 같은 질적 운동성을 중심으로 본다. 그리고 자폐를 걱정했기 때문에 아이의 언어놀이에 대한 흥미도, 운동놀이에 대한 흥미도, 스트레스 상황에서 하는 행동, 퍼즐이나 블록 놀이할 때의 태도를 더욱 유심히 보았다.

승기의 성장은 신체 백분위수로 따졌을 때 머리둘레가 25~50번째, 신장이 25~50번째, 체중이 10~25번째로 정상범위였다. 인지발달은 자기 나이의 90% 정도 되고, 언어이해력은 생후 22개월 수준으로 자기 나이의 80% 정도 되니 별로 신경 쓰지 않아도 된다.

그런데 언어이해력은 엄마가 평상시 승기가 할 수 있다고 한 것보다 점수가 낮게 나왔다. 이것은 스트레스가 있는 상황에서는 생후 22개월 수준이지만 스트레스가 없는 상황에서는 27개월 수준으로 올라가는 것으로 파악된다. 언어이해력은 크게 걱정할 필요가 없다. 그런데 의외로 운동발달이 18~19개월 수준이었다. 순발력, 민첩성 등이 떨어지지만 근력이나 힘을 가지고 몸을 움직이는 것 같았다.

퍼즐이나 블록 같은 것을 할 때 승기에게서 손 떨림 증상이 관찰되었다. 이것은 병원 치료를 받아야 하는 것은 아니지만 아이를 이해하기 위해서는 반드시 기억해야 할 특성이다. 손 떨림이 있는 아이는 블록을 빨리 쌓고 싶어도 천천히 쌓아야 하고, 숟가락질할 때도 많이 흘린다. 그래서 손으로 먹는 것을 좋아하기도 한다. 이때 빨리 하라고 다그치고, 흘린다고 혼내서는 안 된다. 타고날 때부터 운동성이 좋고, 자기를 잘 방어하는 사람은 엄마가 때리고 말을 좀 함부로 해도 잘 살아남는다. 그러나 약점이 있는 아이는 야단치면 상처를 크게 받는다.

아이가 밥을 잘 안 먹거나 아토피가 있으면 엄마는 아이 발달에 신경을 잘 못 쓴다. 단지 말이 트이는 것만 본다. 말을 잘하면 남들에게 똘똘하다는 말을 듣고, 어른들에게 인사도 잘하고, 친구들과 잘 어울리는 등 사회성도 좋아 보인다. 승기가 밖에 나가면 계속 뛰어다니고, 집에서도 소파에 올라가고, 텔레비전 장식장에도 올라가니 엄마는 승기의 운동발달에 문제가 없다고 생각한 것 같다. 하지만 그건 활동성이 높은 것이지 운동성이 좋은 것은 아니다.

헤집고 돌아다니는 아이는 활동성이 많고 에너지가 많은 것이지 운동성이 좋다고 진단할 수는 없다. 승기는 공을 힘 있게 차거나 한 발을 들고 서 있는 것 같은 질적 운동성이 많이 떨어졌다. 큰 근육 운동성이 떨어지면 작은 근육 운동성도 떨어진다. 크레용으로 일자를 그어도 15도 밑으로 기울어지고 말도 늦어질 수 있다. 입 주위 근육의 발달도 작은 근육 발달에 속하기 때문이다.

승기는 발달검사 내내 흥미도나 협조도가 무척 좋았다. 승기의 인지발달은 정상범위에 있지만 운동발달이 떨어질 뿐이고, 스트레스 상황에서도 화를 많이 내지 않으므로 전반적으로 보았을 때 '자폐성 발달장애'로 보기 어렵다. 승기가 혼자 놀기를 좋아하는 것은 선천적으로 상호작용 놀이를 선호하지 않는데다 아토피가 있어 다소 침체된 것이 아닌가 싶다.

아토피가 있는 아이는 사는 것이 그렇게 행복하지 않다. 거기에 운동성이 약간 떨어지고, 엄마는 잘해주다가도 한 번씩 무섭게 화내고, 자신이 전혀 배려받지 못하는 놀이 환경 등이 합쳐지니 장난감이나 가지고 혼자 놀아야겠다고 생각하는 것 같다. 승기는 전반적으로 발달이 문제가 되는 상황이 아니었다.

말은 잘하는데 운동발달이 느린 29개월 아이

생후 29개월 된 여자아이 혜나는 조심성이 너무 많다. 뒤집기도 다치지 않으려고 조심스럽게 했고, 10개월에 붙잡고 섰다. 그래서 돌 때쯤 걸을 줄 알았는데 14개월 경에야 혼자서 한 발씩 걸었다. 언어는 주변에서 똑똑하다는 말을 들을 정도로 또래에 비해 잘한다.

엄마의 고민 다른 아이들이 발달검사 때 하는 것을 혜나한테 해봤는데, 계단 오르내리기도 못하고, 마지막 계단에서 점프도 못했다. 공도 살짝 건드리는 수준이다. 겁이 무척 많은 편인데, 그것이 운동발달과 관련이 있는지 궁금하다.

김수연 소장님의 발달검사
1. 가로, 세로로 줄긋기
크레파스로 엄마가 시범을 보였더니 가로나 세로로 줄긋기를 잘 따라 했다.
2. ○□ 그리기
동그라미는 잘 그렸지만 네모도 동그라미로 그렸다.
3. 색깔 알아맞히기
스케치북에 크레파스로 사탕을 그리면서 "엄마, 보라색 사탕이 먹고 싶어요" 했더니 혜나가 보라색 크레파스를 주었다. 노란색을 달라고 했더니 잘 찾아주었다.

4. '많다' '적다' 이해하기

스케치북의 한 면에는 사탕을 두 개 그려놓고, 다른 면에는 네 개 그린 뒤 "어디가 많아요?"라고 물었다. 혜나는 많은 쪽을 잘 가리켰다. "어디가 적어요?"라고 물었더니 그것도 잘해냈다.

5. 그림에서 빠진 부분 채워 넣기

생후 29개월이면 아직 얼굴을 그리기가 어렵다. 엄마가 대강 동그라미로 얼굴을 그리고 눈과 코를 그렸다. 그리고 입이나 귀, 머리카락을 그려보게 했다. 혜나는 제 위치에 힘 있게 잘 그려넣었다.

6. 다른 모양 찾기

동그라미를 다섯 개 그려놓고 그 안에 세모를 하나 그려넣었다. "다른 모양 어디 있어?" 했더니 잘 찾았다.

7. 위치 단어 '앞' '뒤' '옆' 이해하기

언어놀이를 대체로 잘하기 때문에 위치 단어를 이해하는지도 보았다. 큰 인형을 앉혀두고 "인형 앞에 장난감 두세요" 했더니 장난감을 앞에 두었고, "인형 뒤에 두세요" 했더니 그것도 잘했다.

8. 놀이 규칙 이해하기

생후 30개월 전후로 말귀를 알아듣게 되면 놀이 규칙을 이해할 수 있다. 블록 쌓기를 하면서 엄마 한 번, 혜나 한 번이라는 규칙을 알려주었다. 혜나는 엄마가 다하기를 기다렸다가 자기 차례가 되자 블록을 쌓았다.

9. 공 던지기

생후 13개월부터 공 던지기 연습을 할 수 있다. 이 정도 나이면 엄마 가슴을 향해 정확히 던져야 한다.

10. 공차기

생후 29개월 정도면 공차기는 아주 잘한다.

11. 간단한 율동 따라 하기

엄마가 노래 부르며 율동하니 혜나가 깜찍하게 잘 따라 했다.

12. 한 발 들고 서 있기

이 정도 나이면 2초 정도 서 있으면 좋다. 혜나는 1초 정도 했다. 잘하고 싶어 해서 혜나의 팔이 위로 높이 올라갔다.

13. 두 발로 점프하기

점프는 잘하지 못했다. 그래도 몸을 띄우기 위해 엉덩이를 자꾸 밑으로 내리며 노력했다. 혜나의 인지발달이 운동발달을 도와주기 때문에 나타나는 모습이다.

14. 한 줄 따라 걷기

생후 29개월쯤 되면 아이가 줄을 의식하고 일자로 걸을 수 있다.

15. 줄 따라 뒤로 걷기

평형감각에 문제가 있으면 뒤로 걸을 때 무척 어지럽다. 처음에는 줄 바깥으로 빠지더니 몇 번 연습한 뒤 무리 없이 잘했다.

16. 줄 의식하고 멀리 뛰기

점프는 여전히 힘들어했다.

17. 계단 오르내리기

올라갈 때는 엄마 손을 잡았고, 내려올 때는 엄마 손을 잡지 않고 옆으로 서서 혼자 내려왔다. 운동성이 떨어지는 아이는 안정성을 유지하기 위해 계단을 내려올 때 옆으로 서는 경향이 있다.

18. 마지막 계단에서 뛰어내리기

엄마랑 한 손을 잡고 한 번 점프했다. 혼자서도 점프했는데 짝발로 내려왔다. 안정성이 있다고 보기 어렵다.

19. 놀이기구(그네, 시소) 타기

그네는 몸이 앞뒤로 흔들리는 놀이 기구이다. 혜나는 엄마와 같이 그네를 타며 아주 좋아했다. 시소는 몸을 위아래로 움직이는 놀이 기구인데 혜나는 너무 무서워하며 막 울었다. 앞뒤로 흔들리는 자극은 평형감각을 덜 힘들게 하지만 위아래로 흔들리는 자극은 평형감각을 힘들게 한다.

아이가 운동발달이든 언어발달이든 잘한다 혹은 못한다고 할 때는 정상범위 안에서 보아야 한다. 운동발달이 정상범위 내에서 떨어지는데 언어발달이 정상범위 내에서 우수하다면 한 아이 안에서 운동발달 영역과 언어발달 영역 간의 발달 차이가 무척 큰 것이다. 이때 언어발달은 아주 잘하는 것 같고, 운동발달은 너무 못하는 것처럼 보인다.

아이마다 잘하는 영역이 있고 잘하지 못하는 영역이 있지만 유아기에는 모든 영역의 전인발달을 추구해야 한다. 따라서 잘하는 것은 물론 잘 못하는 것도 놀아주어야 한다. 그런데 어떤 엄마는 잘하는 것은 돈을 들여서 더 투자하고 못하는 것은 엄마가 해준다. 이런 경우 엄마와 애착관계에 문제가 생긴다. 엄마가 못하는 놀이만 자꾸 하자고 하니까 아이는 엄마가 자기를 괴롭힌다고 생각하기 때문이다. 이때 가장 좋은 방법은 아이가 잘하는 것을 엄마가 함께 놀아주면서 가끔 기분 좋을 때 못하는 것을 해주는 것이다. 영유아기에는 전반적인 발달이 중요하다.

발달검사 결과 혜나의 인지발달은 자기 나이 수준이어서 정상범위이고 운동발달은 엄마 생각대로 정상범위에서 조금 떨어지는 생후 25~26개월 수준이었다. 운동발달에서는 지금 말이 트였고 동그라미를 잘 그릴 수 있기 때문에 큰 근육 운동발달만 떨어지는 아이라고 진단 내릴 수 있다. 혜나는 지능지수가 높다기보다는 일대일로 상호작용하면서 놀아주는 것을 좋아하고 엄마가 놀아줬을 때 협조를 무척 잘했다. 말하자면 감성지수$_{EQ}$가 좋은 아이다.

엄마가 잘해서 아이가 잘하는 면도 있지만 혜나는 협조도가 높고 워낙 엄마와 노는 것을 좋아했기 때문에 놀아주기 쉬웠다. 혜나와 놀아주기 쉽게 만드는 것은 아이의 높은 감성지수, 감정조절력, 흥미도, 협조도 같은 것들이었다. 혜나는 말하면서 노는 것을 좋아하는 아이인 것 같다. 그래서 더 똑똑한 것처럼 보이고 잠재적인 인지능력까지 쉽게 드러날 수 있었다.

혜나가 천이 펄럭거리는 것을 무서워하고, 미끄럼틀을 타지 못하는 것은 평형감각에 문제가 있기 때문이다. 운동발달이 떨어지는 아이는 걷고 나면 평형감각이 많이 떨어진다. 평형감각은 시각적인 자극을 조절하는 것과 연결되어 있다. 커다란 천이 천천히 움직이면 몰라도 펄럭펄럭하면 시각적인 변화가 많이 일어나 균형감각을 잃을 것 같은 불안감이 느껴지기 때문에 무서워한다.

미끄럼틀도 마찬가지여서 미끄럼틀을 내려올 때 깊이가 무척 깊게 인지된다. 내려올 때의 속도감도 평형감각을 많이 힘들게 한다. 운동발달이 떨어지는 면과 조심성이 많은 성격적인 면이 맞물려 혜나를 더 무섭게 하고, 그 때문에 엄마가 혜나를 겁이 많은 아이로 여기는 것 같다.

보통 아이가 말을 잘하면 똑똑할 것이라고 생각한다. 물론 연관성이 전혀 없는 것은 아니지만 잠재적인 인지발달이 정상이어도 아이가 말을 못하기 때문에 인지발달이 떨어지는 것처럼 오인하는 경우가 많다. 자신을 말로 표현하는 사람이 있고, 그림으로 표현하는 사람이 있고, 음악이나 몸으로 표현하는 사람이 있다. 이렇게 여러 가지로 자신을 표현할 수 있는데 우리는 흔히 말로 자기를 잘 표현하는 사람을 똑똑하다고 생각한다.

엄마는 아이가 말을 더 잘하는 사람으로 키우기 위해 노력한다. 하지만 문제해결능력은 다양한 영역에서 모두 높아야 한다. 말만 잘하고 다른 분야에서 문제해결능력이 떨어진다면 발달이 떨어지는 것이다. 따라서 말을 잘하는 것에 치중하지 말고 심부름도 시키고 청소도 시켜서 혼자 독립적으로 의식주를 해결할 수 있게 키워야 한다. 다른 건 시키지 않고 말만 잘하게 시키면 일상생활의 문제해결능력은 떨어지면서 말만 잘하는 아이로 자란다.

몇 마디 말밖에 하지 못하는 33개월 아이

태어난 지 33개월 된 남자아이 현일이는 운동발달은 좋은데 말을 전혀 하지 못한다. '엄마' 정도만 말하고 아빠도 '빠'라고 한다. 따라 하라고 하면 '콩', '물' 정도만 한다. 말귀는 알아듣는지 간단한 심부름을 할 수 있다.

엄마의 고민 인터넷에서 육아정보를 검색하다가 '유사자폐'라는 단어를 보았다. 거기서 말하는 증상이 현일이와 똑같았다. 소리에 민감하고, 떼가 심하고, 소리 지르고……. 말귀는 다 알아듣는 것 같은데 왜 한마디도 하지 않는지, 걱정스럽다.

김수연 소장님의 발달검사

1. 혼자서 계단 오르내리기
계단 오르내리는 것에는 크게 문제가 없었다.

2. 마지막 계단에서 뛰어내리기
현일이는 껑충 하고 점프하면서 무척 잘했다.

3. 한 발 들고 2초 동안 서 있기
양팔을 벌리고 한 발을 드는 모습으로 엄마가 시범을 보였다. 현일이는 엄마를 따라 2초 정도 서 있었다.

4. 까치발로 9걸음 걷기

엄마를 따라 잘해냈다.

5. 작은 구멍에 끈 끼우기

손 조작 능력을 알아보기 위한 것이다. 실 꿰기 장난감을 이용했는데, 아이가 잘 끼울 수 있도록 실 끝에 막대가 붙어 있다. 집에서 놀이할 때는 막대를 떼고 끈 상태에서만 하면 좋다.

6. 공차기

생후 24개월이 지나면 공을 아주 세게 잘 수 있어야 한다.

7. 서서 공 던지고 되받기

현일이는 서서 엄마 가슴 쪽으로 정확하게 공을 던졌다.

8. 율동 따라 하기

엄마가 '반짝반짝 작은 별'을 율동과 함께 불렀는데, 막대 끼우기 놀이를 할 때와는 비교가 될 만큼 협조하지 않았다. 한 손으로만 조금 따라 하다 말았다.

9. '엄마' 이외에 가족 명칭 3개 이상 알기

현일이의 언어이해력은 생후 16~18개월 수준에서 시작했다. 가족사진을 보며 "엄마, 아빠 어디 있어?"라고 물었더니 잘 찾았다.

10. 세부적인 신체부위(눈썹, 이마, 턱 등) 두 군데 이상 지적하기

눈, 코, 입을 찾는 것은 생후 16~17개월 수준이다. 눈썹, 이마, 턱 등 세밀한 신체부위를 아는지 물어봐야 하는데, 엄마가 신체부위를 손으로 짚으면서 아이에게 질문했다. 이렇게 놀이를 하면 답을 알려준 것이 되므로 말로만 물어야 한다.

11. 사물의 일부분 지적하기

"자동차 어디 있어?"가 아니라 "자동차 바퀴 어디 있어?" "자동차 창문 어디 있어?"라고 묻거나 "컵 어디 있어?"가 아니라 "컵 손잡이 어디 있어?"라고 묻는다. 현일이는 정확히 컵 손잡이를 잡았다.

12. 한 번에 사물 두 개 가져오기

"엄마한테 풍선이랑 크레파스 갖다줄래" 했더니 크레파스를 먼저 가져왔다. 아이가 오자 엄마가 바로 "그럼 풍선은 어디 있지?" 했는데 이렇게 물으면 안 된다.

13. '크다' '작다' 이해하기

크기가 다른 블록을 두 개 들고 "작은 블록 가져가세요" "큰 블록 가져가세요"라고 했을 때 현일이가 잘했다.

14. '같다' '다르다' 이해하기

모양이 있는 블록을 가지고 한 손에는 같은 것끼리 들고, 나머지 한 손에는 다른 것끼리 들었다. "다른 것끼리 있는 것은 어느 손이에요?" "같은 것끼리 있는 것은 어느 손이에요?" 했을 때 현일이가 맞추기도 하고 틀리기도 했다.

15. 위치 단어(앞, 뒤, 위, 아래) 2개 이상 이해하기

오리 인형을 두고 "오리 앞이 어디지?" "오리 뒤가 어디지?" 했을 때 현일이가 아무 데나 가리켰다.

16. 색 이름 5개 이상 이해하기

색깔이 다양한 공룡 인형 중에서 노란 공룡을 달라고 했더니 주황 공룡을 주었다. 예전에는 분명히 알았던 것 같은데 이렇게 틀리면 엄마는 혼란스럽다. 놀이가 재미없어서 그런 건지, 정말 몰라서 그런 건지 엄마가 구별하기는 어렵다.

17. 단순 반복 단어, 숫자 따라 말하기

"엄마" 하면서 따라 하게 했더니 현일이가 "엄마"라고 말했다. "마바"를 따라하게 했더니 "바"라고 했다. "나다"라고 했더니 "다"라고 했다. "육"이라고 했더니 "육"이라고 하면서 입에 침이 좀 고였다.

보통 아이가 말을 못해도 언어이해력이 괜찮으면 걱정하지 말라고 조언한다. 언어이해력은 아이가 간단한 지시를 이해할 수 있는지 보는 것으로, 생후

14~16개월, 18개월일 경우 "뭐 가져오세요, 뭐 갖다 놓으세요" 정도를 이해하면 된다. 18개월이 지나면 상황이 있는 그림을 보고 이 중에서 "곰이 우산을 들고 있는 그림이 어디 있어요?" "곰이 아이스크림을 들고 있는 그림이 어디 있어요?" 했을 때 그것을 빨리 찾아낼 수 있으면 된다. 그런데 '곰'이라는 한 마디만 듣고 곰만 집거나 하면 언어이해력이 좋다고 할 수 없다. 18개월이 되었을 때는 가족이 여행 갔을 때 찍은 사진들을 놓고 "우리가 그때 뭐 하던 사진이 어디 있지?" 라고 하면 아이가 상황을 이해해 찾을 수 있어야 한다. 24개월이 지나면 많다, 적다, 크다, 작다 같은 개념을 이해하면 된다.

엄마가 집에서 이런 놀이를 하면 언어이해력을 높일 수 있다. 항상 똑같은 장난감으로 "어떤 게 더 크니?"라고 말하는 것은 의미가 없다. 다양한 장난감으로 크기의 개념을 정확히 이해하는지 점검해야 한다. 또 앞, 뒤, 옆, 아래 등 위치를 나타내는 말도 조금씩 이해하면 좋다. 아이의 개월 수에 이 정도 언어이해력을 보인다면 말을 못해도 최소 생후 36개월까지는 기다려야 한다.

현일이의 운동발달은 생후 26개월 수준이었다. 자기 나이의 80% 정도는 되기 때문에 정상범위에 속하지만 또래집단의 정상범위에서는 좀 낮은 쪽이다. 균형감각 놀이 같은 것은 좀 어려워했지만 단순히 뛰거나, 계단을 올라가거나, 내려가는 등 근력을 사용하는 놀이에는 크게 어려움이 없었다.

현일이가 왜 말이 트이지 않는지 알려면 일자 긋기를 얼마나 잘하는지도 보아야 한다. 현일이는 15도 정도 옆으로 가 있었다. 생후 18개월 아이가 이 정도로 썼다면 문제가 없지만 30개월이 넘은 현일이가 일자를 이렇게 그은 것은 손으로 연필을 잡았을 때 조정력이 약하다고 이해할 수 있다.

현일이는 집중하면 침을 약간 흘렸다. 침을 흘린다는 것은 입 주위 작은 근육이 조절되지 않는다는 것을 의미한다. 입 쪽 작은 근육이 조절되지 않으면 아이 입에서 말이 나올 수 없다. '마바' 같은 아주 간단한 발음을 할 준비도 안 된 현일이에게 문장을 말하라고 하는 것은 너무 가혹한 일이라는 것을 이해하자.

인지발달을 살펴보니 현일이가 이런 어려움이 있는데도 타고난 유전자가 좋은지 블록이나 퍼즐을 아주 높은 수준으로 잘했다. 엄마는 현일이가 말귀는 거의 알아듣는 것 같다고 했는데, 발달검사를 해보니 현일이의 언어이해력은 생후 20~22개월 수준이었다. 최대치는 35개월 수준까지 나왔다. 엄마가 아이와 놀이를 하면서 아이가 모르는 건지 알면서도 하기 싫어서 그러는 건지 혼란스러웠던 것은 현일이가 가진 언어이해력의 특징 때문이었다.

현일이는 어떤 것은 이해하고 어떤 것은 이해하지 못했다. 집에서 했던 똑같은 찾기 놀이를 낯선 환경에서 하면 전혀 하지 못하기도 했다. 엄마는 이런 상황이 벌어지면 당황스럽다. 현일이가 떼를 부리는 것은 언어이해력 때문이기도 하다.

현일이처럼 알아듣는 말과 못 알아듣는 말의 수준 차이가 심할 때는 생후 36개월 이전이라도 언어치료를 해야 한다. 지금처럼 알아듣기도 하고 못 알아듣기도 하고 말이 전혀 안 되는 상황이면 엄마가 아무리 놀아줘도 아이의 떼는 점점 심해진다. 이때 비용을 들이더라도 전문가와 언어놀이를 하게 하는 편이 낫다. 운동발달은 정상범위에 있으므로 엄마, 아빠가 운동놀이를 다양하게 해서 현일이가 그 부분에 자신감을 가질 수 있도록 도와준다.

BONUS PAGE

김수연 소장님의 지상 강좌

엄마가 알아야 할
아이 발달의 핵심 포인트

아이 발달은 운동발달, 인지발달, 행동발달로 나누어서 살펴볼 수 있습니다. 운동발달은 큰 근육, 작은 근육, 질적 운동력을 봅니다. 큰 근육 운동발달은 아이가 큰 근육을 얼마나 움직일 수 있느냐를 봅니다. 대부분 그냥 보아도 알 수 있는 것, 즉 기기, 걷기, 뒤집어서 일어나기, 넓이뛰기, 한 발 들고 서기 등을 말하지요. 작은 근육 운동발달은 손가락을 이용해서 물건을 들어 올리는 것처럼 손을 얼마나 세밀하게 사용하느냐를 말합니다. 손뿐 아니라 입 주위의 근육도 작은 근육에 속하는데, 아이가 침을 많이 흘리는 것은 작은 근육이 아직 말을 할 만큼 발달하지 않았다는 것을 의미합니다. 질적 운동력은 동작을 얼마나 정확하게 해내느냐를 의미합니다. 예를 들어 넓이뛰기를 하는데 모습이 좀 어설프다든지, 율동을 따라 하긴 하는데 한 박자씩 늦는다면 질적 운동력이 떨어진다고 봅니다.

인지발달은 엄마들이 생각하는 지능지수와 관련된 부분입니다. 이것은 비언어인지, 언어이해력, 언어표현력을 봅니다. 퍼즐놀이처럼 언어가 필요하지 않은 능력을 비언어인지라고 말하고, 말을 얼마나 알아듣는지는 언어이해력, 말을 얼마나 하는지는 언어표현력이라고 합니다. 보통 언어표현력이 늦어도 언어이해력에 문제가 없으면 걱정하지 않습니다.

마지막 행동발달은 흥미도, 친밀도, 감정조절력을 봅니다. 낯선 곳에 갔을 때 아이가 얼마나 탐색하려고 하는가 아니면 가만히 앉아 있는가, 낯선 사람을 봤을 때 자신이 먼저 다가가는가 아니면 그렇지 못하는가, 스트레스를 받았을 때 얼마나 화를 내는가, 화를 냈을 때 달래기 쉬운가 아니면 어려운가를 살펴봅니다.

실제 나이보다 발달 나이에 맞춰 자극

발달검사에서 아이가 제 월령의 80% 발달수준이라면, 예를 들어 생후 30개월 아이가 운동발달에서 24개월 수준을 보이는 경우 정상범위라고 봅니다. 정상범위에서 좀 떨어지면 집에서 엄마, 아빠가 다음에 소개하는 발달검사 항목을 놀이처럼 해주는 것만으로도 각각의 능력이 향상될 수 있습니다. 하지만 정상범위를 넘어설 정도로 떨어진다면 전문가의 도움을 받는 것이 좋습니다. 아이의 월령이 생후 30개월이지만 발달수준이 생후 24개월로 나왔다면 그 발달나이에 맞게 놀이를 해주어야 합니다.

생애 첫 1년간의 운동발달

12개월 이전	• 생후 4개월 무렵 목을 가눈다. • 생후 7~10개월에 두 다리, 두 팔 등을 이용해 기어다닌다. • 생후 8~16개월에 혼자 걷는다.

생후 12개월 이전은 아이의 운동성이 가장 빨리 발달하는 시기입니다. 이 시기는 아이가 정상범위인지 아닌지만 확인하면 됩니다. 7개월에 기기 시작했든 10개월에 기기 시작했든 모두 정상입니다. 마찬가지로 8개월에 걸었거나 16개월에 걸었거나 모두 정상이지요. 간혹 빨리 걸으면 머리가 좋은 걸로 아는데, 16개월에 걸은 아이가 8개월에 걸은 아이보다 지능지수가 떨어지는 것이 아닙니다. 아이가 기거나, 잡고 일어서거나, 잡고 옆으로 걷는 모습 등을 관찰할 때는 속도가 빠른지 느린지 보아야 합니다. 아이를 기게 하거나 혼자 걷게 할 때는 아이 눈높이에 장난감을 보여주면서 유도하면 좀 더 쉽게 할 수 있습니다.

2세 무렵, 발달놀이를 즐겨 하라

16~20개월	• 손을 잡아주면 계단을 오르고 내릴 수 있다.
	• 손을 잡아주면 한 발을 올릴 수 있다.
19~23개월	• 공을 던질 수 있다.
	• 뒤로 걸을 수 있다.
	• 두 발로 제자리에서 점프할 수 있다.
20~30개월	• 혼자서 계단을 오르고 내릴 수 있다.
	• 마지막 계단에서 껑충 점프할 수 있다(낮은 계단).
	• 혼자서 한 발을 올리고 2초 정도 서 있을 수 있다.
	• 공을 힘 있게 찰 수 있다(미는 수준이 아니라).
	• 선을 따라서 일직선으로 걸어갈 수 있다.
24~36개월	• 줄을 의식하고 약간이라도 멀리뛰기를 할 수 있다.
	• 간단한 율동을 따라 할 수 있다('반짝반짝' 하는 손목 움직임 정도).

생후 16개월이 지나면 걸을 수 있기 때문에 놀이로 발달을 체크해야 합니다. 조심성이 너무 많은 엄마들은 혹시 아이가 다칠까 봐 발달놀이를 꺼려하기도 합니다. 그런데 소개한 검사는 검사인 동시에 발달을 향상시키는 놀이입니다. 할 수 있는가, 못 하는가를 점검할 수 있는 동시에 운동성을 향상시키는 효과가 있습니다. 아이 기분이 좋은 시간을 택하여 아이가 잘 못하더라도 많이 해주세요. 체크해야 할 발달 시기가 생후 20~30개월 정도로 범위가 넓은 것은 빠르면 20개월에도 할 수 있지만 30개월까지는 기다려달라는 의미입니다.

만 3세, 부족한 운동능력은 칭찬으로 격려

31~36개월	• 공을 힘주어 '뻥' 하고 찰 수 있다.
	• 다양한 율동을 따라 할 수 있다.
	• 박자를 맞출 수 있다.
	• 넓이뛰기를 할 수 있다.
	• 높이뛰기를 할 수 있다.
	• 까치발로 일자로 그은 줄을 따라 걸어갈 수 있다.
36~42개월	• 높이뛰기를 20cm 이상 할 수 있다.
	• 한 발을 들고 4초 이상 서 있을 수 있다.
	• 한 발로 뛰기를 할 수 있다.
	• 넓이뛰기를 매우 안정적인 자세로 60cm 이상 뛸 수 있다.

발달검사라고 하면 아이를 아프게 하거나 스트레스를 주는 것으로 생각하는데, 놀이를 하면서 발달을 점검해볼 수 있는 것이 발달검사입니다. 소아청소년과에서 발달검사를 하는 것이 어려운 이유는 발달검사하는 날 공교롭게도 아이 컨디션이 안 좋을 수도 있기 때문입니다. 그런 상황이면 당연히 결과가 제대로 나올 수 없습니다. 엄마가 미리 이런 발달놀이를 통해서 아이 수준을 알고 있으면 더 정확한 결과가 나올 수 있겠지요. 주의할 점은 안 되는 것을 되게 하려고 자꾸 시키지 말라는 것입니다. 안 되는 것을 자꾸 해보라고 하면 아이가 속상해합니다. 넓이뛰기를 했다가 잘 안 됐더라도 아이가 노력했다면 그 자체로 칭찬해주세요. "우와, 잘했어요"라고 격려도 많이 해주세요. 잘 못했더라도 엄마가 스킨십하며 칭찬을 많이 해주면 아이는 힘들어도 계속 노력하게 됩니다.

2세의 언어이해력, 모방과 지시를 따라야

14~16개월(비언어인지)	• 연필을 쥐고 낙서한다.
	• 컵 속의 물건을 찾는다.
	• 작은 통에 콩을 넣는다.
14~18개월(언어인지)	• 간단한 말귀를 알아듣는다.
	• 엄마, 맘마 등 한 마디라도 한다.
	• "바이 바이" "안녕" "사랑해요"라고 말하면 몸으로 표현한다.
	• 엄마 눈, 엄마 귀와 같은 소유격을 이해한다.
	• "이거 뭐야?" 하면 이름을 말하거나 몸으로 말할 수 있다.

엄마가 연필을 쥐고 낙서했을 때 아이가 모방을 잘할 수 있는지를 살펴봅니다. 아이가 보는 앞에서 두 개의 컵 중 하나의 컵에 작은 장난감을 넣고 찾아보게 합니다. 아이가 잘한다면 컵을 엎어놓고 장난감을 숨겨보세요. 이것도 잘한다면 엎어놓은 컵 속에 장난감을 숨기는 것을 보여 준 다음 한 번 정도 두 컵의 위치를 바꿔 찾아보게 합니다. 생후 14개월이 지나고 늦어도 18개월까지는 "가져오세요" 혹은 "갖다 놓으세요" 식의 간단한 지시어를 알아들어야 합니다. 그리고 '엄마, 아빠, 맘마' 같이 한 마디 정도는 할 수 있으면 좋습니다. 엄마가 "바이, 바이" 혹은 "안녕"을 했을 때 아이가 모방할 수 있습니다. 간혹 모방놀이를 싫어하는 아이는 따라 하지 않을 수도 있으니 걱정하지 마세요. 16~18개월이 되면 '엄마 코' '아빠 코'와 같은 소유격을 이해하기 시작하므로 이런 놀이를 많이 해주세요. 이 시기가 되면 아이가 유난히 좋아하는 장난감이 생깁니다. 흔히 시계, 기차, 자동차 등인데, 자기가 좋아하는 사물의 이름을 더 빨리 말할 수도 있습니

다. 아이에게 "이건 뭐야?"라고 물어봤을 때 '음메, 멍멍, 빠방' 등 어설프게라도 한 가지 사물 이름 정도는 이야기하면 좋습니다.

언어표현력보다 언어이해력으로 판단해야

16~24개월(비언어인지)	• 가로나 세로 중 하나라도 일직선으로 선을 모방한다.
	• 동그라미, 네모 퍼즐을 맞출 수 있다.
16~24개월(언어인지)	• 목적어를 구분해서 이해하고 행동한다.
	• 그림의 상황을 말로 하면 해당되는 그림을 찾을 수 있다.
	• 사물명 그림의 이름을 말하면 찾을 수 있다.
19~24개월(언어인지)	• "흔들지 마세요" 같은 부정어를 이해한다.
	• 눈, 코, 입 등 신체 부위 이름을 물으면 찾을 수 있다.
	• "눈 감으세요" 하면 동작어를 이해하고 따른다.
	• 물건을 보면 그 물건이 누구 것인지 소유자를 안다.

언어이해력이 필요 없는 놀이는 두 가지 정도의 모양을 구분하고, 동그라미, 네모 등 모양 퍼즐을 두 개 정도 할 수 있으면 좋겠습니다. 이 시기 정도가 되면 "엄마한테 가져다주세요" "아빠한테 가져다주세요" 식의 지시어에서 목적어를 구분하여 이해하고 행동할 수 있습니다. 좀 더 복잡하게 한다면 "딸기는 엄마한테 가져다주세요" "키위는 아빠한테 가져다주세요" 식으로 할 수도 있습니다. 상황을 듣고 그것에 맞는 그림을 찾을 수 있을 정도로 언어이해력이 증진되므로 "사자 어디 있어?" "호랑이 어디 있어?"보다는 "엄마 사자가 아기 사자를 안고 있는 그림 어디 있나요?" "호랑이가 물을 먹고 있는 그림 어디 있나요?" 식으로 물어주세요. 그림을 보고 사물

을 구별하는 질문은 시각적으로 판단하기 어려운 것을 해봅니다. 예를 들어 염소, 소 등을 찾아보게 합니다. 이 시기는 아이가 말을 못하더라도 눈치가 아니라 엄마의 말을 이해하고 행동하는지를 살펴보세요. 언어는 표현력보다 이해력이 더 중요합니다. 아이가 잘 이해한다면 아직 말이 트이지 않았더라도 걱정하지 마세요.

서서히 추상적인 개념도 이해해야

24~36개월(비언어인지)	• 동그라미를 그릴 수 있다. • 퍼즐을 5개 정도 맞출 수 있다.
24~36개월(언어인지)	• "똑같은 것을 찾아보세요"라는 말을 이해한다. • '장난감 컵 안에, 위에 놓으세요' 등 위치 단어를 이해한다. • '많다, 적다' '크다, 작다'의 개념을 이해한다. • 4가지 이상의 색 이름을 안다.
25~30개월(언어인지)	• "물이 없는 컵을 가져오세요"와 같은 부정적 상태를 이해한다. • '발에 신는 것' '종이를 자르는 것' 등 사물의 기능을 이해한다. • '컵과 사과'와 같이 두 가지 사물이 들어간 지시를 따를 수 있다. • 그림책을 보며 "곰돌이가 무엇을 보고 있어요?"라고 물으면 의문사에 대답할 수 있다.
31~36개월(언어인지)	• 어깨, 눈썹 등 세부적인 신체부위 이름을 이해한다. • 치약 뚜껑, 컵 손잡이 등 사물의 세부 부분을 이해한다. • '사과는 아빠에게, 딸기는 엄마에게' 등 두 가지 동작

- 이 들어간 지시를 따를 수 있다.
- '어떤 것이 더 무거워요?' 같은 무게 개념을 이해한다.
- '어떤 것이 더 길어요?' 같은 길이 개념을 이해한다.

생후 24개월이 지나면 웬만한 말은 다 알아들어야 합니다. 추상적인 개념도 조금씩 이해해야 합니다. 눈으로 똑같은 것을 아는 것과 똑같은 것을 이해하고 찾는 것은 다릅니다. 이해하는 것만 보지 말고 '똑같은 것', '다른 것'을 직접 찾아보게 하세요. '위에 놓으세요' '아래에 놓으세요' 등 약간의 위치 단어도 이해할 수 있으면 좋습니다. 많다, 적다, 크다, 작다, 길다, 짧다 등을 이해할 수 있는 언어놀이를 해주세요. 다른 것은 다 되는데 유독 색깔 이름을 모른다거나 많다, 적다 같은 양의 개념을 이해하지 못하는 아이들이 있습니다. 한 개 정도 안 된다고 걱정하지 마세요. 발달검사는 시험이 아닙니다. 아이가 한 개 정도 못한다고 하더라도 스트레스 받지 말고 여유를 갖고 좀 기다리면 됩니다. 아이가 모든 발달놀이를 못한다면 이런 경우에만 전문가의 상담을 받아보세요.

3세 이상, 엄마의 관심이 조기발견을 돕는다

30~42개월(비언어인지)	• 十자를 그릴 수 있다.
36~42개월(비언어인지)	• 네모를 그릴 수 있다.
	• 사람 얼굴을 동그랗게 그리고 눈, 코, 입 정도를 그려 넣을 수 있다.
36~42개월(언어인지)	• 스토리가 있는 책의 내용을 이해한다.
	• '똑같다' '다르다'의 개념을 이해한다.

> - 숫자를 5까지 셀 수 있다.
> - 놀이의 규칙을 이해할 수 있다.

이 시기가 되면 대부분 의사소통이 됩니다. 앞 페이지와 뒤 페이지의 이야기가 연결되는 스토리가 있는 책의 내용을 이해할 수도 있습니다. '다르다'는 개념 차이도 이해할 수 있습니다. 숫자를 조금 셀 수도 있습니다. "잔디밭이니깐 들어가면 안 돼요" "자동차는 찻길로만 다니는 거예요"라고 규칙을 말해주면 그 규칙을 이해할 줄 압니다. 규칙이 있는 놀이를 해주세요. 이러한 월령별 언어발달 놀이는 엄마가 의식하고 꾸준히 해주는 것이 필요합니다. 아이가 기거나, 걷거나 하는 운동발달은 특별히 검사하지 않아도 눈에 보이지만 언어이해력과 관련된 부분은 엄마가 해보지 않으면 알 수 없기 때문입니다. 아이가 말이 트이지 않았다고 하더라도 이해력은 계속 증진되고 있습니다. 말이 너무 늦다고 걱정만 하지 말고 아이의 언어이해력이 어느 정도인지 체크하는 것이 필요합니다.

행동발달, 아이의 기질을 판단하는 기준

> - 낯선 환경에 들어가서 새로운 환경을 적극적으로 탐구하는가?
> - 낯선 사람을 만났을 때 관심을 보이고 친밀감을 표현하는가?
> - 스트레스 상황에서 어떻게 반응하는가?
> - 극한 스트레스 상황에서 어떻게 반응하는가?

일반적으로 '운동발달'과 '행동발달'이라는 말을 혼용하는 경우가 많습니다. 행동발달은 낯선 환경에 들어갔을 때 아이가 어떻게 반응하는가를 말합니다. '어떤 상황에서 스트레스를 받는 가? 스트레스를 받았을 때 회피하는가? 엄마를 때리는가? 자신을 때리는가? 느러눕는가? 극한 스트레스 상황에서 어디까지 가는가?' 등입니다. 어떤 아이는 토하고 오줌을 싸기도 합니다. 어떤 아이는 울지만 어떤 아이는 전혀 울지 않습니다. 이런 낯선 환경에서의 아이 반응을 행동발달이라고 합니다. 행동발달은 아이의 기질을 이해하는 데 도움이 많이 됩니다. 위에 예시한 상황에서 아이가 어떻게 행동하는지를 관찰하고, 엄마가 알고 있는 것이 중요합니다. 아이가 지나치게 스트레스를 받는다면 그런 상황은 미리 알고 피하는 것이 좋습니다.

도움말_아기발달 전문가, 김수연아기발달연구소 김수연 소장님

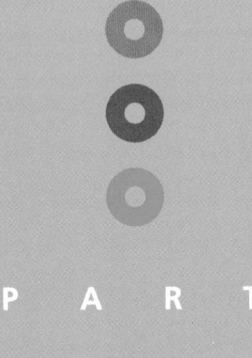

PART

04

아이 두뇌의 놀라운 비밀

바깥세상으로 나간 아이

나도 아이를 잘 키우고 싶다

 **부모 공감**

　　아이를 키운다는 것은 바이킹을 타는 것 같아요. 지금은 잘 지내지만 발음이 부정확한 큰아이가 1학년 때는 친구들과 어울리지 못해 속이 상했었죠. 유치원 때 한글을 배우지 않으려 했던 작은아이. 친구 없이 항상 혼자 노는 작은아이 때문에 마음고생을 하였답니다. 하지만 지금은 잘 지내고 있어요. 이렇게 바이킹 타듯이 올라갈 때가 있으면 내려올 때도 있는 것 같아요. 천천히 자기 행복을 추구하는 아이로 클 수 있다고 생각하면서 아이를 믿어요.

　　　　　　　　　　　　　　　　　　　　　　　　-2aimom2

 **〈60분 부모〉 공감**

　　자녀교육은 아이가 하는 것을 그저 가만히 지켜보는 것만으로도 시작됩니다. 기어 다니고 아장아장 걸어 다닐 때 부모가 나서서 길을 열어주는 것이 아니라 한 걸음 물러서서 아이를 지켜보는 자세가 필요합니다. 아이가 한 인간이 되기 위해서는 시행착오를 수없이 겪고 연습해야 하듯 부모 또한 진정한 부모가 되려면 그 시간을 아이와 함께한다는 마음으로 믿고 기다려 줘야 합니다.

01

아이 두뇌의
놀라운 비밀

아이 두뇌는 정말 스펀지일까

생후 31개월 된 남자아이 기준이는 한글을 모두 읽을 줄 알고 엄마, 아빠가 일부러 틀리게 쓴 한글은 고칠 줄도 안다. 22개월에 숫자를 10까지 셀 수 있기에 재미로 가르쳤더니 금세 100까지 세었고, 엄마가 불러주는 자장가를 따라 부르며 잠을 자지 않기에 구구단을 노래로 불러주었더니 5일 만에 외웠다. 그런데 기준 엄마는 이런 아이 모습이 마냥 좋지는 않다. 아이가 원하기에, 요구하기에 하나씩 늘렸지만 아직 숟가락질도 하기 어려울 만큼 작은 근육 발달이 늦고, 말이 유창하게 트인 것도 아니기 때문이다. 무엇보다 또래와 잘 어울리지 못한다. 누구는 영재교육을 받아보라고 하고, 누구는 발달검사를 받아봐야 하지 않느냐고 한다.

이 시기 아이는 우뇌의 기억력이 발달해 사진으로 찍듯 정보를 기억한다. 만 3세 때 천자문을 읽고, 구구단을 외우고, 영어 단어를 술술 말한다. 아이가 이러면 부모는 '혹시 우리 아이가 영재인가?'라고 생각하고 더욱 더 많은 정보를 아이에게 쏟아 넣는다. 하지만 이런 모습만으로 아이 지능이 높다고 단정 지을 수 없다. 확실히 기준이는 수용언어 발달_{언어이해력}이 좋은 편이다. 수용언어 발달이 좋다는 것은 어느 면에서는 지능이 좋다는 말도 되지만 그렇다고 기준이가 '한글을 안다'거나 '수학을 안다' 고 말할 수는 없다.

'안다'는 것은 '외운다'가 아니라 '이해한다'는 의미다. 한글을 안다면 아이는 단순히 읽을 줄만 아는 것이 아니라 창의적으로 표현할 줄 알아야 하고, 수학을 안다면 '길다, 짧다'의 비교와 도형, 분류 개념을 이해해야 한다. 기준이는 지금 제 또래에 비해 상당히 높은 수준이지만 영어나 수학을 제대로 알기는 어려운 나이다. 인간의 뇌는 연령별로 발달하는 부위가 다르기 때문이다.

그렇다면 인간의 뇌는 어떻게 발달할까? 인간의 뇌는 아래에서 위로, 앞에서 뒤로 발달한다. 인간의 뇌는 목뼈 위의 뇌줄기 부분을 1층으로 하여 총 3층으로 되어 있다. 목뼈 바로 위에는 '생명의 뇌'라고 하여 심장박동이나 혈압을 조절하는 등 생명을 주로 관장하는 뇌가 있다. 이것은 파충류에도 있다고 하여 '파충류의 뇌'라고도 한다. 이 뇌를 다치면 생명을 잃을 수도 있다.

그 위 2층에는 감성이나 감정과 관련된 '동물의 뇌'가 있다. 동물적인 본능, 즐거움과 관련된 뇌로 '감성의 뇌'라고도 한다. 그리고 가장 위층인 3층에는 '지성의 뇌' 또는 '지혜의 뇌'라고 하는 부위가 있다. 인간에게만 있는 '지성의 뇌'는 본능의 뇌를 적절히 조절하고 이성적으로 생각하게 한다. 흔히 공부를 잘하기 위해, 머리를 똑똑하게 하기 위해 투자하는 곳이 바로 3층의 뇌이다. 뇌는 아래층부터 차곡차곡 발달해야 위층의 뇌가 잘 발달할 수 있다. 건축으로 생각하면 3층집을 지을 때 1, 2층이 단단해야 3층을 제대로 지을 수 있는 것과 같은 이치다.

3층의 뇌는 뇌의 가장 바깥 부분, 즉 대뇌피질에 해당한다. 3층의 뇌발달은 앞에서 뒤로 진행된다. 앞부분은 전두엽, 중간부분은 두정엽·측두엽, 뒷부분은 후두엽이라고 한다. 0~3세에는 2층인 동물의 뇌가 가장 발달하고, 3~6세에는 전두엽, 6~12세에는 두정엽·측두엽, 12세 이상에는 후두엽이 차례로 발달한다. 전두엽은 종합적·창의적 사고, 인간성, 도덕성과 관련 있고, 측두엽은 국어, 영어 등 언어와 관련 있는 뇌 부위로 '언어의 뇌'라고도 한다. 두정엽은 입체, 공간인식 능력과 관련 있는 뇌 부위로 '과학의 뇌'라고도 하는데, 아이슈타인은 이 부위가 일반인보다 상당히 발달했다.

'지금 아이가 재능을 조금 보였으니 미리 공부해두면 어떨까?' 싶지만 이는 좋은 방법이 아니다. 뇌발달 시기에 맞춰 학습하면 뇌에 별 무리를 주지 않으면서 효과를 몇 배로 낼 수 있지만 발달 시기를 지나치게 선행하면, 즉 특정한 뇌 부위가 발달하기 전에 자극을 너무 많이 주면 뇌 회로가 망가져 이후 관련 뇌 부위의 발달에 문제가 생길 수도 있다.

만 3세 전에 오감각을 자극하라

아이 머리는 타고나는 것일까? 우리는 많은 순간 지능은 타고났다고 생각한다. 의사 집안에는 의사가, 판사 집안에는 판사가 많이 나오는 것을 보면 영 그른 말도 아닌 듯 보인다. 실제로 학자에 따라서는 지능의 50%는 유전적 요인, 즉 타고나는 것이라고 말한다. 그러나 아무리 유전적으로 좋은 지능을 타고났더라도 부모가 잠재력을 깨워주지 않으면 어느 순간 능력이 사라질 수 있다. 그래서 지능의 나머지 50%는 환경과 교육의 영향을 받는다고 한다.

두뇌에는 뇌 세포인 '뉴런'이라는 것이 있다. 뇌에는 뉴런이 약 1,000억 개 있는데, 뉴런은 서로 연결되어 있어야 제 기능을 발휘한다. 뉴런과 뉴런이 연결되는 돌기가 있고, 돌기와 돌기가 연결되는 연적부위가 있다. 연적부위는 서로 떨어져 있는데, 이 사이를 연결하는 것이 신경전달물질이다. 돌기는 전깃줄에 해당하고 신경전달물질은 전기라고 할 수 있다. 전깃줄도 플라스틱 피막이 있어야 합선이 안 되고 빠르게 전달된다.

뇌도 마찬가지다. 뇌는 지방질로 된 피막이 돌기를 감싸고 있다. 이 지방피막이 있으면 속도가 50~100배 정도 빨라진다. 지방피막이 쌓이는 것을 '수초화'라고 하는데 뇌 부위마다 수초화되는 시기가 다르다. 뇌의 특정부위가 수초화되는 시기에 자극을 주면 다른 시기에 자극을 주는 것보다 50~100배 정도 효율적인 결과를 얻을 수 있다. 적기교육이라는 말은 이런 의미에서 나왔다.

시냅스는 뉴런당 1,000개 내지 10만 개 정도 있는데, 지능은 이 시냅스의 수와 굵기에 따라 결정된다. 시냅스 관리를 잘하면 10만 개까지 올라가지만 방치하면 1,000개나 그 이하로 줄어들기도 한다. 생후 3개월 아이의 시냅스 모양은 상당히 엉성하다. 그러나 24개월이 되면 밀도가 아주 높아진다. 밀도가 가장 높아지는 시기는 36개월로, 필요한 시냅스의 150~200%까지 만들어 놓는다. 이후 시냅스 수는 서서히 조종되어 사춘기 무렵에는 100%, 즉 어른 수준으로 정착된다. 36개월 이후 필요 없는 시냅스는 가지를 쳐내고 필요한 시냅스만 강화해 굵고 튼튼하게 만든다.

시중에는 아이 두뇌발달, 지능계발에 도움이 된다는 교구들이 많다. 그림책도 지능계발을 위해 세분화되어 있고, 만 2세 전 아이를 위한 운동 프로그램, 통합놀이, 영어놀이에 음악놀이까지 있다. 그러다보니 만 2세도 안 된 아이가 학원에 다닌다. 하지만 이때는 집단으로 교육할 시기가 아니다. 만 2세 이전 교육은 엄마가 하는 것이 가장 좋다. 정보교류를 위해서라면 엄마와 함께 한두 개 정도는 다닐 수도 있다. 그렇지 않다면 굳이 돌이 갓 지난 아이가 사설 교육기관을 찾을 이유는 없다.

만 3세 이전에 가장 필요한 것은 '감정의 뇌'를 발달시키기 위한 오감자극이다. 0~3세는 시각, 청각, 감성 등의 감각들이 민감하게 발달하기 때문이다. 0~3세 시기에 아이 눈에 안대를 씌워두면 이후 안대를 벗기더라도 시각기능을 담당하는 뉴런이 발달하지 못해 앞을 못 본다. 시각능력에서 0~3세에 주어지는 자극이 중요한 이유는 이 때문이다. 청각은 그 시기에 들려주는 언어 관련 교육이라고 할 수 있다. 특히 모국어를 들려주는 교육은 2세 이전에 해야 한다. '늑대소년'은 8세가 되어서야 사람들과 함께 살게 되었다. 발견 직후부터 언어교육을 했지만 소년은 결국 인간의 말을 배우지 못했다. 언어를 인간의 말로 받아들이는 뉴런이 제대로 발달하지 못하고 망가졌기 때문이다.

감성이 민감하게 발달하는 시기는 생후 18개월 이전이다. 주양육자와 아이 사이에 형성되는 '애착'이 여기에 해당한다. 이 무렵 아이를 한없이 받아주고, 아이 요구에 민감하게 반응하고, 따뜻하게 스킨십해주는 것이 좋다. '아이를 무조건 사랑하는 것'은 이 시기 뇌발달을 위해 무엇보다 중요하다. 감성 발달이 완성되는 시기가 짧게는 생후 18개월, 길게는 만 3세라는 점을 잊어서는 안 된다.

만 1~5세는 음악·수학 교육 민감기인데 개념 정도만 가르쳐주어야 한다. 여기서 수학은 간단한 인지놀이 정도로 이해하면 된다. 길다·짧다, 많다·적다, 같은 것과 다른 것 분류하기, 동그라미·세모·네모 등 도형 개념 등이다. 이것은 간단한 듯 보이지만 나중에 본격적인 수학능력 발달에 도움이 될 수 있다.

수학도 숫자나 계산을 강조해서는 안 된다. 숫자는 그저 글자를 외우듯 기억만 할 것이고, 계산은 초등학교에서나 가능하기 때문에 아이에게 실패감만

감각발달의 민감기

시각	만 0~3세
청각	만 0~2세
말하기·읽기	만 0~10세
감성	만 0~1.5세
음악·수학	만 1~5세
운동능력	만 0~2세

줄 것이다. 음악도 갖가지 악기를 만져보고, 소리를 듣고, 음악에 맞춰 율동하는 정도로 접하게 한다.

    만 3세 전부터 글자나 숫자, 영어를 가르치는 인지발달에 집중하는 부모가 많다. 그것은 만 2세 전부터 아이를 밖에서 많이 놀게 해야 초등학교에 가서 사용할 운동의 잠재능력을 기를 수 있다는 사실을 모르기 때문이다. 아이가 걷기 시작하면 놀이터의 놀이기구도 많이 타보게 하고 신나게 뛰어놀게 해야 한다. 그래야 평생 쓸 운동감각을 기를 수 있다.

    그렇다면 오감을 자극한다는 것은 무슨 의미일까? 최대한 시각, 후각, 청각, 미각, 촉각을 함께 자극하는 것이다. 우리 뇌에는 감각을 자극하는 부위가 따로 있어 감각을 많이 자극하면 할수록 뇌를 더 많이 사용한다. 그래야 시냅스도 늘고 뇌발달에도 도움이 된다. 뇌발달을 위해 오감각을 자극하는 것은 비단 만 3세 이전에 국한되지 않는다.

    아이 놀이에서 오감각 자극을 예로 들어보자. 생후 3개월 이전 아이의 모빌은 기하학적인 무늬가 있으며 움직이는 것을 고른다. 감각자극을 좀 더 많이 하기 위해 멜로디가 나오는 것이 좋고, 향기가 난다면 더 좋다. 손으로 만졌을 때 다양한 촉감을 느낄 수 있도록 여러 가지 질감이 나는 것을 고른다. 생후 6개월 이전 아이는 파스텔톤을 보지 못하므로 아이 장난감은 빨강, 파랑, 노랑 등 원색으로 골라야 한다. 이 시기에는 엄마 옷도 시각 자극과 촉각 자극을 주는 장난감이므로 부드러운 원색 옷을 입는 것이 좋다.

학습이 아니라 놀이로 하라

수련 엄마는 만 24개월인 딸에게 홈스쿨을 시킨다. 한 단계 높은 것을 시키는데 아이는 그것마저 쉬운지 너무 빨리 해버린다. 발달이 빠른 편이라 돌 무렵 젓가락질을 하고, 만 2, 3세용 퍼즐을 맞췄다. 홈스쿨 선생님은 더 높은 단계를 시켜도 된다고 하지만 조기교육이 아이 뇌를 망칠 수도 있다는 말을 들어서 걱정된다. 제 월령에 맞추는 것이 좋을지, 단계를 더 높여야 할지 수련 엄마는 고민스럽기만 하다.

취학 전 아이의 학습은 모두 놀이로 이해하자. 아이가 놀이처럼 즐겁게 할 수 있다면 괜찮지만 조금이라도 스트레스를 받는다면 단계를 높이지 말아야 한다. 아이의 선호도를 거스른다면 뇌발달에 별로 도움이 되지 않는다. 한 단계 높은 것은 아이에게 성취감을 느끼게 해 뇌발달에 도움이 될 수 있다. 그러나 두 단계, 세 단계 높다면 신중해야 한다. 자기 수준보다 너무 어려워지면 아이는 좌절하거나 스트레스를 받을 수 있다.

스트레스를 받으면 '코르티솔'이라는 호르몬이 나와 집중력과 각성에 영향을 주는 '세로토닌'이라는 신경전달물질의 분비를 줄이고, 뉴런의 시냅스 숫자를 감소시킴으로써 뇌세포가 사멸하는 상태를 만든다. 조기교육에서는 엄마의 욕심 때문에 단계가 높아지면 높아질수록 아이 뇌가 나빠지는 쪽으로 갈 수 있다는 사실을 명심해야 한다.

> 태어난 지 18개월 된 남자아이 민혁이는 신나게 잘 놀기는 하는데 집중을 하지 못한다. 자기 놀이방에서 한참 놀기는 하는데, 있는 장난감을 모두 꺼내놓고 이것저것 대충 가지고 논다. 엄마 눈에는 한 장난감이나 놀이에 집중하지 못하는 것처럼 보인다. 아이 놀이가 학습이 되려면 놀이에도 집중해야 할 텐데 어떻게 하면 아이가 장난감을 가지고 제대로 놀 수 있을지 궁금하다.

생후 18개월에 집중할 수 있는 시간은 겨우 5분이다. 5분 정도 집중하면 아이는 다른 장난감을 가지고 놀게 되어 있다. 만 3세 이전의 아이를 둔 엄마는 종종 집중력을 걱정한다. 그런데 만 3세 전에는 집중력을 키워줄 수 없다. 집중력과 관련 있는 뇌 부위는 '이마엽'이라는 곳인데, 이곳이 한창 발달하는 시기는 만 5~6세이기 때문이다. 따라서 5~6세나 되어야 최고 30분까지 집중할 수 있다.

돌 전 아이는 2~3분, 생후 18개월이면 5분이 최고 집중시간이다. 이 시기 아이가 이것저것 꺼내놓고 잠깐씩 가지고 노는 것은 정상적인 행동이다. 어떤 아이는 꽤 오랫동안 장난감을 가지고 놀기도 하는데, 그것은 단지 그 장난감을 좋아하기 때문이다. 자기가 좋아하는 장난감으로 좋아하는 놀이를 하게 하면 아이는 장난감을 통해 성취감을 느끼기 때문에 조금 더 오랜 시간 집중하기도 한다. 그러므로 아이가 놀이를 할 때는 스스로 완성되었다고 생각할 때까지 기다려주어야 한다. 놀이 활동이라도 자신이 수행하던 것이 완성·성취되었다고 느끼면 '도파민'이라는 호르몬이 분비되어 아이가 더 의욕적으로 된다.

태어난 지 43개월 된 도원이는 그림 그리는 것을 무척 좋아한다. 그림 그리기라면 1시간도 집중한다. 전문가에게 물어보니 도원이 그림은 초등학교 저학년 수준이란다. 그림에 관심을 갖고 잘 그리는 것은 좋은데 엄마는 도원이가 다른 것에는 전혀 관심을 보이지 않아 무척 걱정된다. 그림책도, 숫자도, 아무리 재미있는 장난감도 전혀 관심이 없다. 이렇게 한 분야에만 집중해도 되는지 걱정이다.

    생후 43개월 정도면 아이는 자신이 원하는 것을 그릴 수 있다. 표현이 자유로워지고 창의력이 발달할 때다. 그런 의미에서 아이가 좋아하고 즐겨 한다면 깊이 있게 가르쳐도 좋다.

    수학이나 언어에 관심이 없다든지, 밖에서 노는 것에 관심이 없다든지, 외골수로 자랄 수 있으므로 아이가 좋아하는 것은 깊이 있게 가르쳐주되 다른 뇌발달도 골고루 될 수 있도록 부모가 신경 써야 한다.

    만 6세 이전에는 뇌를 골고루 발달시키는 것이 중요하다. 그런 의미에서는 어린이집이나 유치원에 가는 것이 아이에게 도움이 된다. 친구들과 같이 놀다보면 관심사가 조금은 분산될 수 있다. 운동발달도 중요한 시기이므로 밖에 나가거나 집단으로 노는 기회를 많이 만들어준다.

    그림을 통해 다른 영역에도 관심을 갖도록 유도할 수 있다. 숫자를 그리게 한다든지 숫자와 관련된 것을 그리게 한다. 아이가 잘 그렸을 때는 칭찬하는 것도 잊지 말자.

    아이 놀이는 두뇌발달, 신체발달과도 연관된다. 따라서 운동발달을 위한 학습이건 인지발달을 위한 학습이건 모든 학습은 놀이 형태여야 한다. 이런 이유로 영유아교육 현장에는 교과서가 없다. 아이 호기심에 따라 계획이나 스케줄이 달라진다. 부모는 아이 놀이가 특정 분야에만 국한되어 있으면 다른 분야로 확장될 수 있게 해주면 된다.

아이가 놀이에 좀 더 몰입하고 싶어 한다면 단계를 조금씩 높여 학습으로 연결해주면 된다. 아이의 놀이가 학습이라는 말을 오해해 아이 놀이 안에 엄마가 원하는 학습한글, 영어, 수학 등을 슬며시 끼워 넣으면 안 된다. 아이의 놀이는 부모가 유도하는 것이 아니라 아이가 주도해야 하며, 스스로 주도하는 놀이야말로 학습효과가 높음을 잊지 말자.

두뇌발달에 좋은 장난감, 그림책 고르기

부모는 한 번만 읽어주면 아이가 책 내용을 이해할 것이라고 생각하지만 아이는 10%도 못 알아듣는다. 따라서 2번, 3번, 10번, 20번을 읽어주어야 한다. 아이가 더 많이 반복해서 읽어달라고 조르는 것은 그 내용을 알기 위해서다. 어린아이는 배경 지식이 없기 때문에 한두 번 읽어서는 무슨 이야기인지 알기 어렵다. 아이는 반복해 읽으면서 배경 지식을 만들어간다.

그림책을 읽으며 무엇인가 알아가기 위해서라도 아이가 글자를 알아도 엄마, 아빠가 읽어주는 것이 좋다. 아이 혼자 읽는 것과 엄마, 아빠가 배경 지식을 넣어 읽어주는 것은 차이가 날 수밖에 없기 때문이다. 아이가 한 책에 집착하는 것 같으면 아주 비슷하지만 약간 다른 그림책을 읽어주어 조금씩 다른

Tip

두뇌발달에 맞는 월령별 놀잇감 선택

0~3개월 | 소리 나는 흑백 모빌, 멜로디 장난감, 가벼운 딸랑이, 색과 형태가 확실한 장난감 등

4~6개월 | 말랑말랑한 공, 북·탬버린 같은 악기, 오뚝이, 촉감 장난감 등

7~12개월 | 나팔, 바퀴 달린 미니 자동차, 망치 놀이, 공 등

13~18개월 | 두드리고 망치로 치는 장난감, 도형 끼우기, 놀람 장난감, 자동으로 움직이는 장난감 등

19~24개월 | 모방놀이, 블록, 소꿉장난용 놀잇감, 장난감 변기, 사물 그림책 등

만 3세 | 건반 악기, 그림카드, 색깔 찰흙 등

만 4~6세 | 나무나 플라스틱으로 된 블록, 병원놀이 세트, 손가락으로 칠하는 그림물감, 드럼, 주사위, 그네 등

책을 접할 기회를 만들어준다. 만 3~4세가 되어 규칙을 알게 되면 '이 그림책은 하루에 두 번만 읽는다'는 식으로 아이와 규칙을 정할 수도 있다.

부모는 한글을 가르치려고 아이에게 그림책을 사주기도 한다. 그림책을 많이 읽어주면 말문이 빨리 트이고 한글을 빨리 깨칠 것이라고 생각한다. 그러나 그림책의 주된 목적은 엄마, 아빠와의 상호작용이다. 아이는 엄마가 그림책을 읽어주는 소리를 들으며 청각을 발달시키고, 그림을 보며 시각을 발달시킨다. 그리고 피부로는 엄마의 숨결을 느끼며 말없이 감성적으로 교류한다. 또 그림책 내용을 물어보며 언어적인 의사소통을 한다.

그림책은 아빠가 정기적으로 읽어주는 것도 좋다. 아빠 숨결을 느끼면서 감성교류를 할 수 있는 수단으로 그림책만큼 좋은 것이 없다. 또 아빠와 엄마의 뇌 구조가 달라 아빠는 체계적이고 논리적인 반면 엄마는 감성적이고 언어적이다.

따라서 아빠가 책을 읽어주면 같은 책이라도 다른 감동과 정보를 얻을 수 있다. 하루에 30분 정도 잠들기 전에 그림책을 읽어주면 아빠와 관계도 좋아

지고, 아이의 수학적인 뇌나 과학적인 뇌의 발달에도 도움이 된다.

그렇다면 두뇌발달에 도움이 되는 그림책은 어떤 것일까? 신생아 시기에는 색깔을 보지 못한다. 빨간색, 노란색에 잘하면 초록색 정도를 볼 수 있다. 따라서 이때 그림책을 보여준다면 빨간색이나 검은색 위주로 된 책이 좋다.

아이 눈의 초점은 생후 6개월이 되어야 맞춰지므로 윤곽이 굵고 그림이 뚜렷한 책을 고른다. 그림은 세밀하기보다 단순한 도형이나 기하학적 모양이 있는 것이 좋다. 9개월쯤 되면 이마엽의 기억력이 많이 발달하기 때문에 '까꿍놀이'를 하기 위한 그림책을 한두 권 구입한다.

생후 12개월 전후로는 사물 그림책이 좋은데, 사진으로 된 것도 좋고, 세밀한 그림도 좋다. 자연을 입체적으로 볼 수 있는 시각이 완성되므로 실제적인 경험을 할 수 있는 그림도 구비한다.

생후 12~24개월에는 생활 그림책이 좋다. 씻기, 이 닦기나 잠자기, 옷 입기 등 아이의 생활과 밀접한 내용을 선택한다. 밖에 나가는 것을 좋아하므로 동물원, 놀이터, 교통수단 등의 그림책도 좋다.

만 3~4세가 되면 사실적인 그림과 내용을 좋아하므로 깊이 있는 그림책을 선택한다. 우주나 인체에 관한 과학 그림책도 좋다. 또 줄거리가 있는 것을 좋아한다. 연령발달에 맞춰 아이의 지적 호기심을 충족시키는 책을 보여주는 것이 중요하다.

아이의 두뇌발달에는 장난감도 중요하다. 장난감도 뇌발달에 맞춰 구입하면 효과를 몇 배 높일 수 있다. 장난감을 구입할 때는 첫째, 가능하면 오감을 모두 발달시킬 수 있는 것으로 고른다. 둘째, 정교하고 복잡한 것보다는 단순해서 상상력을 키워줄 수 있는 것이 좋다. 셋째, 일상적인 장난감이 좋다. 빈

화장품 용기, 주방도구, 빗자루 등은 장난감으로 상당히 효과적이다. 넷째, 항상 의사소통이 될 수 있는 장난감으로 고른다.

생후 3개월 이전 아이의 장난감은 소리가 나고 오감을 자극할 수 있는 것이 좋다. 4~6개월 때는 장난감을 잡아 입으로 가져가는 시기다. 이 시기에는 입으로 입체를 확인한다. 아이가 빨고 싶은 만큼 빨게 하는 것이 좋으므로 시각적으로 자극할 수 있고 입으로 가져가도 안전한 장난감을 준비한다. 평면보다는 입체적인 자극을 줄 수 있는 장난감이 좋다. 7~12개월이 되면 아이가 어렴풋이 원인과 결과를 파악할 수 있다. 리모콘과 같이 누르면 텔레비전이 켜진다거나 누르면 소리가 나는 전화기 장난감처럼 원인과 결과를 알 수 있는 것이 좋다.

생후 13~18개월에는 아이가 걷기 시작하므로 큰 근육, 작은 근육 운동발달을 도와줄 수 있는 장난감이 좋다. 블록이나 퍼즐, 각종 지퍼는 아이의 작은 근육 발달에 좋다. 끌고 다니는 장난감, 타는 장난감은 큰 근육 발달에 좋다.

생후 19~24개월에는 손 조작 능력이 향상되므로 이전보다 조각이 작은 블록을 준비한다. 이 시기에는 소꿉놀이 장난감이나 역할놀이 장난감에도 관심을 보인다.

만 3세 정도면 아이 스스로 자신을 표현할 수 있는 건반악기나 찰흙놀이 등이 적당하다. 만 4~6세가 되면 비로소 전문적인 미술교육, 음악교육을 시킬 수 있는데, 아이가 잘하고 좋아하는 놀잇감을 마련해주면 된다.

체험교육이 성장의 발판이다

언어 쪽으로 영재 판정을 받은 만 6세 은정이는 영어도 잘하고 한자도 잘한다. 은정이에게 "공부하는 데 어려운 것은 없어요?"라고 물으면 "아무것도 없어요"라고 자신 있게 대답한다. 생후 8개월에 우연치 않게 학습지를 접했는데, 연필을 어른처럼 잡는 것을 보고 깜짝 놀랐다. 학습지 교사의 권유로 학습지를 시켰는데, 학습지와 함께 온 교구들을 보더니 무척 좋아했다. 아이가 심심해할 때마다 비디오를 틀어주었는데, 18개월에는 비디오를 보며 한글을 떼었다. 엄마가 어떻게 도와주어야 아이 능력이 지속적으로 발달할까?

우리나라 영재들은 20~30년 지나면 대부분 영재성이 사라지고 만다. 그 이유는 과학영재라고 하면 과학적인 지식만 불어넣고, 언어영재라고 하면 언어적 지식에만 집중하기 때문이다. 뇌는 한 부위 발달에만 치중하면 망가진다. 뇌의 회로를 전깃줄이라고 할 때 정보가 감당할 수 없을 만큼 들어오면 과부하가 걸려 불이 나는 것과 같다. 뇌는 부위별로 다르지만 모두 연결되어 있다. 뇌는 너무 사용하지 않아도 망가지지만 너무 많이 사용해도 망가진다. 따라서 아이가 한쪽에 특출한 재능을 보인다고 해서 그것에만 집중하면 10~20년 후 오히려 특별한 재능을 잃을 수도 있다. 뇌는 전체적으로 발달시켜야 특별한 재능이 계속 유지된다.

은정이가 특별히 강요한 것도 아닌데 다른 아이들은 전혀 관심을 보이지 않을 때 관심을 보이고 집중하니 언어에 특별한 재능이 있는 것은 사실인 듯

하다. 언어는 단순한 단어 나열이 아니다. 언어를 빠르게 습득하고 인지기능이 다른 아이에 비해 비교적 빠르게 발달했지만 그것만으로 아이가 영재라고 말할 수는 없다. 하지만 아이마다 뇌가 달라 발달 속도도 다르지만 발달 부위의 순서도 달라질 수 있다. 유아기나 아동기 때는 아이의 뇌발달 순서나 속도가 다른 것을 보고 '영재'라고 오해하는 경우가 많다.

아이가 정말 영재인가 아닌가 알려면 아주 오랜 기간 살펴보아야 한다. 부모들은 '이렇게 살펴보는 동안 영재다운 능력이 사라지는 것은 아닐까?' 걱정한다. 아이가 보이는 특별한 재능을 인정하지 말라는 것이 아니다. 아이가 관심을 보이는 것은 도움을 요청하는 만큼 밀어주면서 다른 뇌 부위도 고루 발달시키기 위해 창의적 기능을 높이는 데 집중하라는 말이다. 진정한 영재는 일반지능이 뛰어나고 그중 특출한 지능이 있으며, 과제에 대한 동기부여가 뛰어나고 집중력과 집착력이 높다. 그리고 무엇보다 창의적 능력이 뛰어나다. 은정이는 아직 창의적 능력이 뛰어난 것처럼 보이지는 않는다.

아이의 창의적인 사고는 만 3~6세, 전두엽이 가장 발달하는 시기에 키워진다. 전두엽은 인간이 종합적인 사고, 창의적인 사고를 하게 하는 중요한 기관이다. 만 3~6세 경우 아이들은 매우 창의적이기 때문에 이 무렵에는 초등학교 때 배울 내용을 선행하여 국어나 수학을 배우는 것보다 다양한 창의적 사고를 할 수 있도록 도와주는 것에 집중해야 한다.

'창의력의 뇌'는 만 3~6세 사이에 급격하게 발달하지만 창의력의 기본이 되는 자발성에는 생후 36개월 전부터 관심을 가져야 한다. 자발성은 자기 스스로 하려는 것, 남의 눈치를 보지 않고 자기 스스로 표현하는 것을 말한다. 이러한 자발성은 창의력의 자양분이 된다. 그런 의미에서 큰 종이에 크레파스로 그림을 그리는 것은 자기를 표현하게 하고 자율적으로 이뤄지기 때문에 나중에 창의적인 뇌가 발달하는 데 상당히 도움이 된다.

장난감은 가능한 한 단순한 것을 준다. 정교하고 이미 만들어진 장난감은 자기 생각을 발휘하는 데 한계가 있다. 크레파스, 물감, 색연필 등 다양한 도구를 이용해 자기 생각을 표현해보게 한다. 그림뿐만 아니라 몸짓, 음악에 맞춰 자기를 표현하게 하거나 다양한 조립, 쌓기 장난감도 창의적인 뇌를 발달시키는 데 도움이 된다.

> **Tip**
>
> ### 창의력을 풍부하게 해주는 놀이
>
> - 마커, 크레용, 크레파스, 연필, 붓 등으로 자유롭게 표현하기
> - 언어, 몸짓, 만들기, 표정 짓기, 춤추기, 노래나 악기연주 등 다양하게 표현하기
> - 신체놀이, 블록놀이, 역할놀이, 흙놀이, 물놀이 등 다양하게 경험하기

창의적인 놀이만큼 창의력의 뇌를 발달시키는 데 중요한 것이 있다. 그것은 바로 아이가 직접 보고, 만지고, 냄새 맡고, 듣고, 느끼게 하는 체험교육이다. 만 3~6세에 체험한 것, 경험한 것은 아이가 살아가면서 필요한 창의성을 발휘하는 밑바탕이 된다. 이 시기 아이가 직접 경험하는 것을 좋아하는 이유는 사실과 사실이 아닌 것에 관심이 많기 때문이다. 사실적인 사물, 동물, 경험을 많이 하게 하여 아이 궁금증에 답해주는 것이 필요하다.

체험이나 경험이라고 하면 너무 거창한 것을 떠올리지만 쉽게 생각하자. 베란다에 콩을 심고 그것이 자라는 과정을 지켜보는 것도 체험이다. 직접 꽃을 키워보는 것도 경험이다. 가까운 운동장에 나가 기어 다니는 개미를 따라가는 것도 경험이다. 나팔꽃 잎을 만져보고, 강아지를 안아보는 것도 경험이다. 휴일에 아빠와 뒷동산에 함께 오르는 것도 좋은 경험이다.

물론 간단한 과학실험을 하고, 비행기나 배, 버스를 타고 여행을 가고, 박물관이나 동물원 등에 자주 갈 수 있으면 더 좋다. 아이는 책이나 비디오로 본 것보다 온몸으로 직접 느낀 것을 더 오래 기억하고, 그 안에서 창의적인 생각을 할 수 있다는 사실을 잊지 말자. 더럽다, 번거롭다, 위험하다, 시간이 없다는 등의 이유로 아이의 창의력이 놀랍도록 향상되는 시간을 허비하지 않도록 노력해야 한다.

두뇌발달과 관련하여 잘못된 상식 가운데 하나가 바로 생후 36개월에서 만 6세 사이에 두뇌발달이 거의 끝난다고 하는 것이다. 이것은 뉴런 안 시냅스 상황을 생각하면 일부 맞는 말이지만 두뇌발달에는 시냅스 숫자뿐만 아니라 굵기도 중요하다는 점을 생각하면 완전히 맞는 말도 아니다. 사람의 발달에는 두 가지 개념이 있다. 하나는 '경험 기대적 발달'이고 또 하나는 '경험 의존적 발달'이다. 시각, 청각, 촉각, 운동신경 등은 부모가 굳이 자극을 주지 않아도 눈에 안대를 채워놓지 않는 한 일상생활만으로 충분히 발달한다. 물론 자극을 주면 더 발달할 수 있지만 20~50% 정도 높아질 뿐이다. 이러한 발달은 자극을 많이 줘도 높아지는 데 한계가 있다는 말이다.

그런데 경험 의존적 발달은 다르다. 수영, 피겨스케이팅, 바둑, 테니스, 음악, 미술은 경험 의존적 발달에 해당한다. 이것은 만 6세 이후 시냅스 숫자가 결정된 후에도 계속 발달하고 오히려 시냅스를 새로 생성시키며 발달한다. 일정한 시간이 지나면 시냅스의 생성률이 떨어진다. 하지만 경험은 거의 결정된 두뇌발달까지 변화시키는 기능을 한다. 유아기나 아동기의 경험이 중요한 것은 이 때문이다.

02 바깥세상으로 나간 아이

또래관계, 어떻게 시작할까

한 집에서 아이를 하나나 둘밖에 낳지 않으면서 요즘 엄마들은 아이가 사회성이 떨어지면 어떻게 하나? 남과 잘 어울리지 못하면 어쩌나? 하는 고민을 많이 한다. '왕따'나 '은둔형 외톨이'가 사회문제로 떠오르면서 아이가 조금만 또래들과 어울리지 못해도 걱정이 이만저만이 아니다.

하지만 엄마가 보기에 또래와 잘 논다고 생각되려면 아이가 만 3세나 만 4세는 되어야 한다. 보통 만 2세 아이는 다른 아이의 놀이를 쳐다보거나 혼자서 노는 '단독놀이'를 한다. 같은 공간에 있지만 한 아이는 퍼즐을 가지고 놀고 다른 아이는 블록을 가지고 노는 것이다. 만 2세 반이 지나면 조금 가까이에서 논다. 나란히 앉아 있지만 독립적으로 '병행놀이'를 한다. 함께 모래놀이를 하지만 한 아이는 모래를 파는 놀이를 하고 다른 아이는 모래로 성을 만드는 놀이를 한다.

만 3~4세가 되면 드디어 아이는 또래와 상호작용을 한다. 또래에게 놀잇감을 빌려주기도 하고 하나씩 나누어 갖기도 한다. 함께 어울려 노는 '연합놀이'를 할 수 있다.

만 5~6세가 되면 리더를 한 명 두고 공동목표를 위한 놀이를 할 수 있다. 이 놀이를 '협동놀이'라고 한다 파튼 Parten, 1932. 아이는 연령이 증가할수록 단독놀이나 병행놀이는 줄어들고 연합놀이와 협동놀이가 느는 경향을 보인다.

아이는 생후 6개월만 되어도 또래에게 미소 짓고 만지는 행동 등을 한다. 18개월이 되면 또래를 만지거나 따라다니고 무언가 주는 등 약한 상호작용을 보이지만 이 시기 아이는 엄마와 있을 때보다 또래와 있을 때 더 적극적이고 재미있게 논다. 만 2세가 되면 단독놀이든 병행놀이든 아이는 또래에 관심을 더 많이 보인다.

그런데 이 시기 아이가 또래에게 스스럼없이 다가가고 잘 어울려 노는 것은 부모 애착과 관련 있다는 연구보고가 많다. 부모와 안정된 애착을 형성한 아이는 불안정한 애착을 형성한 아이에 비해 더 사교적이고 또래 사이에서 인기도 높은 것으로 나타났다. 부모가 세심하게 반응하는 양육이 아이의 사회성 발달에도 긍정적인 영향을 미친다는 말이다. 만 4세까지는 또래와 어울리면서도 엄마, 아빠의 관심과 인정이 더 중요하다.

> 만 5세 된 영한이는 친구와 한두 시간만 놀아도 7~8번 싸운다. 1년 전만 해도 저보다 작은 아이한테 맞고 울었는데 얼마 전 이사한 뒤부터 달라졌다. 잘 놀다가도 친구가 자기 장난감에 손만 대면 화내며 운다. 그리고 장난감을 빼앗으려고 놀러오는 아이들마다 때리고 싸운다. 하루에 한 번은 이웃집 아이들이 놀러오는데 영한이가 자꾸 문제를 일으키니 엄마가 난처해지는 일이 한두 번이 아니다. 유치원에서는 남자아이는 크면서 자주 그런다며 예민하게 받아들이지 말라고 하지만 초등학교 가서도 그럴까 봐 걱정된다.

엄마들은 흔히 많은 아이들과 어울리면 아이의 사회성이 좋아질 거라고 생각하지만 꼭 그렇지는 않다. 영한이가 친구와 싸우는 상황을 보니 아이가 뭔가 스트레스를 받는 것 같다. 새로운 유치원, 새로운 집. 이사 온 뒤 일주일에 한두 번씩 오던 친구들이 지금은 매일 온다. 엄마는 영한이가 공격적이라고 했지만 영한이는 자기 장난감 몇 개만 가지고 놀았고, 자기가 주로 가지고 노는 것 외에는 다른 친구들이 자기 장난감을 만져도 화내지 않았다.

그런데 마침 자기가 가지고 노는 장난감을 뺏기면 울었다. 그리고 영한이가 먼저 때리지도 않았다. 이 시기 아이는 자신을 나쁜 별명으로 부르는 것을 무척 싫어하는데, 알고 보니 장난감을 뺏은 친구는 영한이에게 '괴물'이라며 놀렸다. 분명히 영한이가 화날 수밖에 없는 상황이다. 이때 친구에게 장난감을 양보하라고 하는 건 영한이를 너무 비참하게 만드는 행동이다.

아이의 또래관계에 집착하다보면 내 아이 잘못이 아닌데도 손님이라는 이유만으로 내 아이만 혼내게 되는 경우가 많다. 우리 집에 놀러온 손님에게는 무조건 잘해줘야 한다는 접대문화 때문이겠지만 이런 경우 속상해하는 아이를 안아주고 다독거려야 한다. 상대방 아이를 혼내라는 것이 아니다. 일단 내 아이의 마음을 알아주라는 것이다. 자주 어울리면 사회성이 좋아진다는 논리대로라면 모든 아이를 종일반에 보내는 것이 옳다. 그러나 아침부터 저녁 늦게까지 어린이집이나 유치원에서 지내는 아이는 오히려 부작용이 나타나는 경우가 종종 있다.

아이가 어릴수록 가장 중요한 것은 주양육자와의 애착관계이다. 영한이는 지금 엄마 이외의 사람과 조금씩 사회관계를 맺기 시작했지만 여전히 중요한 것은 엄마와의 관계이다. 사회성을 키우는 데는 지금 유치원에 가는 시간 정도면 충분하다. 유치원에 가면 어떤 아이라도 행동을 조금은 자제해야 한다. 떼쓰고 싶다고 떼쓰고, 먹고 싶다고 먹을 수 없다. 자제한다는 것은 긴장한다는 뜻이다.

유치원에서 긴장했다가 집에 와서는 자기가 가장 편안하게 생각하는 엄마와 편히 보내면서 회복해야 하는데 매일 친구들이 오기 때문에 영한이는 집에 와서도 긴장이 계속된다. 양보해야 하고, 나눠주어야 하고, 울고 싶어도 울면 안 되는 것은 유치원에서의 긴장 상황과 크게 다르지 않다.

영한이가 긴장을 풀고 좀 더 편안히 쉴 수 있게 하려면 집에 친구들이 찾아오는 시간을 줄여야 한다. 엄마와 보내는 시간이 길어지면 영한이는 이전처럼 행동할 것이다.

아이는 만 3~5세가 되면 자의식이나 소유개념이 생기는데 이때 또래와 놀면서 많이 부딪친다. 공격적인 행동도 70~80%의 아이가 보이므로 지금은 문제가 안 된다. 하지만 이 시기를 잘 넘기지 못하면 초등학교에 가서도 공격적인 행동을 보이게 된다.

초등학교 입학 후 공격적인 행동을 보이는 아이는 전체의 10%로 줄어든다. 따라서 그런 아이는 유치원에서처럼 이해받는 것이 아니라 지적받고 혼난다. 또래들이 싫어하는 것은 물론이다. 그러므로 지금부터 아이의 공격적인 행동을 잘 관리해야 한다.

아이들이 함께 놀 때마다 싸운다면 엄마들끼리 규칙을 정하는 것이 좋다. 예를 들어 '때리면 무조건 안 된다'는 규칙을 정하고 그것을 어긴 아이에게는 적절한 벌을 준다. 그리고 항상 장난감을 가지고 싸운다면 친구네 집에 가서 그 친구 장난감을 가지고 놀 때는 반드시 친구에게 물어보고 가지고 놀자고 약속한다.

또 친구 집에 갈 때 자기 장난감을 몇 개 가지고 가는 것도 좋은 방법이다. 처음에는 잘 안 되겠지만 엄마들이 비슷한 기준을 가지고 아이들을 대하면 생각보다 빨리 규칙을 받아들인다.

새로운 세상에 눈뜨게 하라

태어난 지 24개월 된 여자아이 지현이를 키우는 은주 씨는 결혼한 후 지방으로 내려와 생활하다보니 아는 사람이 없어 집에서만 지낸다. 예전에는 활발하고 적극적이었는데 집에서 아이하고만 있으려니 너무 답답해서 쓸데없이 아이에게 화를 낼 때가 많다. 지현이도 심심한지 손가락을 빨고, 징징거리고, 떼가 많이 늘었다. 주변에서는 생후 36개월까지는 엄마와의 애착이 무엇보다 중요하

> 니 상황이 된다면 어디 보내지 말고 엄마가 키우라고 하지만 요즘 은주 씨는 늘어가는 아이의 떼와 엄마라는 부담감 때문에 너무 힘들다.

주변에 아는 사람이 하나도 없고 놀러갈 친척집이나 이웃집 없이 지내기란 너무 힘들다. 아이가 이제 몇 마디 말을 할 줄 알게 되었다고 해도 엄마는 답답하다. 아이 또한 엄마한테 자기 상황을 설명하지 못해 그저 손가락 빠는 행동으로 기분을 표현하지만 지현이도 심심해서 터지기 일보직전이다. 이 시기 아이는 낮에는 밖에서 지내는 시간이 더 길어야 한다. 따라서 인지발달에 문제가 없다면 아이에게 새로운 세상을 보여주기 위해서라도 놀이방이나 어린이집에 보내는 것이 좋다. 만 3세까지 엄마와의 애착은 대단히 중요하다. 하지만 그것이 만 3세까지 엄마와 아이가 24시간 붙어 있어야 한다는 말은 아니다.

놀이방이나 어린이집은 단순히 엄마가 숨통을 트기 위해 아이를 맡기는 곳이 아니다. 아이는 어린이집이라는 새로운 환경에서 또래나 언니, 오빠를 만나면서 자연스럽게 모방학습을 할 수 있고, 일상생활 훈련도 할 수 있다. 또 그 또래에게 필요한 발달자극을 다양하게 받는다. 하루 1~2시간만 보내도 좋고, 엄마가 조금 쉬고 싶다면 4시간 정도 보내도 좋다.

그렇다면 문화센터는 어떨까? 문화센터는 아이가 스트레스를 풀러 가는 놀이터이고, 어린이집은 전인발달을 위한 곳이다. 문화센터에서 아이는 일주일에 30분~1시간 동안 많은 아이들과 만난다. 그런데 아이는 또래가 옷만 바꿔 입고 와도 몰라본다. 놀이방이나 어린이집은 매일 일정 시간 동안 아이들을 만나기 때문에 또래 친구를 사귀면서 사회성을 발달시키고 그들을 통해 다양한 경험을 하게 된다.

어린이집을 보내려고 결정했다면 집 주변에 있는 어린이집을 10곳 이상 살펴보아야 한다. 서울시 보육포털서비스 iseoul.seoul.go.kr 나 중앙보육정보센터 www.educare.or.kr를 검색하면 우리 동네 어린이집을 검색할 수 있다. 어린이집 원장님을 만나보고, 아이의 발달특성을 설명하고, 어린이집 시설을 꼼꼼히 둘러보고 기록해야 한다. 주방을 보여 달라고 요청하여 냉장고 문도 열어보고, 돈을 내고라도 식사시간에 밥도 한 번 먹어보며 위생과 안전을 꼼꼼히 살펴야 한다. 이러한 것을 극성을 부린다며 눈살을 찌푸리는 곳이라면 아이를 보내지 않는 것이 좋다. 오히려 엄마 요구를 흔쾌히 들어주고 기특하다고 말해주는 곳에 보내야 한다.

어린이집은 믿고 맡길 수 있는 장소에 아이들이 모여 있고 장난감만 있으면 그 속에서 저절로 학습이 일어나므로 프로그램에 집착할 필요가 없다. 평가인증을 받았는지도 알아본다. 어디를 보내야 할지 집 안에 앉아서 막연히 생각하면 감이 잡히지 않는다. 일단 찾아 다녀보면 차이를 느낄 수 있다.

보낼 곳이 정해졌다면 빨리 등록한다. 다녀보면 알겠지만 마음에 드는 곳은 대부분 정원이 차서 1~2년 기다려야 한다. 따라서 좋은 어린이집을 고르려면 아이를 어린이집에 보내려는 시점에서 최소 1~2년 전에는 신청해두자.

어린이집에 보낼 때는 아이를 놀게 하고 몰래 나와서는 안 된다. 아이에게 인사하고 "여기에서 기다리면 엄마가 데리러 올게" 하고 인사한 뒤 나온다. 그리고 아이가 처음 한두 시간 잘 기다렸다면 "기다려줘서 고마워"라고 꼭 말한다. 아이가 어린이집에 적응하는 시간은 최소 2주 정도 잡는 것이 좋다.

첫 주는 엄마와 함께 수업을 들어도 좋다.

어린이집은 처음에 잘 적응시켜야지 그렇지 않으면 분리불안이 생겨 엄마랑 잘 떨어지지 않는 증상이 생긴다. 최대한 천천히 아이에게 스트레스를 주지 않으면서 적응시켜야 한다. 이렇게 아이를 어린이집에 보낼 수 있다면 엄마 우울증도 해결되고 아이 발달에도 도움이 된다.

Tip

좋은 어린이집 선정 기준

— 열악함 O 나쁘지 않음 +만족함 ++매우 만족함

기관명 10곳	1	2	3	4	5	6	7	8	9	10
평가인증										
원장님의 육아철학										
선생님 만족도(이직률)										
냉장고, 부엌, 화장실 (위생관리)										
음식										
교사 1인당 아이들 수										
프로그램										
기타(비용, 거리 등)										

※ 어린이집을 열 곳 정도 방문하여 장단점을 각각 체크할 때 이 표를 이용하면 어린이집을 비교하기가 쉬워진다.

아이의 탐험과정을 지켜봐라

작년에 영재 가능성 판정을 받은 초등학교 4학년 혁수는 요즘 녹각영지버섯을 키우느라 정신이 없다. 하루에도 몇 번씩 버섯을 들여다보며 관찰하고 사진을 찍는다. 버섯에 관심이 많아 석 달 전부터 시작한 관찰학습은 이제 거의 마무리 단계다. 20~30장의 제법 두꺼운 연구보고서도 완성되어간다. 그동안 살펴본 것은 느타리버섯, 표고버섯, 녹각영지버섯. 매일 사진을 찍고 관찰일기를 쓴다. 혁수 엄마는 하얀 점이 어느새 버섯으로 자란 것이 신기하여 아들에게 질문하고, 아들은 제법 전문가처럼 버섯의 성장과정을 설명한다. 혁수는 지금 과학영재로 수업을 받고 있다. 얼마 전 혁수의 동생 여덟 살 민수도 영재 가능성 판정을 받았다.

두 아이를 모두 영재로 키우는 혁수 엄마에게는 특별한 교육법이 있지 않을까? 그런데 혁수의 어린 시절은 또래와 별로 다르지 않았다. 게다가 만 2세만 넘으면 시킨다는 사교육을 하나도 시키지 않았다. 지금도 영재 가능성 판정 뒤 받는 영재수업 이외에 다른 곳은 다니지 않는다.

그렇다면 혁수는 날 때부터 특별하지 않았을까? 엄마가 기억하기론 두 돌쯤 그리기를 무척 좋아했다. 특히 사물 그림 그리기를 좋아했는데 보이지 않는 면까지 함께 그려냈다. 그래서 그저 '아이가 좀 영민하구나' 하는 생각이 들 정도였다.

엄마는 학원이나 놀이센터에 가기보다 아이를 데리고 외출을 많이 했다.

아이가 사물 그리기에 관심이 많은 것은 그림에 대한 관심이라기보다 사물에 대한 관심으로 이해했기 때문이다. 그래서 산책을 자주 하면서 아이에게 더 많은 사물을 보여주고 함께 얘기를 많이 나누었다. 한때는 클래식에 심취하기에 아이가 들을 수 있는 클래식이 있으면 같이 들어보고 음악회에도 데려갔다.

혁수 엄마는 남다른 교육방법이 있다기보다 그때그때 아이가 보이는 흥미나 관심사를 따르려고 노력했다. 아이를 세심히 지켜보면서 어떤 것에 흥미를 보이면 아이 눈높이에서 무엇이 더 필요한지 생각했다. 엄마는 아이가 가려는 방향으로 함께 걸어가면서 아이가 손을 내밀 때 그 손을 잡아준 것뿐이다.

혁수를 본 전문가는 영재 가능성을 매우 높게 평가하며 "혁수는 호기심이 많고 동기부여가 뛰어나다보니 사물에 대한 집중력이 아주 높다. 또 일반적 관심사가 다양하다. 일반 지능도 평균 이상이고, 창의성도 높은 것으로 보인다"라고 말했다. 아울러 엄마의 교육방법도 칭찬했다. 혁수의 꿈은 '생명과학자'가 되는 것이다. 미생물학과 세균에 관심이 많아 백신 만드는 일을 하고 싶단다.

숙제하라고 혼내지 않으면 책상에 절대 앉지 않는 또래에 비해 자기가 좋아하는 분야의 책을 즐겨 읽고, 자기 생각을 잘 발표한다는 혁수. 혁수에게는 유전적인 요인도 있었겠지만 영재성을 깨워주고 자극해주지 않으면 보통 사람과 똑같이 자랄 수도 있기에 혁수 엄마가 대단하게 여겨진다. 하지만 그녀가 알려준 교육방법은 의외로 간단하다. 아이가 하는 것을 그저 가만히 '지켜보는 것'. 아이 교육은 많은 순간 거기에서 시작된다. 기어 다니고 아장아장 걸어 다닐 때 부모가 나서서 길을 열어주는 것이 아니라 한 걸음 물러서서 아이를 지켜보는 자세가 필요하다. 아이의 모든 활동은 호기심을 충족하기 위한 것이고 이로써 아이는 운동발달과 인지발달을 하기 때문이다.

항상 공부하는 엄마가 되어라

생후 9개월 된 여자아이 아영이는 이유식은 먹지 않고 모유만 먹으려 한다. 모유 먹는 아이는 6개월이 지나면 철분이 부족하기 때문에 반드시 이유식을 해야 하고 고기도 잘 먹여야 한다는 것을 아영 엄마는 알고 있다. 그런데 아영이가 먹어야 말이지. 아영이는 한두 숟가락 받아먹고는 그만이다. 그러면 엄마는 어쩔 수 없이 모유를 먹인다. 아이를 굶길 수는 없으니까 말이다.

이유식을 먹지 않는 아이는 모유 양을 줄이면 이유식을 잘 받아먹는다. 그런데 엄마는 밤에 자다 깨서 젖을 먹고 싶어 칭얼대는 아이를 그냥 보아 넘기지 못한다. 그래서 물리다보니 이유식을 안 먹게 되는 것이다. 이유식은 유아식 전 단계로 이유식을 잘 안 먹는 아이는 유아식도 잘 먹지 않을 수 있고, 그렇게 되면 유아기 전반의 성장에 영향을 준다. 전문가의 설명을 들은 엄마가 절실한 심정으로 밤중 수유를 끊었더니 거짓말처럼 아영이는 이유식을 맛있게 먹었다.

이제 첫 돌이 된 남자아이 건표는 기지 않는다. 다른 아이들은 생후 12개월 전후면 걷는다는데 건표는 길 생각도 하지 않는다. 엄마는 건표가 기게 하려고 틈만 나면 엎어둔다. 그럴 때마다 건표는 세상이 떠나가라고 운다. 발달검사기관에서는 인지발달은 정상이니 그냥 엎어두라는데 건표 울음소리를 듣는 것이 엄마는 너무 힘들다.

아이가 잘 기지 않는 경우 울더라도 2주만 엎어두면 기게 된다. 건표 엄마도 그 사실을 알고 있었으나 당차게 실행하지 못했다. 이유는 아이 울음소리 때문이었다. 엄마는 아이가 우는 것 자체를 못 견뎠다. 우는 아이를 그냥 두면 마음이 불안했다.

그런데 아이가 기지 않게 되면 잡고 일어서는 것도, 걷는 것도, 그 후의 운동발달에도 영향을 미칠 수 있다. 건표 엄마는 모질게 마음먹고 울더라도 건표를 엎어두었다. 건표는 2주도 채 되지 않아 기게 되었다. 물론 처음에는 건표가 아주 많이 울었다.

태어난 지 14개월 만에 기기 시작한 여자아이 은채는 외가, 친가 그리고 은채네 집에서 유일한 아이였다. 어렸을 때부터 온 집안의 사랑을 독차지해 내내 안겨서만 자랐다. 혹 뒤집다가 다칠까 봐 안고, 운다고 안고, 예쁘다고 안고……. 그런데 그런 은채가 생후 20개월이 되었는데 혼자 걷지 못했다. 손을 잡아주면 몇 걸음 걷기는 했지만 이내 넘어졌다. 뒤늦게 발달검사를 받은 엄마는 은채가 소아물리치료를 받아야 걸을 수 있다는 청천벽력 같은 소리를 들었다.

안고만 있는 것이 아이의 운동발달을 늦출 수도 있다는 말은 모든 아이에게 적용되는 것은 아니다. 운동발달을 좋게 타고난 아이는 안고만 있어도 틈만 나면 기고, 잡고, 서고, 걸어 다닌다.

하지만 운동발달을 늦게 타고난 아이는 기어 다닐 기회가 충분하지 않으면 운동발달이 늦어지기도 한다. 아이를 안고만 있는 이유를 물으면 많은 부모가 아이가 다칠까 봐 겁이 나서라고 대답한다. 가족이 모두 지나치게 애지중지하다보니 아이가 조금이라도 불안한 상황에 놓이는 것을 못 견뎌 그런 경우도 많다.

생후 16개월부터 어린이집에 다닌 영주는 지금 38개월이 되었다. 어린이집에서는 잘 적응한다는데, 집에 온 영주의 행동은 많이 다르다. 동생이 태어나면서 안쓰러운 마음에 떼를 너무 받아주어서인지 짜증을 많이 내고 예민하게 군다. 자기가 하고 싶은 것은 무엇이든 해야 하고 그렇지 않으면 하루 종일 울기도 한다.

어린이집에서 문제가 없는 아이가 집에서만 고집을 피운다면 관심받고자 하는 아이의 기질과 무엇이든 들어주는 엄마의 양육태도가 합쳐진 결과인 경우가 많다. 이때 할 수 있는 것과 할 수 없는 것을 정확하게 하고, 엄마가 떼쓰는 것을 용납할 수 없다는 태도를 단호하게 보여주면 떼가 수그러든다.

엄마들은 아이가 태어나면서 자라는 순간순간, 문제가 발생할 때마다 어른들의 말씀처럼 "시간이 지나면 나아지겠지"라는 말을 믿고 참고 견딘다.

하지만 생후 9개월부터 38개월까지 월령이 바뀔 때마다 새 문제가 생긴다. 그런데 이렇게 육아에 대한 문제가 발생할 때마다 엄마들은 힘들어하지만 의외로 그 문제의 답을 이미 알고 있는 경우가 많다. 요즘 엄마들은 육아 예습을 많이 하는 편이라 이유식을 어떻게 먹여야 하는지, 아이와 어떻게 놀아야 하는지, 떼를 부릴 때 어떻게 해야 하는지 대강 안다. 그러나 막상 닥치면 머리가 하얗게 된다. 원칙대로 하면 모진 엄마 같고, 못된 엄마같이 느껴진다. 엄마가 항상 공부해야 하는 것은 이 때문이다.

어떤 전문가는 엄마가 아빠에 비해 자신과 아이를 분리해 생각하기 힘들다고 한다. 그런 이유 때문인지 엄마는 아이가 조금 불편한 것도 잘 보지 못한다. 아이 우는 소리를 듣는 것도 괴롭다. 얼른 달려가서 불편함을 해결해주어야 할 것 같고, 우는 아이를 안아주어야 할 것 같다.

아이 앞에서 한없이 마음이 약해지는 엄마는 무조건 잘해주는 것이 엄마가 할 일인 줄 안다.

하지만 진정 아이를 사랑한다면 울더라도 엎어두어야 하고, 혼자 기어 다니도록 놔두어야 하며, 아무리 먹고 싶어 해도 주지 말아야 할 때도 있다. 아무리 애처롭게 울어도 떼를 쓴다면 들어주지 말아야 할 때도 있다. 엄마 마음이 약해지면 아이는 더 약해지고, 엄마 마음이 강해지면 아이도 엄마 따라 강해진다.

엄마 마음이 아이 앞에서 약해지지 않으려면 항상 공부해야 한다. 육아 고민이 생기면 정말 아이를 도와주는 방법은 무엇인지 찾아야 한다. 남을 도와주고 싶지만 내가 해주는 것이 별로 도움이 되지 않는다면 도와주지 않는 것이 오히려 도와주는 것이 된다.

아이를 도와주려고 하는 진정한 목적은 아이가 독립적으로 성장할 수 있게 하기 위해서다. 아이가 해달라는 것을 다 해주고, 아이 문제를 자기 문제인 양 해결하려 드는 엄마들은 혹시 '난 정말 훌륭한 엄마야'라는 자부심을 느끼려고 그러는 것은 아닌지 다시 한 번 생각해야 한다.

BONUS PAGE

서유헌 교수님의 지상 강좌

부모가 꼭 알아야 할
두뇌강화 10계명

우리는 두뇌를 최대한 발달시키고 싶어 하지만 두뇌에 대해서 잘못된 상식을 너무 많이 가지고 있습니다. 대표적인 것이 태교와 관련된 것이지요. 임신하면 아이의 뇌를 조금이라도 더 발달시키기 위해 태교를 합니다. 내가 옛날에 수학공부를 못했으니깐 내 한 몸 희생해서 아이 한번 잘 키워보자는 마음에 임신한 몸으로 수학책을 들고 공부합니다. 못했던 공부를 낑낑대며 하는 엄마는 엄청난 스트레스를 받고 있을 것입니다. 엄마는 스트레스를 받는데, 뱃속의 태아는 수학적인 뇌를 발달시키고 있을까요? 태아의 뇌발달은 엄마가 영양분을 적절히 섭취하고 최대한 기분 좋은 상태로 있으면 저절로 일어납니다.

엄마의 스트레스가 태아의 뇌발달 저해
태교의 기본은 저절로 일어나는 정상적인 뇌발달을 방해하지 말라는 것입니다. 정상적인 뇌발달을 방해하는 것은 스트레스입니다. 지나친 태교로 인한 부담감, 우울한 마음, 남편이나 시부모와의 갈등, 욕심, 탐욕 등이 스트레스가 되어 엄마 뇌에서 스트레스 호르몬을 만듭니다. 이 스트레스 호르몬은 엄마의 태반을 통해 태아에게 그대로 전달됩니다. 엄마가 웃으면 태아도 웃고, 엄마가 스트레스를 받으면 태아도 스트레스를 받는 것이지요. 뇌발달을 위한 태교에서 가장 필요한 것은 풍부한 영양과 즐거운 감정입니다. 임신한 쥐로 실험을 해보았습니다. 한 마리는 넓은 공간에서 편안하게 뛰어놀게 하고 영양도 풍부하게 제공했지요. 태어난 아기 쥐는 뇌발달이 좋은 편이었습니다. 다른 쥐는 스트레스 상황에 있게 했습니다. 태어난 아기 쥐는 기억력도 떨어지고 뇌발달도 좋지 않은 편이었습니다. 가장 중요한 태교는 열 달 동안 엄마 마음을 즐겁게 하는 것입니다. 자, 그럼 우리 아이의 두뇌를 강화시키는 10계명을 살펴보겠습니다.

1계명 : 적절히 많이 읽어라(머리를 써라)

만화책을 읽어도 좋고, 어떤 책을 읽어도 좋습니다. 다만 '적절히' 해야 합니다. 잠도 안 자고 읽으라는 말이 아닙니다. 뇌발달을 이야기할 때 종종 이런 말들을 씁니다. "Use the brain or lost it. 뇌를 사용하라. 그렇지 않으면 뇌는 망가질 것이다"라는 말입니다. "Don't over use the brain or lost it. 뇌를 너무 많이 사용하지 마라. 그렇지 않으면 뇌는 망가질 것이다"라는 말입니다.

뇌는 적절히 사용하는 것이 좋습니다. 뇌는 끊임없이 창조합니다. 신경세포는 한번 죽으면 다시 살아나지 않지만 적절히 자극을 주면 시냅스의 수가 많아지고, 가는 회로가 두꺼워집니다. 뇌 속에 없던 도로가 만들어지고 그것이 고속도로가 되는 거지요. 우리 뇌에는 줄기세포가 있습니다. 특히 기억을 관할하는 해마에는 새로운 신경세포를 만들 수 있는 줄기세포가 존재한다는 것이 최근 증명되었습니다. 적절하게 자극만 하면 줄기세포가 죽은 신경세포를 대체할 수도 있다고 합니다.

2계명 : 손을 정밀하게 사용하고 많이 움직여라

우리 몸에서 손이 차지하는 면적은 20분의 1, 30분의 1밖에 되지 않습니다. 그러나 뇌에서 손이 움직이는 데 관여하는 부위는 뇌의 3분의 10이나 됩니다. 운동세포 중 3분의 1의 신경세포는 손을 움직이는 데 관여합니다. 따라서 손을 세밀하게 움직이면 운동중추의 상당 부분이 움직이고, 그 주위까지 영향을 줄 수 있습니다. 손은 폈다 오므렸다 하는 식으로 단순하게 움직이는 것보다 요리나 조각, 그림 그리기 등 정밀하게 움직일수록 더 넓은 뇌 부위가 움직이게 됩니다. 이때 손만 움직이면 중요한 전두엽이나 뒤쪽은 자극을 안 받습니다. 머리를 쓰면서 손도 정밀하게 움직여야 운동중추와 그 주변이 활성화되어 머리가 좋아집니다. 손이 부지런한 사람이 장수하고, 손이 부지런한 아이가 똑똑합니다.

3계명 : 사회 봉사활동을 많이 하라

봉사활동이 뇌발달에 좋다고 하면 의아해합니다. 뇌는 자극이 없는 상황을 가장 싫어합니다. 뇌에게 자극이 없는 상황은 홀로 고립된 것이지요. 또 뇌는 스트레스 상황을 싫어하는데, 인간이 스트레스를 가장 많이 받는 것은 홀로 고립될 때입니다. 친구를 많이 사귀어 배려하는 훈련을 할수록 뇌가 발달합니다. 부모들은 흔히 아이를 대학에 보내기 위해 이사를 갑니다. 살던 곳에서 친구와 즐겁게 지내던 아이가 갑자기 새로운 곳에서 혼자 되면 스트레스를 받게 되어 뇌발달에 좋지 않은 영향을 줍니다.

4계명 : 많이 씹어라

우리나라 사람들은 밥을 참 빨리 먹습니다. 5번 정도도 씹지 않습니다. 이것은 뇌발달에 좋지 않습니다. 20~30번을 씹게 되면 기억력의 뇌인 해마부위의 혈액순환이 좋아져 해마가 두꺼워지고 기억력이 올라간다는 연구보고들이 많습니다. 이는 단지 저작운동만으로 일어나는 일입니다. 그러니 꼭꼭 오래 씹어 먹는 버릇을 들여야 합니다. 이외에 오감을 사용하는 훈련은 모두 뇌발달에 좋습니다.

5계명 : 즐겁게 공부하라

다른 말로 하면 긍정적이고 낙관적인 사고를 하라는 것입니다. 이것이 왜 뇌발달에 좋을까요? 우리 뇌에는 회로가 있습니다. 회로는 전깃줄처럼 모두 연결되어 있지 않고 중간이 떨어져 있지요. 정보를 전달할 때는 신경전달물질이라는 것이 나와서 떨어진 부분을 연결합니다. 우리가 강의를 들을 때도, 책을 볼 때도 수없이 정보를 전달하기 때문에 신경전달물질이 나옵니다. 신경전달물질이 잘 나오지 않으면 뇌는 정보를 받아들일 수 없습니다. 신경전달물질이 잘 나오지 않는 병이 있는데, 그것이 우울증입니다. 따라서 우울증에는 신경전달물질을 잘 나오게 하는 약을 쓰지요. 신경전달물질이 적절히 잘 나오게 하는 방법이 있습니다. 가장 좋은 것이 웃는 것입니다. 긍정적이고 낙관적인 사고를 하면 뇌에서 신경전달물질이 적절히 나옵니다. 이에 반해 폐쇄

적이고 부정적인 생각을 하면 뇌에서 신경전달물질이 잘 분비되지 않습니다. 이렇게 되면 뇌가 제대로 움직이지 않아 올바른 사고를 하기도, 정보를 받아들이기도 힘들어집니다.

6계명 : 충분한 휴식과 수면, 균형 있는 영양 섭취를 하라

신경전달물질을 만들기 위해서는 잠도 자지 않고 새벽까지 공부해서는 안 됩니다. 그렇게 되면 신경전달물질이 고갈됩니다. 영양을 충분히 섭취해야 신경전달물질의 원료가 생기고, 잠을 자거나 쉬어야 신경전달물질을 만드는 시간이 생깁니다. 그렇기 때문에 두뇌발달을 위해서는 충분히 쉬고, 잘 먹는 것이 중요합니다. 뇌에게 잠자는 시간은 무익한 시간이 아닙니다. 잠자는 동안 두뇌는 다음 날 쓸 신경전달물질을 만들어 예비해둡니다. 그리고 자면서 낮에 들어왔던 정보들을 재정비합니다. '4당5락'이라는 말이 있지요. 4시간 자면 대학에 붙고, 5시간 자면 대학에 떨어진다는 말입니다. 이것은 완전히 잘못된 말입니다. 아이가 공부를 잘하게 하려면 적어도 8시간 이상 재워야 합니다. 신경전달물질이 모두 고갈된 상황에서 억지로 책상에 앉아 공부하게 하면 그 아이는 우울증에 빠질 수 있고, 뇌가 피로해서 스트레스 때문에 스트레스 증후군이 나타나거나 정신병에 걸릴 수도 있습니다.

7계명 : 좌뇌뿐 아니라 우뇌도 같이 써라

뇌에는 좌뇌와 우뇌가 있습니다. 좌뇌와 우뇌는 뇌량으로 연결되어 있어 정보를 서로 교환하여 가장 적절한 지적인 활동을 합니다. 좌뇌와 우뇌는 근본적으로 같은 작용을 하는데, 최근에 좀 다른 점이 있다고 밝혀졌습니다. 좌뇌는 논리적이고 분석적이며 계산적입니다. 우뇌는 비논리적이고 비분석적이고 이미지적이고 감각적이고 회화적입니다. 좌뇌는 객관식을 좋아하고 우뇌는 주관식을 좋아합니다. 좌뇌는 말로 표현하는 것을 좋아하지만 우뇌는 몸짓 언어, 표정을 좋아합니다. 그런데 우리는 주로 좌뇌만 사용합니다. 우뇌까지 사용하여 전체 뇌를 다 쓸 수 있다면 얼마나 좋을까요?

8계명 : 스트레스를 이완하고 극복하라

아이들은 공부 때문에 스트레스를 너무 많이 받습니다. 아이들이 엄마, 아빠와 눈을 마주치지 않는 이유도 공부하라는 소리를 듣기 싫어서이지요. 스트레스를 안 받을 수는 없지만 그 스트레스를 적절히 이완해주는 것이 중요합니다. 스트레스를 많이 받으면 뇌의 해마부위가 망가져 기억력 저하를 가져올 수 있다고 합니다.

9계명 : 뇌 손상을 피하라

인간에게 뇌는 가장 중요합니다. 무엇보다 뇌를 가장 사랑하고 아껴야 합니다. 그런데 이렇게 중요한 뇌를 아이가 말을 듣지 않는다고 때리고, 장난으로 박치기를 시키는 일이 있습니다. 뇌는 가장 소중하기 때문에 우리 몸 중 가장 딱딱한 뼈 속에 있습니다. 함부로 접근하지 말라고 우리 몸 중 가장 높은 곳에 있습니다. 뇌는 손상을 주면 안 됩니다. 머리가 나빠질 뿐 아니라 나이가 들면 치매에도 빨리 걸릴 수 있습니다.

10계명 : 알코올, 담배, 불필요한 약물을 피하라

이것들은 뇌를 망가뜨리는 주범입니다. 간접흡연도 좋지 않습니다. 이런 것들이 계속 쌓이다보면 뇌 건강이 나빠질 뿐 아니라 나이가 들어 치매에도 빨리 걸립니다. 우리나라 사람들은 약을 좋아하는 경향이 있는데, 불필요한 약도 뇌에는 좋지 않습니다. 약은 병원에서 권장하고 처방하는 것만 먹어야 합니다.

우뇌를 발달시키는 훈련

1. **우뇌 속독법** | 우뇌를 이용한 독서법. 문장의 가운데를 읽어 선제적인 이미지로 내용을 파악한다. 그다음은 좌뇌를 이용해서 필요한 부분을 정밀하게 분석한다.
2. **요리(오감으로)** | 엄마, 아빠, 아이가 같이 요리한다. 요리에는 써야 할 재료는 무엇이고, 어떤 순서로 어떻게 다듬어야 하고, 언제 열을 가하고, 모양은 어떻게 할지가 모두 포함된다. 그 과정에서 오감을 모두 발달시킬 수 있다.
3. **음식 맛보기** | 미각에 흥미가 없는 사람은 노화가 빨리 진행된다.
4. **경기 관람** | 선수들이 공을 때리는 소리를 듣고, 관중이 응원을 하는 소리도 즐긴다. 승패보다 오감을 모두 이용해 경기를 즐긴다.
5. **우뇌 목욕하기** | 아침에 일찍 일어나 샤워를 한다. 차고 뜨거운 물의 느낌은 피부를 통해 뇌에 전달되어 뇌가 빨리 일어난다. 샤워하면서 콧노래를 한다든지, 아로마 목욕을 하며 독서하는 것도 우뇌발달에 좋다.
6. **자연을 느끼기** | 자연의 소리나 움직임, 진동으로 우뇌를 자극한다. 바람소리, 낙엽 밟는 소리, 물소리 등은 우뇌를 움직인다.
7. **쇼핑하기** | 식당가가 있는 백화점의 맨 꼭대기 층에서 시작해 갖가지 모양과 색깔의 옷을 구경하고, 향수나 화장품의 향기도 맡아본다. 눈과 귀, 코와 몸으로 직접 쇼핑을 즐긴다. 윈도쇼핑도 뇌 건강에는 좋다.
8. **좌반신 운동하기** | 오른손잡이가 왼손을 쓰면 우뇌가 발달한다. 왼손으로 젓가락질이나 숟가락질을 하거나 글씨를 쓴다.
9. **음악, 그림 감상하기** | 음악이나 그림을 즐겁게 감상하는 것도 좋다. 우뇌는 회화적이고 음악적이기 때문이다. 전문적인 지식이 없어도 좋다. 듣고 보는 것만으로 우뇌를 자극할 수 있다.

도움말_서울대 의과대학 인지과학연구소 서유헌 교수님

PART 05

아이 건강의 기초 다지기

건강은 식탁에서 시작된다

잔병치레에서 벗어나려면

아이 괴롭히는 고질병, 어떻게 해야 할까

올바른 성교육의 시작

우리 아이,
건강 주치의

 **부모 공감**

　아토피가 무엇이길래, 겨우 네 돌 지난 우리 아이가 너무 안쓰럽습니다. 힘들어하는 우리 아이 볼 때마다 제 가슴이 너무 아프네요.
　날씨가 쌀쌀해지니까 증상이 더욱 심해지고 아이의 고통이 그대로 저에게 전해집니다.
　좋았다 싶으면 다시 나빠지고 이런 상황이 반복되니 아이도 우울해하고 지켜보는 가족들마저 우울해집니다. 저도 모르게 가슴이 답답하고
　정말 어떻게 해야할지 막막하기만 합니다.

-shroo9012

 **〈60분 부모〉 공감**

　부모는 아이가 아픈 것이 자신이 더 단단한 부모로 성장할 기회라는 것을 깨달을 수 있습니다. 아픈 사람이 하나만 있어도 온 가족이 우울해지고 힘들어집니다. 부모가 고통을 얼마나 긍정적으로 해석해주느냐에 따라 아이를 더 훌륭한 사람으로 키울 수 있습니다. 시련을 기회로 삼는 것도 부모가 갖추어야 할 능력입니다. 지켜보는 것이 힘들겠지만 좋아질 수 있는 병이므로 희망의 믿음을 가져야 합니다.

01

아이 건강의 기초 다지기

신체발달을 정기적으로 체크하라

 태어난 지 18개월 된 남자아이 준이의 현재 키는 78cm, 몸무게는 8.3kg이다. 생후 9개월 이후 9개월 동안 준이의 키와 몸무게에는 변화가 없다. 모유를 14개월까지 먹었고, 이유식은 6개월에 시작했다. 그런데 태어날 때는 작지 않았던 아이가 지금은 너무 작고 말랐다. 태어날 때 준이의 키는 51cm, 몸무게는 2.9kg이었다. 너무 말라서인지 준이는 16개월 때 겨우 걸었다. 입도 짧고 짜증도 많이 내는 준이. 엄마는 또래보다 작은 준이를 보면 미안한 마음이 앞선다. 잘 먹이지 못해 잘 자라지 않는 것은 아닌지, 혹시 무슨 병이 있는 것은 아닌지 무서운 생각도 든다.

흔히 부모는 아이의 키가 작거나 몸무게가 적게 나갈 때 "또래보다 키가 작아요. 또래보다 몸무게가 안 나가요"라고 한다. 여기서 '또래' 라는 것은 엄마가 볼 수 있는 옆집 아이나 주변에 사는 아이가 되기 쉽다. 그런데 아이의 신체 발달을 따질 때는 내 아이와 성별, 생년월일이 똑같은 아이들을 또래라고 한다. 그 또래 100명 중 몇 번째_{제일 작은 아이를 1번으로 한다}라고 말해야 옳다. 정상범위인데도 엄마가 비교하는 또래가 잘못되어 아이 성장에 문제가 있다고 생각하는 경우가 종종 있다.

아이의 키와 몸무게를 정확하게 알아야 하는 이유는 뭘까? 0~3세까지는 키와 몸무게, 머리둘레가 급속하게 증가한다. 이때 영양을 제대로 공급하지 않으면 성장과 발달에 문제가 생긴다. 아이에게 지금 영양이 제대로 공급되는지 아닌지는 아이 성장이 성장곡선의 정상범위에 속하는지 아닌지 확인하면 알 수 있다. 일단 성장이 정상범위에 들지 않으면 발달지연이 더 많이 발생한다.

선천적으로 문제가 있거나 성장에 문제가 있을 때도 아이 신체발달이 정상범위에 들지 않는 경우가 있다. 따라서 아이의 신체발달이 정상범위를 벗어났으면 의학적으로 문제가 있는지 진단을 받아야 한다. 그렇기 때문에 내 아이가 정상범위에 속하는지 아닌지, 정상범위에 속하지만 성장률이 줄어드는지 급속하게 증가하는지 항상 유심히 관찰해야 한다. 준이처럼 월령이 늘어나는데 키와 몸무게가 잘 따라주지 않을 경우 원인을 규명해야 한다.

아이가 정상범위로 잘 자라는지 알려면 한 달에 한 번은 아이의 키와 몸무게를 측정하여 성장곡선에 점을 찍어 표시해두어야 한다. 성장곡선에서 파란색 안에 있으면 정상으로 본다. 한 달에 한 번씩 측정해두었다면 생후 6개월까지 잘 진행되던 성장이 7개월, 8개월부터 줄어들었을 때 그 시기에 있었던 일을 생각해보게 된다. 이유식을 시작했는데 성장에 지장이 생겼다면 이유식에서 원인을 찾을 수 있다.

조기발견은 정상범위를 벗어날 때 발견하는 것이 아니라 아이의 성장측정치가 떨어지고 있을 때 발견하는 것이다. 아이의 성장측정치가 떨어질 때 소아청소년과에 가서 빈혈검사를 하고 빨리 조치해야 한다. 준이는 이유식을 시작하면서 체중이 줄어들어 현재 체중은 심각한 수준이지만 신장은 그다지 걱정할 정도는 아니다. 참고로 9개월 전까지는 젖살이 있기 때문에 또래보다 체중이 많이 나가더라도 과체중이라는 말을 하지 않는다. 보통 6개월에 이유식을 시작한다고 했을 때 9개월 이후부터 키와 몸무게를 비교해 키에 비해 몸무게가 정상 범위인지 점검해본다.

신체발달을 체크하려면 머리둘레도 측정한다. 두위성장곡선은 성장곡선과 마찬가지로 한 달에 한 번 아이의 머리둘레를 재는 것이다. 준이는 정상범위에 맞게 조금씩 자랐다. 머리둘레는 또래 100명 중 3~97번째에 해당하면 정상범위라고 한다. 하지만 아이가 태어났을 때 머리둘레가 90번째였는데, 18개월에 3번째가 되었다면 뭔가 문제가 있다고 의심해야 한다. 머리가 갑자기 커지거나 성장이 둔화되었다면 둘 다 문제가 있다고 봐야 한다.

머리둘레는 아이의 눈썹 위 부분으로 해서 180도 돌려 재되 꽉 잡아당겨야 한다. 아이 머리가 한쪽 부분이 튀어나온 짱구인 경우 그쪽 머리둘레도 잰다. 정확하게 측정하기는 어렵지만 같은 사람이 같은 줄자로 잰다면 머리둘레 변화를 확인할 수 있다. 돌돌 말려 있는 줄자는 60cm 정도로 잘라서 사용하면 정확하게 측정하는 데 도움이 된다. 한 달에 한 번씩 측정하는데 아이의 머리가 의미 있게 커지거나 작아진다면 소아청소년과나 소아신경과를 찾아 정밀검사를 해봐야 하는지 문의한다. 혹 부모 머리둘레가 정상범위보다 지나치게 작거나 큰 경우 아이의 머리둘레는 유전적 요인일 수 있으므로 걱정하지 않아도 된다.

마지막으로 빈혈검사를 해본다. 준이는 소아청소년과에서 피검사를 한 결과 빈혈이 위험수위에 있었다. 빈혈이 심하면 아이가 밥을 잘 먹지 않고 두뇌발달도 안 되며 짜증이 많아질 수 있다. 따라서 빨리 철분제를 먹여야 한다.

준이의 신체발달을 체크한 결과 준이는 필요한 열량이 충분히 공급되지 않았거나 영양분이 흡수되지 않은 것으로 판단된다. 하지만 두뇌발달은 크게 걱정하지 않아도 된다. 우리 머리는 필요한 영양소를 가장 먼저 가져가는 특성이 있다. 준이의 발달검사 결과도 머리와 관련된 인지발달 검사는 정상, 운

Tip

아이 신체발달 체크하는 법

1. 머리둘레, 체중, 신장을 최소한 한 달에 한 번 체크해서 성장곡선에 표시하고 몇 번째인지 확인한다.
2. 머리둘레가 갑자기 줄어들거나 증가하면 소아청소년과에 가서 두위성장곡선을 보여주고 진료를 받는다.
3. 체중증가율이 감소하면 피검사를 하여 헤모글로빈 수치를 확인한 뒤 의사 진단을 받는다.
4. 체중증가율이 감소하면 필요에 따라 영양분석을 해야 하므로 '사과 4분의 1조각' 식으로 매일 아이가 먹은 음식의 종류와 양을 적는 습관을 들인다. 아이가 필요한 만큼 잘 먹는지 걱정되면 보건소에서 영양상담을 받는다.

동발달은 조금 늦은 것으로 나왔다. 모유 수유를 할 경우 아이가 얼마나 먹었는지 알 수 없다. 순한 아이가 먹다가 잠들면 충분히 먹고 잠들었나보다고 생각한다. 따라서 모유 수유를 하는 엄마라면 특히 한 날에 한 번은 꼭 신장과 체중 측정치를 성장곡선에 기록해야 한다. 소아청소년과에서는 보통 생후 9개월에 빈혈검사를 하고, 보건소에서는 6개월, 18개월에 무료로 빈혈검사를 해준다.

건강 이상신호에는 어떤 것이 있나

　엄마들은 모두 정확한 육아정보에 목말라 한다. 익숙하지 않은 육아, 낯선 아이 상황에 딱 맞는 정보는 눈을 씻고 봐도 찾기 어렵기 때문이다. 그런데 아이 건강에서는 그것이 당연하다. 아이마다 발달에 차이가 나듯이 건강에 관련된 것도 아이마다 차이가 난다. 다른 아이들은 모두 생후 12개월에 예방 접종하는 수두를 내 아이는 10개월에 걸릴 수도 있다. 따라서 세상의 모든 육아정보가 보기 좋게 정리되어 월령별·상황별로 잘 찾아볼 수 있다 해도 엄마가 가장 유심히 보아야 할 것은 내 아이의 건강 이상신호이다.

　그렇다면 내 아이의 건강에 이상이 생겼다는 것을 어떻게 알 수 있을까? 아이가 평상시와 다른 모습을 보이면 일단 의심해야 한다. 잘 먹던 아이가 먹지 않거나, 잘 놀던 아이가 놀지 않거나, 지나치게 누워 있으려고 하거나, 열이 평소보다 높거나, 설사하거나, 변을 볼 때 힘들어하거나, 기침을 많이 하거나,

콧물을 흘리거나, 걷는 모습이 갑자기 이상하거나, 잠을 잘 못자고 보채거나…… 이러한 변화는 질병의 신호가 된다.

아이가 별로 힘들어하지 않는다면 하루, 이틀 기다릴 수도 있지만 엄마 머릿속에 일단 '혹시'라는 생각이 떠올랐다면 바로 병원에 가야 한다. 엄마만큼 아이를 잘 아는 사람은 없다. 오늘 내 아이가 어제와 뭔가 다르다는 생각이 들면 그것을 건강 이상신호로 받아들여라. 그리고 얼른 동네 병원에 데리고 가는 것이 낫다.

열이 나거나, 기침하거나, 콧물이 나면 감기인 줄 알고 집에 있는 상비약을 먹이다가 증상이 심해져 병원을 찾는 경우도 있다. 그런데 병원에 와서 보니 요로감염인 경우도 있고, 가벼운 기침인 줄 알고 대추차만 열심히 먹였는데 폐렴까지 진행된 경우도 있다. 코가 약간 나온 것이 기관지염의 시작일 수도 있고, 축농증의 시작일 수도 있다.

많은 병의 초기 증상은 우리가 만만(?)하게 생각하는 감기와 비슷하다. 따라서 엄마가 집에서 책을 찾아보거나 인터넷 상담으로 진단내리는 것은 매우 위험하다. 아이가 어릴 때는 가벼운 증상이라도 건강 이상신호로 알고 제대로 확인하는 자세가 필요하다. 아무리 유능한 전문가도 작은 조짐 하나만으로 질병을 정확히 짚어내지 못한다. 시시각각 변하는 아이의 건강 이상신호는 부모가 읽어야 한다. 그래서 너무 늦지 않게 적절한 조치를 취해야 한다.

동네 소아청소년과, 제대로 활용하자

아이가 아프면 먼저 인터넷을 뒤져 같은 증상을 상담한 엄마들의 사례를 찾는다. 물론 내 아이와 똑같은 사례는 없지만 '아, 우리 애도 이건가보다' '이건 좀 아닌 것 같은데' 하고 판단한다. 또 다음 날 놀이터나 문화센터에서 만난 또래 엄마들에게 혹시 이럴 때 어떻게 했는지 물어본다. 엄마들과 대화하면서 위안을 얻기도 하고 육아정보를 얻기도 한다. 엄마는 아이의 사소한 행동 하나하나에 그리고 별것 아닌 육아방법에 의문을 품고 확인해보고 싶어 한다. 그것이 아이 건강에 관한 것이라면 더더욱 그렇다.

엄마는 아이에 대해 수도 없이 물어보고 싶다. 그럴 때는 동네에 있는 소아청소년과를 찾아야 한다. 동네 소아청소년과 전문의는 전문적인 건강 지식을 알고 있고, 누구보다도 아이를 많이 만나보았다. 의사선생님에게 시시콜콜 물어도 된다. 가벼운 감기로 소아청소년과를 찾았더라도 이유식 궁금증도 물어보고, 코막힘도 물어보고, 걱정스러운 버릇에 대해서도 상담하면 된다. 전문가가 아이를 직접 보면서 월령에 맞게 환경까지 감안하여 상담해줄 곳은 많지 않다.

아이를 낳기 전부터 집 가까이 있는 소아청소년과를 두세 곳 정도 알아보고, 초보 엄마 때부터 열심히 드나들 필요가 있다. 의사선생님이 웃더라도 열심히 물어라. '이런 거 물어보면 혼나겠지?'라고 생각하고 궁금증을 접어두면 불안감만 커지고, 나중에 그것이 질병의 중요한 조짐이었을 때는 땅을 치고 후회할지도 모른다. 육아책이나 인터넷 육아정보로 궁금증을 해결할 수 있다고 해도 그것이 내 아이 상황과 맞는지 전문의에게 물어보는 것이 좋다. 특히 인터넷

정보는 검증되지 않은 것들이 많아 엄마가 읽고 판단하기에는 위험하다.

  세상 모든 정보는 단지 참고하라는 지침일 뿐이다. 세상에는 그 지침에 벗어나는 아이들이 너무 많다. 아는 사람에게 듣거나 책이나 인터넷에서 본 정보가 정말 맞는지 틀린지는 내 아이를 잘 아는 사람과 상의해 판단해야 한다. 또 지침만으로 알 수 없는 세부사항은 전문가의 조언을 들어야 한다. 사람은 모두 다 다르다. 내 아이에게 맞는 정보는 아이는 물론이고 아이의 엄마, 아빠도 아는 전문가가 말해주어야 한다. 그 사람이 바로 동네 소아청소년과 의사이다.

  동네 소아청소년과를 진정한 육아상담 도우미로 활용하라고 해서 무턱대고 물어서는 안 된다. 소아청소년과를 방문하기 전 엄마는 자신이 궁금한 점과 궁금한 이유, 지금 아이 상태, 아이의 환경 변화 등에 대해 짧은 보고서를 작성하듯 꼼꼼히 적어야 한다. 증거물도 가져가야 한다. 이유식이 걱정이라면 이유식도 들고 가고, 응가가 걱정이라면 응가한 기저귀도 들고 가라. 지금은 괜찮지만 며칠 전에 발진이 있었다면 디지털카메라로 자료사진을 찍어간다. 그래야 정확한 정보를 얻는다.

  아토피든 비염이든 아이에 대해 궁금한 것은 일단 소아청소년과에 묻는 것이 좋다. 종종 전문 분야별로 보는 곳이 아이 증세를 더 잘 알 거라고 생각해 이비인후과, 정형외과, 피부과를 먼저 가는 부모가 있는데, 이때 과잉진료를 받는 일이 벌어질 수도 있다. 따라서 아이에게 어떤 이상이 있을 때는 동네 소아청소년과를 찾아 상담하고 소아청소년과 전문의의 소견에 따라 더 전문적인 의료기관을 찾는 것이 좋다.

02
건강은 식탁에서 시작된다

소아비만 부르는 정크푸드는 치워라

 이제 생후 31개월 된 여자아이 민정이의 체중은 18kg이다. 태어날 때는 3.3kg 으로 정상이었는데 몸무게가 하루가 다르게 늘어 민정 엄마는 걱정이다. 민정이는 밥 대신 초콜릿을 먹는다. 목마를 때는 요구르트를 주로 마신다. 이렇게 먹어도 건강만 하다면 좋을 텐데 민정이는 그렇게 건강하지도 못하다. 감기는 여느 아이들보다 더 자주 걸리고, 산책만 다녀와도 다음 날 몸살이 난다.

신장 95cm에 체중 18kg이면 민정이는 심각한 소아비만 상태이다. 아이의 식습관에 별 문제가 없다면 이 정도 나이 때는 신장에 비해 체중이 더 나가도 된다. 밥을 위주로 먹고 채소 등을 골고루 먹는 아이라면 신장에 비해 체중이 나가더라도 성장이나 비만을 걱정하지 않는다. 그러나 민정이같이 채소나 밥은 먹지 않고 과자, 초콜릿, 피자, 햄버거 같은 것만 먹는 식습관을 들였다면 이야기는 달라진다. 앞으로 아이가 고도비만이 되는 것은 물론이고 그 밖에도 아이 인생을 망칠 수 있는 위험요소가 많기 때문이다.

가장 먼저 생각해볼 수 있는 것은 성장 문제이다. 보통 어른들은 통통하면 나중에 키가 클 거라고 생각한다. 실제로 아이는 자랄 때 통통 쭉쭉, 통통 쭉쭉을 반복하기도 한다. 적당히 통통하면 키로 간다. 그러나 통통을 벗어나 뚱뚱이 되면 아이는 옆으로만 벌어지고 키가 자라지 않는다.

둘째, '성조숙증'이 올 수 있다. 우리 몸은 몸에 체지방이 많아지면 어른이 될 준비로 받아들이고 2차 성징을 나타내기 시작한다. 이것은 체지방률에 따라 결정된다. 그래서 요즘은 초등학교 1학년 아이가 생리하는 경우도 있다. 2차 성징이 빨리 나타나면 성장판이 빨리 닫혀 키 크는 데도 문제가 생긴다.

셋째, 학습능력에 문제가 생긴다. 공부를 잘하려면 뇌가 잘 순환해야 한다. 비만아들은 과잉 축적된 지방조직 때문에 뇌의 혈액순환 효율이 떨어져 학습능력이 보통 아이에 비해 떨어지고 집중력도 떨어진다.

넷째, 정서나 성격 형성에 영향을 미칠 수 있다. 아이가 집단생활을 시작하면 따돌림이나 놀림을 당할 수 있고 이 때문에 소심해지거나 우울증이 생길 수 있다. 비만아들은 정상아들보다 외모에 자신감이 적고 자존감도 낮다.

다섯째, 당뇨병이나 고혈압 등 성인병이 생길 수 있다.

여섯째, 성인비만으로 이어질 수 있다. 소아비만이 성인비만이 될 확률은 80%나 된다. 성인비만은 지방세포 크기가 커지지만 소아비만은 지방세포 수가 는다. 지방세포는 한 번 늘면 좀처럼 줄지 않는다. 그래서 어릴 때 비만세포 수가 확 늘면 나이가 들어 저절로 비만이 되기 쉽다. 유전적으로 아이가 비만이 될 확률은 부모가 모두 비만일 경우 80%, 한쪽이 비만일 경우 50% 정도다.

보통 표준체중의 20% 이상이면 소아비만이라고 본다. 표준 체지방률이 남자는 15%, 여자는 20~25%인데, 남녀 모두 체지방률이 30%를 넘으면 체중이 적게 나가도 '비만'이라고 본다.

민정이는 과자, 빵, 피자, 햄버거, 아이스크림, 초콜릿 등은 무척 좋아하면서 밥은 아예 먹지 않는다. 움직이는 것도 몹시 싫어한다. 민정이가 이렇게 된 것은 99.9% 부모 탓이다. 소아비만은 선천적인 것도 있지만 후천적으로 엄마의 관리 소홀이 더 큰 영향을 미친다.

어느 정도 자란 아이도 마찬가지지만 취학 전 아이에게는 피자, 햄버거 같은 정크푸드나 과자, 초콜릿, 아이스크림 같은 군것질거리는 아예 보여주지 말아야 한다. 어른도 밥보다 초콜릿이 맛있다. 하지만 밥을 골고루 먹어야 건강하다는 것을 알기 때문에 어른은 밥과 반찬을 먹는다. 그러나 아이는 입에 맛있으면 그만이다. 먹는 것만큼은 아이 뜻을 다 받아주면 안 된다. 평생 건강과 관련이 있으므로 아이가 밥을 안 먹고 울고불고 한다고 해서 아이에게 끌려가서는 안 된다.

민정이 엄마, 아빠는 초긴장 상태로 식습관을 바로잡아야 한다. 아이에게 주던 과자, 초콜릿, 피자, 햄버거 등을 서서히 줄여 결국 끊어야 한다. 과자는 3개를 2개로, 2개를 1개로 줄이고, 피자는 반판 먹던 것을 한쪽으로 줄여 서서히 끊어야 한다. 아이도 배가 고파야 밥을 먹는다. 배가 고프도록 중간에 간식을 주지 말자. 식단도 한식으로 바꾼다. 그리고 세 끼 식사를 정상적으로 할 수 있도록 유도해야 한다.

지금까지 민정이 관심사는 거의 먹는 것이었지만 엄마가 최대한 바깥놀이를 유도하여 관심을 다른 쪽으로 돌려야 한다. 그리고 적어도 이틀에 한 번 40분 이상 운동해야 한다. 엄마와 산책하거나 잡기 놀이 정도만 해도 충분하다.

아이에게 인스턴트와 패스트푸드는 '담배나 술' 같은 존재다. 인스턴트와 패스트푸드는 소아비만은 물론이고 소아 성인병, 아토피, 면역력 저하 등 여러 측면에서 아이 건강을 위협한다. 따라서 진정 아이 성장을 걱정하고 건강

Tip

비만 어린이를 위한 영양 지침

1. 채소를 예쁜 모양으로 잘라 매일 식탁에 올린다.
2. 아이의 우상을 적극 활용한다. '뽀로로가 좋아하는 오이구나' 하는 식이다.
3. 아이와 함께 장을 보고 요리를 한다.
4. 채소 도시락을 미리 준비해둔다.
5. 같은 재료라도 요리법에 변화를 주고 메뉴를 바꾼다. 아이는 시각적으로도 식욕을 많이 느낀다.
6. 5대 식품군이 골고루 들어 있는 식단으로 칼로리를 계산해 먹인다. 살 빼는 것보다 키가 크는 것이 더 중요하므로 무조건 적게 먹이거나 칼로리를 제한하지 않는다.

음식별 칼로리
아이스크림 1컵(220kcal), 우유 1잔(156kcal), 피자 1쪽(250kcal), 채소샐러드 1인분(176kcal), 사과 주스 1병(101kcal), 돈가스(밥 포함, 980kcal), 초콜릿 100g(500kcal), 스파게티 1인분(690kcal), 아이용 밥 1공기(300kcal)

을 위한다면 인스턴트나 패스트푸드는 제한하고 먹기 편한 부드러운 음식보다는 재료의 질감이 살아 있는 거친 음식을 챙겨 먹여야 한다.

잘못된 식습관, 이렇게 바로잡자

생후 40개월 된 우찬이는 특이체질도 아닌데 채소를 전혀 먹질 못한다. 조금 큰 채소 알갱이를 뱉어낼 때는 여느 아이들처럼 채소라서 안 먹는 줄 알았다. 그런데 억지로 먹이면 구토까지 하는 것을 보면서 우찬 엄마는 속에서 채소를 받지 않는 것이 아닌가 하는 생각이 들었다. 이유식은 6개월에 시작했는데 단계별로 채소를 다양하게 먹였으며 순조롭게 진행했다. 그런데 정작 일반식에서는 채소를 전혀 먹지 못한다. 어린이집에서도 우찬이는 채소를 전혀 먹지 못하고 매일 맨밥에 국만 먹는다. 우찬이가 왜 채소를 먹지 않는지, 먹일 방법은 없는지 궁금하다.

이런 경우 덩어리를 먹는 이유식 속도가 너무 늦지 않았는지 의심된다. 아이가 큰 덩어리 음식을 먹는 마지노선은 생후 10개월이다. 6개월에 이유식을 시작한 뒤 덩어리를 제법 크게 요리해서 먹여 10개월에는 큰 덩어리를 먹게 해야 나중에 덩어리를 잘 먹는다. 10개월까지 큰 덩어리를 먹지 않으면 이후로는 덩어리를 모두 뱉어내게 된다. 특히 채소는 고기에 비해 질감이 살아 있기 때문에 그럴 확률이 높다. 이유식을 진행할 때 자꾸 덩어리 크기를 강조하는 것은 생후 10개월 전에 재료의 질감을 느껴봐야 그 뒤로도 질감에 거부감이 없기 때문이다.

그런데 부모는 고기는 그럭저럭 덩어리를 키우지만 채소는 작게 다지고, 그나마 이파리 채소는 먹이지 않고 노란 호박이나 감자만 주로 먹인다. 그러다보니 채소를 못 먹는 아이, 안 먹는 아이가 늘어나게 된다. 이유식 때부터 이파리 채소도 덩어리를 키워 자꾸 질감을 익힐 수 있게 해야 한다.

아이가 싫어하는 것은 채소의 질감과 색깔이다. 영양소는 파괴되지만 질감에 익숙해지게 하는 것이 중요하니 푹 삶아서 준다. 또 아이가 좋아하는 다른 음식에 섞어서 먹이는 것도 좋다. 상추같이 채소 중에서도 질감이 부드러운 식재료를 골라 아이가 좋아하는 드레싱을 끼얹어주는 것도 좋다. 또 우찬이와 엄마 또는 아빠, 할머니와 상추나 오이 먹기 시합을 하는 것도 괜찮다. 자기가 좋아하는 사람이 채소를 우적우적 잘 먹으면 아이가 놀이처럼 느껴서 채소를 먹어볼 수 있다. 아주 잘게 다져 만두 속으로 넣는다든지 볶음밥을 하는 것도 좋다. 무의식적으로 먹는 것도 채소 거부감을 없애는 데 도움이 된다.

지금 우찬이에게 가장 필요한 것은 채소 거부감을 없애는 것이다. 편안한 분위기를 만들어 아이가 자연스럽게 채소를 먹도록 해야 한다. 강제로 먹였다간 영영 채소를 먹지 못하는 사태가 벌어진다. 적어도 6개월 정도 시간을 두고 서서히 해결해야 한다.

엄마가 아이 키우는 데 들이는 노력의 반 이상이 아이를 먹이는 것이라고 한다. 아이 식습관을 교정하려면 다음 몇 가지 원칙을 기억하자.

첫째, 혼자서 먹게 한다. 적어도 생후 8개월에는 손으로 집어 먹는 연습을 시키고, 18개월 이전에는 숟가락을 들고 혼자 먹게 해야 한다. 아이가 두 돌

즈음에도 혼자 먹지 않으면 엄마가 아이를 따라다니면서 먹여주는 것이 버릇이 된다. 그러다보면 엄마 인생의 3분의 1이 아이를 먹이는 시간으로 낭비된다. 이는 아이를 위해서도, 엄마를 위해서도 절대 좋은 방법이 아니다. 밥을 차려주고는 30~40분이 지나면 치워라.

머리는 그래야 한다는 것을 알지만 실제로는 그렇게 안 된다는 부모가 많다. 아이가 어려운 수학문제를 못 풀겠다고 투정한다면 "그래, 하지 마. 엄마가 해줄게"라고 하겠는가? 식습관도 아이에게 가르쳐야 할 공부 가운데 하나다. 부모도 어렵고 아이도 어렵겠지만 그래도 반복하다보면 결국 익숙해지게 된다. 단, 이미 먹여주는 것에 익숙한 아이는 혼자 먹게 하고 간식 양을 많이 줄이면 아이가 스스로 먹는 습관을 들이는 데 도움이 된다.

둘째, 아이 먹는 것에 너무 집착하지 않는다. 체중이나 신장을 보았을 때 정상으로 잘 자란다면 아이가 먹는 것에 여유를 가져라. 조금 안 먹는다고 쫓아다니면서 먹이지도 말고, 한 끼 굶었다고 두려워하지도 마라. 5~6시간 굶었다고 아이 건강에 이변이 생기지는 않는다. 아이가 밥을 적게 먹는다 싶으면 가장 먼저 체중을 체크해야 한다. 체중이 정상이라면 조금 느긋해져도 된다.

체중이 정상이 아니라면 식단을 확인한다. 혹 고기를 너무 적게 먹인 것은 아닌지 체크한다. 고기에 들어 있는 철분이나 아연 등이 부족해도 식욕이 떨어진다. 그리고 빈혈이 있는지도 반드시 체크한다.

셋째, 즐겁게 먹을 수 있는 분위기를 만든다. 아이에게는 먹는 분위기가 중요하다. 아이는 자기가 먹을 때 엄마가 다른 사람한테 고함을 지르거나 말다툼을 하면 자기를 혼내는 줄 안다. 아이는 엄마의 상황을 잘 모른다. 그것보다 자기가 먹는 것이 더 중요하기 때문에 엄마 행동과 자신이 먹는 행동을 연결한다. 따라서 아이가 먹을 때는 최대한 행복한 표정을 짓고 즐거운 분위기를 만들어주어야 한다.

이는 어린아이뿐 아니라 제법 자란 아이에게도 마찬가지다. 식사시간이 놀이처럼 즐겁고 재미있어야지, 골고루 먹지 않는다고, 빨리 먹지 않는다고, 늦게 먹는다고 혼나는 시간이 되어서는 안 된다. 잘 먹지 않는 아이일수록 가족이 모여 식사할 때가 가장 즐거운 시간이 되도록 분위기를 만들어야 한다.

넷째, 아플 때 먹으라고 강요하지 않는다. 아이가 먹지 않을수록 엄마는 하나라도 더 먹이려고 한다. 그것이 엄마 마음이지만 강제로 먹이면 식습관 자체가 나빠진다. 엄마는 잘하다가도 아이가 아플 때 실수한다. 엄마는 아이가 아플수록 더 챙겨 먹이려고 한다. 아프면 누구나 입맛이 떨어질뿐더러 소화도 안 되고 몸의 기능도 떨어진다. 소화시키려면 에너지가 많이 소모되기 때문에 탈이 날 수 있어 아플 때는 식욕이 떨어지게 만들어놓았다.

그런데 엄마는 아플 때 유독 먹으라고 강요한다. 이러다보면 밥을 잘 먹던 아이가, 이유식을 잘 먹던 아이가 아프고 나서 잘 먹지 않는 상황이 벌어진다. 아이가 아플 때는 부드러운 음식을 차려주고 보통 때처럼 30~40분 정도 기다렸다가 밥상을 치우자. 회복기에 접어들면 식욕도 회복되므로 그때 음식을 조금씩 자주 먹여 다시 먹는 양이 늘어나게 도와주어야 한다.

다섯째, 한자리에서 먹게 한다. 아이는 먹으면서 사회적인 습관을 배운다. 이유식 때부터 반드시 한자리에 앉아 먹는 습관을 들인다. 식사 중에 자리를 뜨면 그것으로 식사 끝이라는 인식을 심어주어야 한다. 아이가 식사시간에 자꾸 돌아다니면 몇 번 경고한 다음 치운다. 돌아다니느라 먹지 못하는 횟수가 늘어나면 아이는 식사가 끝날 때까지 한자리에서 먹어야 한다는 것을 몸으로 익힌다. 아이를 키울 때는 식탁의자에서 자리를 뜨는 것과 카시트에서 자리를 뜨는 것은 절대 용납해서는 안 된다.

여섯째, 먹는 것으로 협상하지 않는다. 아이가 잘 먹지 않을 때 부모는 흔히 '이거 먹으면 저거 해줄게' 식의 조건을 단다. 한 번 정도야 괜찮지만 매번 그러면 아이 스스로 먹는 것에 차질이 온다. 미끼를 주어 어떤 상황을 만들면 아이는 다시 미끼를 물기 위해 똑같은 상황을 만든다. 그렇게 되면 아이 식습관은 갈수록 나빠진다. 아이 식습관을 바람직하게 들이기 위해 엄마가 잊지 말아야 할 것이 있다. 언제 어디서 어떤 음식을 줄지는 엄마가 결정하지만 어떤 음식을 얼마나 많이 먹을지는 아이가 결정해야 한다는 사실이다.

03

잔병치레에서 벗어나려면

잔병치레 잦은 우리 아이, 혹시 허약체질 아닐까

8세 된 남자아이 민형이는 겨울이면 감기를 달고 살고 한번 기침을 시작하면 멈추지 않는다. 그래서 엄마는 민형이가 기침한다 싶으면 미리 감기약부터 먹인다.

민형이는 태어나면서부터 감기를 달고 살았다. 만 3세 전에는 천식 때문에 호흡기 치료도 받았다. 만 5세가 넘으면서 기관지천식은 좋아졌는데, 부비동염이라는 축농증 증상이 나타났다. 동네 소아청소년과 선생님은 민형이가 알레르기 체질이라서 그런단다. 그나마 먹는 것에 비해 잘 뛰어놀아 다행이다.

허약함은 선천적인 원인과 후천적인 원인으로 나누어 생각해볼 수 있다. 선천적인 원인으로는 엄마 뱃속에서 영양을 적게 받았거나, 임신 중 엄마가 스트레스를 너무 많이 받았거나, 질병을 앓았을 경우를 들 수 있다. 후천적인 원인으로는 소화기가 약해서 잘 먹지 못해 영양이 부족하거나 상염이니 급성 바이러스 장염, 아토피피부염, 알레르기 질환 등을 앓아 허약해진 것을 생각할 수 있다.

먹을거리도 아이를 허약하게 만드는 데 한몫한다. 요즘 아이들은 인스턴트 식품과 패스트푸드를 많이 먹는다. 이런 음식에는 정제당이 많이 들어 있고, 트랜스지방이 함유되어 있거나 몸속에서 트랜스지방을 형성한다. 이런 먹을거리는 아이의 영양을 부실하게 만든다. 그런데 아이가 허약해지면 저항력이 약해져 질병에 쉽게 노출되고 질병에 걸리면 몸이 더 약해져 또 다른 질병이 오는 악순환이 거듭된다. 결국 질병이 끊이지 않고, 약을 달고 살게 된다.

허약한 아이는 감기에 잘 걸리고, 한 번 걸리면 잘 낫지도 않는다. 이런 허약한 아이를 키울 때 부모가 무엇보다 세심하게 관심을 기울여야 한다.

첫째, 아이의 건강상태를 정기적으로 확인한다. 아이가 허약하다 싶으면 달력에 짧게 메모하라. 매일 새롭게 먹은 음식과 특이한 사건을 적는다. 병원에 갔다면 '오늘은 중이염 때문에 이비인후과에 갔다'고 적은 뒤 증상이 어느 정도였는지 대충 단계로 표시하고, 엄마가 어떻게 했는지도 간단하게 적어둔다. 6개월이나 1년 정도 해보면 아이의 패턴을 알 수 있다.

둘째, 항생제, 소염제, 해열제 등을 오·남용하지 않는다. 이것은 아이의 면역력을 떨어뜨릴 수 있다. 반드시 전문의와 상의한 뒤 굵고 짧게 써야 한다. 증상이 나아지면 항생제 사용을 중단하기도 하는데, 일단 전문의가 처방한 것은 다 나을 때까지 쓰는 것이 좋다. 먹다 중단하면 내성이 더 생긴다.

셋째, 음식, 생활에서 주의사항을 지킨다. 특히 아이가 알레르기 성향이 있어 더 허약해지지 않게 하려면 음식을 조심하고 생활 관리를 철저히 해야 한다.

넷째, 바른 자세를 키워준다. 많은 사람들이 자세와 건강이 서로 관련이 있다는 것을 모른다. 경추나 요추, 척추 등이 삐뚤어지면 오장육부가 삐뚤어지면서 제 기능을 못한다. 특히 어릴 때 척추 자세를 바로잡아주지 않으면 오장육부 형성이 늦어져 나이 들어 여러 가지 질병에 시달릴 수 있다.

위 사례에서 민형이는 세 가지 대표적인 허약체질 증상을 가지고 있는 것으로 보인다. 첫째, 기침이 멈추지 않는다. 둘째, 감기에 걸리면 변비가 생긴다. 셋째, 화를 자주 낸다.

먼저, 민형이는 감기에 걸리면 계속 기침한다고 했는데, 이는 호흡기 허약형 아이의 대표적인 증상이다. 이때 컵에 뜨거운 물을 붓고 굵은 소금을 넣어 완전히 녹인 다음 그것을 코 밑에 대고 자연스럽게 코로 들이마시고 입으로 내뱉게 한다. 감기에 걸릴 것 같다 싶을 때 자기 전에 15~20분만 이렇게 해주면 겨울철 감기예방에 도움이 많이 된다.

아이는 하루 종일 밖에서 놀면서 여러 가지 바이러스를 묻혀 들어온다. 이런 바이러스는 아이가 자는 사이 확 퍼져 다음 날 감기나 비염을 일으키기도 한다. 그런데 이렇게 소금물 증기를 들이마셨다가 뱉으면 비강이나 기관지, 폐 가까이 있는 바이러스를 어느 정도 죽일 수 있다.

민형이는 감기에 걸리면 변비가 같이 온다. 보통 감기에 걸리면 설사하는 아이도 많은데, 이것을 소화기성 감기라고 한다. 선천적으로 소화기가 허약하게 태어난 아이는 감기에 걸리면 변비가 오거나 설사한다. 또 감기 바이러스 때문에 바이러스 장염에 걸리기도 한다. 일반적으로 감기에 걸리면 수분이 많이 마르고 고갈되기 때문에 변비가 오기도 하고, 감기약을 먹으면서 열이 빠져나가기 때문에 약간 묽은 변과 함께 바이러스가 나가기도 한다. 그래서 감기에 걸리면 물을 계속 먹어서 땀이나 소변으로 몸 안의 나쁜 것을 배출시키는 것이다. 소화기가 허약한 아이는 왼손바닥 가운데를 배꼽 아래 단전에 늘 대고 있게 한다. 배가 냉해서 변비나 설사가 오기 때문에 배를 따뜻하게 하면 증상 호전에 도움이 된다.

엄마는 민형이가 화를 자주 내는 편이라고 했다. 특히 밥 먹으면서 엄마랑 부딪쳐 더 예민한 듯하다. 이때 밥을 강제로 먹이기보다는 아이가 편안하게 식사할 수 있게 유도하는 것이 좋다.

약이 아니라 기초건강을 챙겨라

생후 32개월 된 남자아이 선교는 일 년 내내 감기를 달고 산다. 감기에 걸리면 잔기침을 많이 하는 편인데, 어떤 때는 말하는 시간보다 기침하는 시간이 더 길다. 그래서인지 선교는 또래보다 말이 늦다. 5개월 때 심하게 코감기를 앓으면서 중이염이 시작되었다. 코감기도 너무 자주 걸리고, 기침, 가래, 알레르기성 결막염, 장염, 폐렴까지 와서 입원도 여러 번 했다. 아토피에 시달리고, 감기에 계속 걸리니 선교는 좀처럼 자랄 틈이 없는 것 같다.

게다가 또래보다 체중도 적게 나가고 키도 작다. 집중력도 떨어지고, 표현력도

> 떨어지는 것 같다. 감기약, 아토피약, 칼슘제, 영양보조제 등 챙겨먹어야 하는 약이 열 가지도 넘다보니 밥맛이 안 나는지 밥 먹는 것을 너무 싫어한다. 선교가 울고불고 떼를 써 딸기우유 1잔으로 밥을 대신하기도 한다. 병이란 병은 다 걸리고, 걸렸다 하면 잘 낫지 않는 선교를 보면 엄마는 자기가 잘못하는 것은 아닌지 죄책감이 든다.

아이는 엄마 뱃속에서 나올 때 면역성을 한 보따리 가지고 나오지만 6개월이면 다 써버린다. 그래서 생후 6개월쯤 되면 아이가 자주 감기에 걸리고 골골 대는 것처럼 느껴진다. 아이가 면역성을 어느 정도 제대로 만드는 시기는 만 2세 정도여서 그때까지는 잔병치레로 병원을 찾는 일이 많다.

만 2세가 지난다고 면역성이 완성되는 것은 아니다. 어느 정도 면역성은 있지만 아이는 여전히 면역성을 키우는 중이라 성인보다 병에 자주 걸린다. 감기는 종류가 무척 많지만 한 번 걸린 것은 면역력이 생겨서 성인이 될수록 점점 더 감기에 안 걸리는 것처럼 보인다. 그런데 아이는 만나는 바이러스마다 새롭다보니 몸에 들어오는 족족 병을 일으킨다. 특히 환절기에 아이가 감기에 자주 걸리는 이유는 심한 일교차에 적응하느라 몸이 약해져 있기 때문이다. 또 봄·가을 선선한 계절이 감기 바이러스가 가장 활발하게 활동하는 때이기도 하다.

하지만 모든 아이가 선교처럼 감기로 심하게 고생하는 것은 아니다. 자주 걸리더라도 훌훌 털어내고 씩씩하게 밥도 잘 먹고 잘 논다. 그런데 선교는 감기가 곧 합병증을 부르고, 아토피피부염까지 괴롭혀 맥을 못 추게 만든다.

선교 엄마는 도대체 어디부터 손을 대야 할지 막막해했지만 선교를 진단한 결과 병에 걸리는 모든 원인은 아이의 식습관과 생활습관에 있었다. 전문가는 "감기는 얼마나 자주 걸립니까?"라는 질문 대신 "일주일에 고기를 몇 번 먹이십니까?"라고 물었다. 선교에게 가장 시급한 일은 체중을 늘려주는 것이고, 그렇게 하려면 고기 양을 늘려 식욕을 증가시켜야 하기 때문이다. 이렇게 체중이 적게 나가는 아이는 한 번에 많이 먹지 못하기 때문에 하루 세 번 영양 간식으로 영양을 보충해야 한다.

밥을 잘 먹지 않는다고 간식을 아예 주지 않으면 아이는 배고픈 것을 참는 습관을 만들고 스스로 식욕을 점점 떨어뜨릴 수 있다. 밥을 잘 먹지 않아 체중이 늘지 않는 아이에게는 하루 일정량 총칼로리의 25%을 꼭 간식으로 주어야 한다. 간식이라고 해서 초콜릿, 과자를 말하는 것이 아니다. 고기 완자, 너겟 같은 것을 우유와 함께 준다. 주식과 비슷한 특식 정도로 생각하면 된다. 선교는 체중이 충분히 나갈 때까지 어린이 우유가 아니라 보통 우유를 먹여야 한다.

전문가는 또한 "아이가 잠은 몇 시에 잡니까?"라는 질문을 던졌다. 지금까지 보통 10시에 잠들던 선교는 앞으로는 8시나 9시쯤 재워 최대한 충분히 자게 해야 한다. 잠을 충분히 자는 것이 몸 기능을 정상화하는 데 가장 중요하기 때문이다. 밤에 아토피피부염 때문에 가려워 깨더라도 처방받은 연고를 바르거나 그 부위를 좀 시원하게 해주면서 혼자 잠들게 하는 것이 중요하다. 전문가는 약한 아이일수록 식습관과 생활습관의 기본 틀이 중요하다고 강조했다. 그래야 그 많은 질병을 뿌리째 뽑을 수 있기 때문이다.

선교는 아토피피부염을 치료하는 것이 시급하다. 아토피피부염을 제대로

Tip

허약한 우리 아이, 어떻게 돌볼까?

소화기가 허약한 경우

- **증상**
  1. 배가 자주 아프거나 체하고 배에서 소리가 난다.
  2. 구토나 구역질을 자주 하고 설사나 변비가 잦다. 처음 나오는 변은 딱딱하고 뒤에 나오는 변은 무른 경우도 있다.
  3. 몸이 마르고 팔, 다리에 힘이 없다. 저리다고 하기도 하고 밤에 자다가 쥐가 나기도 한다.
- **돌보기** 허약한 아이에게 가장 흔히 나타나는 증상이다. 일정한 시간에 일정한 양을 먹게 습관을 들이고, 밀가루 음식, 단 음식, 찬 음식, 간식 등을 제한한다. 잘 먹는다 싶더라도 한 번에 너무 많이 먹이지 말아야 한다. 또 패스트푸드는 절대 피한다.

호흡기가 허약한 경우

- **증상**
  1. 열이 없어도 가슴이 울리는 기침을 자주 한다.
  2. 감기에 걸리면 목부터 붓고 편도선염, 인후염 등에 잘 걸린다.
  3. 코피가 자주 나고 코가 잘 막힌다. 그래서 자면서 이리저리 많이 뒤척이고 차가운 곳을 찾아다닌다.
- **돌보기** 보통 천식과 비슷한 증상이 많이 나타나는데, 이 경우 일광욕을 하면 좋다. 일광욕을 많이 하고 깨끗한 공기를 자주 마시면 폐기관계가 튼튼해진다. 그런 의미에서 삼림욕을 권한다. 삼림욕을 하면 몸에 있는 나쁜 기운이 빠져나가고 깨끗한 기운이 들어온다. 또 약간 추운 듯하게 재운다. 너무 더우면 기관지 쪽이 확장되면서 바이러스가 유입되기 쉽다.

운동신경계가 허약한 경우

- **증상**
  1. 팔이나 다리가 양쪽 모두 또는 한쪽만 힘이 없다.
  2. 자주 넘어지며 팔, 다리를 자주 삔다.
  3. 근육에 경련이나 쥐가 잘 나고 달리기를 못한다.

- **돌보기** 제대로 성장하지 못하는 경우도 있으므로 조심해야 한다. 무엇보다 운동을 적당히 해야 한다. 너무 과도하면 에너지가 많이 소모되기 때문에 먹은 음식을 소화하지 못하는 상황이 벌어진다. 그렇게 되면 먹는 것 자체를 싫어할 수도 있다. 목욕을 자주 해 혈액순환을 좋게 한다.

비뇨생식기가 허약한 경우
- **증상** 1. 소변이 잦으며 시원하지 않고 소변색이 탁하다.
  2. 소변양이 적고 아침에 일어나면 눈두덩이 붓는다.
  3. 자다가 오줌을 누거나 낮에도 옷에 오줌을 지린다.
- **돌보기** 이런 경우 크게 두 가지로 본다. 신경이 예민한 아이가 신경성으로 방광 쪽에 질환이 생기는 경우와 방광이 늦게 자라는 경우다. 이런 허약증이 있는 여자아이는 특히 빨리 고쳐야 하는데, 생리를 시작하면 자궁이 갑자기 커져 방광 쪽이 압박을 받기 때문이다. 방광이나 요도에 염증이 생기고 빈뇨가 심해질 수 있다. 이때 배를 따뜻하게 마사지해주면 좋다. 아이는 배가 따뜻하고 머리가 시원해야 잠을 잘 자므로 옷을 더 입히거나 천기저귀로 배 부분을 감싸서 재우는 것이 도움이 된다. 숙면을 취해야 방광이 좋아지고 예민함도 사라지며, 잘 자야 튼튼한 체질이 된다.

정신신경계가 허약한 경우
- **증상** 1. 잘 놀지만 겁이 많으며 경기를 잘한다.
  2. 자다가 갑자기 울기도 하고 환경 변화에 민감하다.
  3. 잠꼬대를 자주 하고 자다가 일어나서 서성거리기도 한다.
- **돌보기** 엄마가 힘들겠지만 사랑으로 보듬는 방법밖에 없다. 갑작스러운 환경 변화는 되도록 피하고 이사 가더라도 미리 아이와 여러 번 방문하여 서서히 적응할 수 있게 한다.

치료하지 않으면 비염, 천식 등이 따라온다. 병원에서 진행하는 대로 꾸준히 치료받는 것이 좋다. 스테로이드제에 지나치게 겁을 먹기도 하는데, 스테로이드제는 의사의 처방을 받아서 제대로 쓰면 아주 좋은 약이다. 아이에게는 약한 스테로이제를 쓰므로 전문의 처방에 지나친 거부감을 갖지 않아도 된다.

그 밖에 원인이 되는 음식이 있다면 제한하고 생활 관리를 철저히 하여 아토피피부염을 먼저 치료해야 한다. 알레르기가 있는 아이는 감기에 걸리면 중이염이나 천식이 함께 올 수도 있다. 아토피피부염 때문에 선교에게 고기를 잘 먹이지 않는다면 고기가 유발음식인지 아닌지 먼저 알아보고 아니라면 고기를 잘 먹여야 한다. 고기가 유발음식이더라도 닭고기, 돼지고기, 쇠고기가 모두 유발음식일 확률은 낮다.

어른들은 고기를 많이 먹으면 성인병 위험도 있고 건강을 위협하는 여러 원인이 될 수도 있다. 하지만 고기의 동물성 단백질은 아이 성장에 매우 중요하다. 동물성 단백질에 들어 있는 아연이나 철분은 면역성을 키워주고 키도 잘 크게 해준다. 고기는 아이 성장발달 전반에 영향을 주며 감기를 비롯해 많은 질병을 예방하는 데 탁월한 효과를 발휘한다. 아토피피부염이 있을수록 고기를 챙겨먹어야 상한 피부가 잘 재생된다. 또 고기를 비롯한 기본 식품군을 골고루 잘 먹어야 한다.

하루 1시간 이상 열심히 뛰어놀게 하는 것도 중요하다. 유치원과 같이 통제된 공간이 아니라 놀이터나 운동장같이 확 트인 곳에서 마음대로 뛰어놀게 해야 한다. 그것이 잔병치레를 막은 비법 중 비법이다. 세상에는 땀 흘리지 않는 건강은 없다.

참고로 감기를 예방하는 가장 좋은 방법은 손에 비누를 칠해 뜨거운 물로 꼼꼼히 씻는 것이다. 최소 20초 동안 손등, 손가락 사이를 구석구석 씻는다. 손을 잘 씻으면 생각보다 많은 병을 예방할 수 있다.

증상별 아픈 아이 돌보기

아이에게 병의 조짐이 보이면 일단 동네 소아청소년과를 찾아 진료를 받는다. 약을 먹으면서도 증상은 며칠 지속될 수 있으므로 집에서 엄마의 돌보기가 꼭 필요하다. 증상별 아픈 아이 돌보기 요령을 숙지해두자.

열이 날 때

아이가 열이 나면 열을 내려주는 것이 좋다. 38℃ 이상이면 해열제를 쓰고 30분에서 1시간 정도 기다려본 뒤 열이 떨어지지 않으면 옷을 다 벗기고 미지근한 물로 몸을 닦아주거나 시원하게 해준다. 38℃ 이하라면 옷을 벗겨서 시원하게 해주는 것만으로도 열이 어느 정도 떨어진다. 열이 떨어지지 않아 아이 몸을 물로 닦아줄 때는 물 온도가 30℃ 전후로 미지근해야 한다. 열을 빨리 내리겠다고 찬물로 닦아주면 아이가 떨기 때문에 열이 더 발생한다.

열이 높을 때는 반드시 해열제를 먹이고 몸을 닦아주어야 하는데, 뇌에서 우리 몸에 체온을 이만큼 높이라는 명령을 내렸기 때문에 체온이 올라가는 것이다. 해열제는 뇌에서 내린 명령을 바꿔 체온을 내리는 일을 한다. 따라서 뇌의 명령을 바꾼 후 몸을 닦아주면 내려간 기준섬을 따라 체온이 떨어진다. 이에 반해 해열제를 쓰지 않고 몸만 닦으면 아이 체온이 일시적으로 떨어졌다가 다시 올라가는 현상을 보인다. 뇌가 보낸 명령은 그대로이기 때문이다.

열 자체는 우리 몸에 좋다. 열이 있으면 오히려 병이 빨리 치료된다. 그러므로 열을 정상 체온까지 억지로 떨어뜨릴 필요는 없다. 우리가 해열제를 쓰는 이유는 열이 나면 아이가 어릴수록 너무 힘들기 때문이다. 특히 돌 전 아이는 열이 심하면 열성경기를 할 수도 있다.

기침할 때

아이가 기침할 때는 오히려 기침을 편하게 할 수 있게 도와주어야 한다. 기침은 몸 안에 있는 나쁜 것을 밖으로 내보내는 아주 좋은 일을 한다. 그래서 병원에서도 요즘은 아주 심하지 않으면 기침 억제 방법을 잘 쓰지 않는다. 아이가 기침을 쉽게 하게 하려면 가습기를 틀어주거나 미지근한 물을 많이 마시게 하는 것이 좋다. 이때 가습기 위생을 철저히 해야 하는데, 가습기 물은 매일 갈고, 가능하면 끓였다 식힌 물을 사용하는 것이 좋다. 또 가습기를 틀면 집 안에 습기가 차 곰팡이가 생길 수 있으므로 환기를 자주 해 방을 잘 말려야 한다.

코가 막힐 때

코가 막힐 때는 가습기를 틀어주는 것이 가장 좋고, 평소 몸이 마르지 않게 수분을 충분히 섭취시켜주는 것이 중요하다. 엄마들은 코가 막히면 자꾸 콧물을 뽑아내려고 하는데, 콧물을 너무 열심히 제거하는 것은 별로 권하지 않는다. 콧물은 호흡기의 수분을 보충해주므로 코에 적당히 있어야 한다. 콧물

먹일까, 말까? 약에 대한 궁금증

해열제
해열제는 보통 아이 체온이 38℃를 넘으면 먹인다. 그런데 엄마 생각에는 37.7℃나 38℃나 아이가 뜨끈뜨끈한 것은 마찬가지인 것 같아 해열제를 먹이기도 한다. 이런 경우 별로 걱정할 필요 없다. 해열제는 정량을 초과하지만 않으면 안전하다. 해열제는 열이 날 때 먹이지만 아이가 보챌 때도 먹일 수 있다. 두통이 있을 때 해열제를 먹이는 것처럼 많이 보챌 때는 진통효과를 얻기 위해 먹이기도 한다. 하지만 해열제를 먹인다고 아이 열이 거짓말처럼 내려가지는 않는다. 해열제는 제대로 썼을 경우 열은 1℃ 정도 떨어진다. 아이 열은 한 번 나기 시작하면 2~3일 지속되므로 해열제를 먹였는데도 열이 떨어지지 않는다고 너무 놀라지 말자.

종합감기약
만 2세 이하 아이에게는 종합감기약을 먹이면 절대로 안 된다. 가장 큰 이유는 어린아이일수록 감기약은 의사 처방을 받고 사용해야 하는데, 아이에게는 감기처럼 보이지만 감기가 아닌 경우가 너무 많기 때문이다. 부모가 임의로 진단해 약을 먹이지 말아야 하는 것 또한 이런 이유 때문이다. 또 종합감기약은 여러 가지 약을 섞어놓았기 때문에 두 돌 이하 아이에게 적합하지 않은 약이 들어 있을 수 있다. 미국소아청소년과학회에서는 만 6세까지는 종합감기약을 권장하지 않는다.

항생제
아이가 감기 때문에 항생제를 너무 많이 먹는다고 고민하는 엄마들이 많다. 감기에는 원래 항생제를 쓰지 않게 되어 있다. 감기인데 항생제를 받았다면 진짜 감기인지 아닌지 의사에게 확인해야 한다. 집에 가서 고민하지 말고 항생제인지 아닌지 확인해 항생제를 쓸 병이 아니라면 빼달라고 요구하라. 그것이 부모의 권리이자 아이에 대한 의무다. 항생제 내성이 생기지 않으려면 전문의에 의해 제대로 처방받았고 적당한 기간 쓰는 것이다. 감기는 일주일 이상 가지 않기 때문에 오랜 기간 '감기'라고 생각하는 병으로 치료받는다면 그것이 정말 감기인지 확인해야 한다. 감기라고 하지만 감기가 아닌 병이 너무 많다.

을 모두 뽑아버리면 뻥 뚫려서 시원하지만 코 건강에는 좋지 않다.

요즘 엄마들이 많이 사용하는 점비액도 처음에는 기분이 좋아지지만 나중에는 코가 더 막히게 할 수 있으므로 함부로 사용해서는 안 된다. 어린아이가 코가 막혀 답답해할 때는 코 입구에 식염수 두세 방울을 떨어뜨리고 흡입기로 살짝 뽑아내면 된다. 이때 콧구멍 입구에 있는 코딱지나 콧물만 제거해야지 깊숙이 있는 것까지 뽑아내려고 하면 안 된다.

감기 때문에 장염이 왔을 때

감기는 아이의 호흡기만 공격하는 것이 아니라 장에까지 침범한다. 따라서 감기에 걸리면 변이 묽어지거나 설사를 한다. 감기에 걸렸는데 항생제를 써야 하는 다른 병이 있으면 항생제가 장을 나쁘게 만들어 설사하는 경우가 상당히 많다. 이렇게 장염에 걸렸을 때는 음식을 억지로 먹이지 말아야 한다. 아이의 식욕이 떨어졌을 때는 좀 여유 있게 기다린다. 장염이 그리 심하지 않을 때는 음식을 함부로 제한하지 말아야 한다. 변이 묽어진다고 묽은 죽을 먹이거나 고기 등을 주지 않는 경우가 많은데, 증상이 심하지 않을 때는 평소와 똑같이 먹이는 것이 아이 회복에 더 좋다. 단, 너무 단것이나 찬 것, 기름기가 너무 많은 음식은 제한한다. 감기가 나으면 장염도 나으므로 크게 걱정하지 않아도 된다.

변비가 있을 때

아이가 변을 딱딱하게 보거나 변을 보는 사이사이 힘들어하면 변비라고 한다. 변을 보지 못해 아이 성격이 민감해져도 변비라고 한다. 반대로 변이 딱딱하지만 별로 힘들어하지 않고 쉽게 변을 본다면 변비라고 하지 않는다. 변을 볼 때 너무 힘들면 아이는 변을 참을 수도 있고, 변을 보지 않으려고 밥을 먹지 않기도 한다. 수분을 적게 마시거나, 식습관이 바뀌었거나, 섬유질 섭취가 부족할 때 변비에 걸린다.

변이 항문에 오래 머물러 있으면 수분을 모두 빼앗긴다. 그렇게 되면 덩어리가 작아져 장이 늘어나지 않아 변을 볼 의욕을 느끼지 못한다. 그래서 변비에 걸린 아이는 섬유질을 충분히 섭취하라고 한다. 이파리 채소를 보통 만 2세는 1컵 정도, 만 4세는 2컵 정도 먹어야 한다.

그 밖에 과일도 많이 먹어야 한다. 과일 중에는 특히 섬유질이 풍부한 사과나 배가 좋다. 하지만 과일과 채소가 모두 변비에 좋은 것은 아니다. 익힌 사과나 후숙이 안 된 싱싱한 바나나는 변비를 더 심하게 한다. 당근이나 노란호박도 익히면 변비가 더 심해지는 물질이 만들어지므로 피하는 것이 좋다. 수분 섭취도 늘려야 한다. 아이는 놀다보면 물 마시는 것도 잊기 때문에 엄마가 수분을 보충해주어야 한다. 또 변비를 고치려면 잘 뛰어놀게 해야 한다. 운동량이 늘어야 장운동도 활발하다. 하루 1시간 이상은 반드시 뛰어놀게 한다.

그런데 음식만으로 해결되지 않는 변비가 있다. 변을 볼 때 아팠던 기억이 있을 경우, 변의를 느끼면 항문이 넓어지는 것이 아니라 좁아진다. 이때 항문에서 피가 나고 항상 부어 있기 쉬운데 이것을 기능성 변비라고 한다. 이는 아이가 힘을 주는 것 같은데 항문이 열리지 않거나, 응가한 줄 알았는데 아무것도 없거나, 처음 보는 변이 지나치게 딱딱할 때 의심할 수 있다. 기능성 변비는 일반 변비와 똑같이 치료하면서 아픈 기억을 줄여주기 위해 변을 묽게 해주는 약을 복용한다. 하루 4번 정도 좌욕도 시켜준다. 심하면 관장을 해서 변을 볼 때 아프지 않게 해주는 것도 필요하다.

일반적인 변비일 때 함부로 관장하면 습관성 변비가 되므로 권하지 않는다. 하지만 기능성 변비는 관장해주지 않으면 변을 참는 습관이 생기므로 관장이 필요하다. 관장할 때는 항문 주위에 먼저 관장약을 뿌린다. 그리고 항문에 관장기 끝을 아주 조금 넣는다. 두 돌 된 아이는 관장약을 3~5cc 넣은 뒤 약이 밖으로 나오지 않게 1~2분 입구를 막고 있어야 한다. 관장하고 난 다음에는 깨끗이 씻어준다.

설사할 때

아이의 장은 세균, 바이러스, 알레르기 등 여러 원인으로 자극받으면 설사한다. 설사도 열이나 기침과 마찬가지로 몸에 반드시 나쁜 것은 아니다. 설사는 몸의 나쁜 것을 밖으로 내보내는 물청소 같다. 함부로 약을 먹어서 설사를 막으면 내보내야 할 나쁜 것들이 몸에 남아 있어 더 좋지 않은 질병을 일으킬 수 있다. 따라서 심하지 않으면 여유를 갖고 기다리는 것도 괜찮다. 하지만 설사가 심해지면 아이가 탈진할 수 있으므로 전해질 용액을 먹여 탈진을 막아야 한다.

옛날에는 설사하면 굶기라고 했지만 그것은 먹은 것이 모두 변으로 나온다고 생각했을 때 이야기다. 요즘에는 먹은 것은 먹은 것대로 흡수되고 설사는 설사대로 나온다고 한다. 요즘 설사치료의 기본원칙은 제대로 먹이는 것이다. 일반 이온음료는 당분이 많아 설사를 더 심하게 할 수 있으니 주지 말자. 엄마가 보기에는 설사인 것 같지만 아이 식습관이나 체질 등을 보았을 때 설사가 아닐 수도 있느니 병원에 아예 변을 들고 가는 것이 좋다.

04

아이 괴롭히는 고질병, 어떻게 해야 할까

아토피, 임신 전부터 대비하라

생후 4개월 된 해정이는 온몸이 빨갛다. 2개월에 시작된 태열이 온몸으로 퍼졌다. 너무 어려서 항히스타민제를 쓰는 것이 마음에 걸리지만 아이가 워낙 가려워해 어쩔 수 없이 처방받은 연고를 짓무른 목, 팔, 다리에 발라준다. 병원에 갈 때마다 아이를 전염병에 걸린 사람 보듯 하는 주변 사람들의 시선도 싫고, 피부가 뽀얀 또래 아이를 보면 그렇게 부러울 수 없다. 아토피는 잘 낫지 않는다는데 평생 이렇게 고생하면 어쩌나 가슴이 찢어진다.

아이 얼굴에 울긋불긋 돋아나는 '태열'은 옛날에는 돌이 지나면 저절로 낫는 병이라 걱정도 하지 않았다. 지금도 70~80대 노인들은 아이 볼에 붉게 올라온 태열을 보고 고민하면 쓸데없이 걱정한다고 핀잔하신다. 하지만 그건 정말 공기도 맑고, 먹을거리도 깨끗했던 옛날이야기다. 요즘에는 '아토피피부염'이라는 말만 들으면 엄마 가슴이 덜컥 하고 내려앉는다. '난치병'으로 알려졌기 때문이다. 걸렸다는 사람은 많아도 완치되었다는 사람은 거의 없으니 그런 말이 나올 만도 하다.

아토피피부염은 보통 생후 2~3개월에 나타나기 시작해 2~3세가 되면 천식을, 6세가 되면 비염을 동반하는 경우가 많다. 아토피피부염의 주원인은 집먼지진드기, 곰팡이, 꽃가루, 애완동물의 털과 분비물 등이라고 한다. 그리고 환자의 30%는 음식물 때문에 악화된다고 한다. 특히 닭고기, 돼지고기, 달걀, 우유, 밀가루, 생선, 조개, 땅콩 같은 단백질이 알레르기를 유발하는 대표 음식으로 알려졌다. 이 때문에 얼마 전까지만 해도 육식 증가가 아토피피부염을 유발하는 원인이라고 하는 학자도 있었다. 아토피피부염이 있는 아이를 둔 엄마들은 그때 너도나도 '채식 바람'에 휩싸였다.

그런데 최근 연구에 따르면 아토피피부염은 식품첨가물이 가장 큰 영향을 미친다고 한다. 경미한 아토피피부염을 보이는 아이는 식품첨가물만 제한해도 10~20% 좋아진다. 아토피피부염은 유전적으로 알레르기 성향을 갖는 것을 말하는데, 유전적으로 면역 불균형이 있을 때 음식과 환경 등에 노출되어 알레르기가 생기는 것으로 본다. 아토피피부염은 '환경병' '문명병'이라고 알려져 있을 만큼 환경과 연관이 깊다. 이것이 아토피피부염의 무시할 수 없는 원인이지만 그렇다고 전부는 아니다.

최근에는 식품첨가물 과다 섭취나 특정 식품에 대한 알레르기가 더 확실한 원인으로 인식된다. 갓 태어난 아이가 청정환경에 사는데도 아토피피부염에 시달린다면 바로 식품첨가물 때문일 수 있다. 엄마가 임신 중에 먹은 아이스크림, 과자, 인스턴트 식품 등이 탯줄을 통해 태아에게 전달된다. 이것들은 식품첨가물이 많이 들어간 대표 음식이다. 상황이 이렇다보니 아이는 태어나기 전부터 식품첨가물에 노출된다.

게다가 태어나서는 엄마 모유를 통해 식품첨가물이 그대로 아이에게 전달된다. 모유를 먹는 아이가 아토피피부염으로 고생하는 경우 엄마가 외식을 줄이고 식품첨가물을 철저히 제한하면 아이 증상이 나아지는 예가 아주 많다. 갓 태어난 아이의 아토피피부염은 대부분 엄마의 먹을거리 때문에 생긴다. 따라서 피부가 뽀얗고 건강한 아이를 낳고 싶다면 엄마는 임신과 동시에 먹을거리를 철저히 관리해야 한다.

Tip

식품첨가물, 알아야 피한다

식품첨가물은 몇 천 년 전부터 사용해왔다. 지난 100년 사이 생활의 편리함을 위해 하나씩 늘려온 것이 무려 3,000여 종이 넘는다. 최근 들어 이 가운데 천연첨가물은 문제되지 않지만 화학첨가물은 건강을 심각하게 위협하는 것으로 알려졌다.

화학조미료 | 글루탐산나트륨(MSG)
- 기능 : 식품에 존재하지 않는 맛을 내는 물질
- 사용식품 : 과자, 음료수, 맛소금, 다시다, 감치미

착색제 | 타르색소
- 기능 : 색을 내는 화학물질
- 사용식품 : 치즈, 아이스크림, 과자류, 사탕, 통조림

발색제 | 아질산나트륨, 아초산나트륨
- 기능 : 색을 선명하게 하는 데 사용하는 물질
- 사용식품 : 햄, 소시지

감미료 | 둘신, 사이크렐메이트, 사카린, 나트륨
- 기능 : 단맛을 내는 물질
- 사용식품 : 청량음료, 간장, 과자, 빙과류

기타 | 방부제, 표백제, 향신류 등

원인을 알면 치료할 수 있다

태어난 지 33개월 된 윤영이가 눈 밑에 빨갛게 아토피피부염이 올라온 채 병원을 찾았다. 전문가와 대면한 엄마는 아이에게 미안해서 쥐구멍에라도 숨고 싶었다. 윤영이의 아토피피부염은 엄마가 임신 전에 즐겨먹은 컵라면이 원인이라는 생각이 들었기 때문이다. 그때 먹은 식품첨가물이 윤영이에게 그대로 전달되어 아토피피부염을 일으켰을 거라고 추측했다.

윤영 엄마는 식품첨가물을 제한하라는 숙제와 알레르기를 잘 일으키는 일곱 가지 음식을 제한하라는 숙제를 받았다. 그리고 알레르기 정도를 알아보는 피검사도 했다. 다행히 윤영이의 피검사 결과 알레르기 유발 수치는 높지만 많이 진행되지는 않았다. 알레르기 식품을 하나씩 제한하는 검사를 하여 우유와 달걀이 윤영이의 알레르기 유발 음식이라는 것을 알았다. 그래서 내성유도치료를 받아 아토피피부염 걱정 없이 좋아하는 우유와 달걀을 마음껏 먹을 수 있게 되었다.

우리는 아토피에 대해 몇 가지 잘못된 개념을 가지고 있다.

첫째, 아토피는 공해병이라는 것이다. 물론 아토피는 공해병이다. 그런데 공기가 좋은 곳에 가서도 식품을 조심하지 않으면 아토피피부염은 치료할 수 없다. 식품환경이나 식품첨가물이 원인이라는 것이다.

둘째, 아토피는 난치병이라는 것이다. 제법 오랫동안 생활 관리를 철저히 해야 하는 것은 사실이지만 그렇게 하면 나을 수 있다. 면역 불균형을 해결하여 아예 음식 알레르기를 없앨 수도 있다. 아직 많이 알려지지 않았지만 정확히 진단해 원인을 가리고 필요한 조치를 하면 아토피도 치료할 수 있다.

셋째, 아토피 환자는 채식해야 한다는 것이다. 주로 단백질이 알레르기를 유발하다보니 나온 말이다. 이는 정말 잘못된 아토피 상식이다. 채소나 과일에도 단백질 성분이 있으면 알레르기를 일으킨다. 또 모든 육류가 알레르기를 유발하는 것은 아니다. 아토피피부염이 있지만 고기, 우유, 달걀에 전혀 알레르기를 보이지 않는 아이도 많다. 아토피피부염이 있는 아이는 평균 두세 가지 음식에만 알레르기 반응을 보이는 것으로 나타났다.

넷째, 아토피 환자는 MSG가 첨가되지 않은 인스턴트 음식은 먹어도 된다는 것이다. 앞에서도 얘기했지만 아토피피부염에 문제가 되는 것은 화학 처리된 모든 식품첨가물이다. 유통 중에 썩지 말라고 넣는 방부제도, 색을 예쁘게 하기 위해 넣는 발색제도 모두 아토피피부염에게는 적이다.

아이가 아토피피부염이 의심된다면 가장 시급한 것이 모든 식품첨가물을 제한하는 것이다. 그다음에 원인이 되는 음식을 찾는다.

1단계로는 아이에게 알레르기를 잘 일으키는 대표 음식인 우유, 달걀, 두부, 쇠고기, 닭고기, 돼지고기, 밀가루 등을 모두 끊어 아이 증상이 좋아지는지 본다. 3~7일 끊었더니 좋아졌다면 그 7가지 가운데 원인 유발 음식이 있다고 가정할 수 있다. 보통 80% 정도 아이가 식품첨가물과 7가지 음식만 제한해도 증상이 좋아진다.

2단계로는 원인 음식을 정확히 알기 위해 7가지 음식 가운데 한 가지씩 일주일 정도 먹여본다. 한번 먹였는데 바로 나타난다면 먹이기를 즉시 중단한다. 닭고기의 경우 일주일 후에 나타나기도 해 일주일까지 두고 보기도 한다. 아이를 잘 관찰해 증상이 심해지는 것 같다면 바로 중단해야 한다. 이렇게 해서 원인 음식이 밝혀지면 그 음식의 식이를 제한하고 나머지 음식은 마음껏 먹여도 된다.

　이때 알레르기를 유발하는 음식을 대체할 만한 음식을 알고 있다면 영양 불균형을 막을 수 있다. 우유에 알레르기를 보이면 산양유, 두유, 쌀음료 등으로, 육류에 알레르기를 보이면 생선 고등어, 꽁치, 삼치 등이 맞지 않으면 동태, 도미 등으로, 밀가루에 알레르기를 보이면 옥수수가루, 쌀가루, 감자가루, 고구마가루 등으로, 달걀에 알레르기를 보이면 육류, 생선, 우유, 두유 등으로, 두부에 알레르기를 보이면 달걀, 생선, 육류, 우유 등으로, 닭고기에 알레르기를 보이면 쇠고기, 돼지고기, 달걀 등으로 대체하면 된다.

　우리 아이가 아토피피부염인지 아닌지 정확하게 알고 싶다면 가까운 소아청소년과나 알레르기 전문 병원 등에서 호산구 수치와 알레르기 항체 수치를 알아보는 간단한 혈액검사를 받으면 된다. 호산구 수치는 알레르기 유발 여부를 알려주는 수치이고, 총알레르기 수치는 알레르기 진행 기간과 심한 정도를 나타내는 수치이다. 호산구 수치로는 식품을 얼마나 제한해야 할지 판단하는데, 낮을 경우 식품첨가물만 제한해도 아토피피부염이 좋아진다. 총알레르기 수치로는 아이가 얼마나 심하게 오랫동안 알레르기를 앓았는지 알 수 있다. 수치가 낮으면 아무래도 치료하기가 수월할 수 있다.

　알레르기 유발 음식이 무엇인지 정확하게 알지만 아이에게 그 음식을 꼭 먹여야겠다면 '식품내성유도치료'를 받는다. 이것은 면역조절주사를 맞아 아토피피부염의 면역체계 불균형을 바로잡은 다음 약효가 나타나기를 10분 정도 기다렸다가 문제되는 음식물을 먹는 방법으로, 일주일 동안 진행된다. 몸속에 있는 아토피피부염 유발 음식에 대한 기억을 없애주는 것으로 치료가 끝나면 대개 알레르기 유발 음식을 자유롭게 먹을 수 있다.

하지만 모든 아이가 식품내성유도치료를 받을 필요는 없다. 만 5세 미만 아이는 더욱 그렇다. 우유의 경우 만 3세 정도 되면 80%가 저절로 좋아져 알레르기를 유발하지 않게 되고, 다른 음식도 만 3세가 지나면 반 이상 좋아진다. 늦어도 만 5세까지는 많은 음식에서 알레르기 반응이 사라진다. 따라서 가정에서 제한하는 것으로 아토피피부염을 관리해도 된다.

7가지 음식 중 알레르기를 유발하는 음식을 알아내는 검사를 '경구형 식품유발검사'라고 하는데, 이를 집에서 하면 무척 위험하다. 급성 알레르기를 일으키면 쇼크나 호흡곤란이 올 수 있기 때문이다. 따라서 원인 물질을 찾을 때는 소아청소년과나 전문기관을 이용하는 것이 좋다. 또 만 3세에 한 번, 만 5세에 한 번 알레르기 검사를 받아 현재 아이에게 알레르기를 일으키는 음식이 얼마나 줄었는지도 체크한다. 간혹 식품첨가물도 제한하고 7가지 음식도 모두 체크했는데 알레르기 반응을 일으키는 음식을 찾지 못할 수 있다. 이런 사례가 15% 정도 되는데, 이때 피부 보습, 집먼지진드기, 습도, 온도 등 환경관리를 철저히 하고 그래도 안 되면 면역조절체계의 불균형을 해결하는 치료를 받는다.

> **Tip**
>
> ### 아토피피부염 자가진단법
>
> 1. 가려움이 있는가?
> 2. 태열이 있었는가?
> 3. 만성 재발성 피부염(피부염증)이 있는가?
> 4. 연령에 따른 특징적인 피부염이 있는가?
> 5. 가족 중 알레르기를 앓은 사람이 있는가?
> 6. 피부건조증이 있는가?
> 7. 피부염이 잦은가?
> 8. 손바닥에 잔금이 많고 모공각화증을 진단받는가?
> 9. 습진 증상이 있는가?
> 10. 피부가 하얗게 일어나는 증상이 있는가?
>
> * 1~5번은 주된 증상이고, 6~10번은 보조 증상이다. 이런 증상이 많을수록 아토피피부염을 의심해볼 수 있다.

아토피에 지지 않으려면

5세 된 윤희는 태어나면서부터 아토피피부염을 앓고 있다. 이제껏 윤희가 엄마한테 가장 많이 들은 말은 '먹지 마' '긁지 마'이다. 우유도 안 된다, 고기도 안 된다, 과자도 안 된다. 늘 아이를 말렸다. 길거리에서 핫도그나 도넛을 사먹는 아이들을 보면 윤희도 먹고 싶지만 그랬다가는 그날 저녁 온몸이 가려울 것이 두려워 먹지 못한다.

어쩌다 자신도 모르게 긁적긁적하다보면 어디선가 엄마의 불호령이 떨어진다. "윤희야, 긁지 말랬지?" 이렇게 다그치는 윤희 엄마도 괴롭다. 혼날까 봐 안 긁었다고 아이가 황급히 도망가고 나면 바닥에 떨어져 있는 아토피 흔적. 모기만 물려도 가려운데, 벌써 5년째이니 얼마나 가려울까? 엄마도 그런 윤희를 보면 건강하게 낳아주지 못한 것도 미안하고 빨리 낫게 해주지 못하는 것도 미안하다.

아토피 아이를 둔 부모가 아니면 그 마음을 모른다. 얼마나 절실하게 아이의 아토피피부염을 낫게 해주고 싶은지, 정말 할 수만 있다면 모든 것을 다 해주고 싶다. 그래서 엄마는 경제적으로 부담되어도 자꾸 아토피피부염에 좋다는 것을 사들여서 먹인다.

아토피피부염도 그냥 병이다. 다른 병처럼 원인을 알고 치료하면 나을 수 있다. 그런데 근본적인 원인은 치료하지 않고 보조적인 치료에만 집중하다보니 병은 병대로 계속 끌고 가고, 돈은 돈대로 든다. 물론 그 과정에는 고생은 고생대로 하는 엄마와 아이가 있다. 면역성을 좋게 한다는 영양보조식품들을 닥치는 대로 사고, 갖가지 약초 목욕을 시킨다. 피부보습에 좋다는 스킨케어도 보이는 대로 사들인다. 누가 효과를 봤다더라 하면 밑져야 본전이라는 생각에 내 아이에게 적용해본다. 하루라도, 한 달이라도, 1년이라도 빨리 아토피피부염에서 벗어나게 하겠다는 것이 부모 마음이다.

그러나 반짝 좋아졌다가 다시 나빠지는 사이 온 가족이 지친다. 먹지 못하는 것 백 가지에 이 방법, 저 방법 다 써보는 사이 아이는 점점 신경질적으로 변하고, 아토피피부염을 앓는 아이에게만 온 신경을 쏟는 엄마 때문에 형제자매도 지쳐간다. 증상이 호전되지 않으니 부모도 좌절하고 분노한다.

이러한 좌절감과 분노는 돈을 많이 지불할수록 더 크게 다가온다. 따라서 온 가족이 지치지 않으려면 마음을 느긋하게 해야 한다. 소아청소년과에서 아토피피부염을 치료한다면 이곳저곳 메뚜기처럼 다니지 말고 끈질기게 치료하자. 그렇게 동네 병원에서 치료하면서 문제가 되는 식품첨가물과 음식물을 제한하고 일반적으로 알려진 아토피 생활원칙을 철저히 지키면서 시간을 보내면 만 3세 혹은 취학 전까지는 일상생활에 불편을 느끼지 않을 정도로 많이 좋아진다. 공해병이고 문명병이니까 자연으로 해결하겠다고 너무 공을 들이다보면 오히려 스트레스를 받아 아토피피부염을 앓는 아이보다 엄마나 다른 가족이 더 약해질 수 있다.

부모가 한 아이에게 집중하는 사이 다른 형제는 남모르게 아픔을 겪는다. 마음대로 먹지 못하는 동생, 아파서 잘 때마다 짜증내는 언니를 보면 안쓰럽다가도 관심을 많이 받는 것이 부럽기도 하다. 아이는 상실감을 겪을 수도 있고 피해의식을 느낄 수도 있다. 따라서 아토피피부염을 앓는 아이를 치료하는 부모는 다른 자식에게도 눈을 돌려야 한다.

동생이나 언니가 왜 이런 치료를 받아야 하는지, 왜 이렇게 많은 것을 조심

Tip

알레르기 체질인 아이 돌보기

피부 보습
1. 매일 미지근한 물로 가볍게 5~10분 목욕이나 샤워. 2~3일에 한 번씩 항균비누나 저자극 약산성 물비누 사용. 때 밀기는 금물
2. 보습제는 샤워나 목욕 후 3분 안에, 하루 2번 이상
3. 화장품은 무알코올 또는 저알코올 제품이나 아토피 전용제품 사용
4. 물은 피부의 수분과 관련이 있으므로 충분히 마시기(하루 2L 정도)
5. 손은 자주 씻기
6. 격한 운동과 잦은 목욕을 삼가고, 땀은 최대한 빨리 닦기
7. 손발톱은 짧게 깎기
8. 옷은 100% 순면 소재로 넉넉한 사이즈 선택하기
9. 새 옷보다는 헌옷을 입고 새 옷은 입기 전 1~2회 세탁
10. 세탁은 액상세제로 하고 충분히 헹구기

환경, 알레르겐 피하기
1. 실내온도는 20~22℃, 습도는 45~55% 유지
2. 벽지는 천연소재 선택, 도배할 때는 집에서 직접 만든 풀 사용
3. 환기는 3시간에 한 번씩, 특히 잠들기 30분 전 집 안 전체 공기 환기
4. 쿠션, 카펫 사용 자제
5. 식물은 공기청정효과가 있으므로 많이 들여놓기
6. 가습기는 하루 한 번 물 교체, 2~3일에 한 번씩 본체와 물통 세척
7. 베개와 이불은 2시간 정도 펴놓아 공기가 통하게 하고 자주 세탁, 한낮 햇볕에 말리기
8. 모든 빨래는 건조기를 이용하거나 햇빛에 말리기
9. 새 책은 일주일 정도 바람이 잘 통하는 곳에 펼쳐두기
10. 애완동물은 되도록 실외에서 키우고 위생관리 철저히 하기

해야 하는지 대화하라. 그리고 언니나 동생이 꼭 낫는다는 말도 해준다. 이런 대화를 많이 해야 아이가 어떤 상황인지 알고 이해한다. 모든 고통은 우리를 성장시키기 위해서 온 것이지 좌절시키려고 온 것이 아니다. 똑똑함은 똑똑하지 못한 사람을 위해 필요하고, 건상함은 건강하지 못한 사람을 위해 필요한 것이지 그 건강함과 똑똑함이 내가 잘 먹고 잘살기 위한 것은 아니다.

부모 또한 아이에게 이런 이야기를 하면서 아이가 아픈 것이 자신이 더 단단한 부모로 성장할 기회라는 것을 깨달을 것이다. 아픈 사람이 하나만 있어도 온 가족이 우울해지고 힘들어진다. 가족이 자기 때문에 우울해하고 힘들어하는 모습을 보면 아픈 아이도 우울해진다. 부모가 고통을 얼마나 긍정적으로 해석해주느냐에 따라 아이를 더 훌륭한 사람으로 키울 수 있다. 시련을 기회로 삼는 것도 부모가 갖추어야 할 능력이다.

05

올바른 성교육의 시작

성교육은 인성교육이다

취학 전 아이에게 성교육이 필요할까 하고 의문을 갖는다면 그것은 그 사람이 유아의 성교육에 대해 잘못된 정보를 가졌다는 증거이다. 성교육은 성기의 명칭을 설명해주고 기능을 가르쳐주는 것이 아니다. 성교육의 근본은 생명의 소중함을 가르쳐주는 것에 있기 때문이다. 내가 소중하기 때문에 몸의 각 부분도 소중하고 그중 성기도 소중하다는 것을 자연스럽게 가르쳐야 한다. 외국에서는 이런 교육을 하기도 한다. 아이의 엄지손가락을 하루 동안 묶어놓고 살아보게 한다. 그렇게 되면 아이는 엄지손가락이 하는 일이 얼마나 많은지 알게 된다. 우리 몸의 하나하나에는 저마다 기능이 있고, 성기 또한 그렇다고 가르치는 것이다.

　우리나라는 성교육을 자꾸 사고 예방 교육 쪽으로 하고, 부모들은 성에 대해서 본인들이 들은 적이 없어 성교육이라고 하면 무척 부담스러워 한다. 감추는 문화이다보니 자연스럽게 말하는 훈련도 되어 있지 않아 생각만 해도 민망한 것이다. 그런데 성교육에서 또 중요시하는 것은 성을 말하는 부모의 태도이다. 아이들은 엄마, 아빠가 성을 어떻게 대하는지를 금세 눈치 챈다. 자신이 성에 대해 물어봤는데 당황하면서 싫은 빛을 비추던 엄마의 얼굴, 난감해하면서 '아이들은 몰라도 돼' 하는 아빠의 태도에서 아이는 '이런 이야기는 엄마나 아빠와 해서는 안 되는 거구나'라고 배운다. 그다음부터는 친구들끼리 물어보고 정보를 찾게 된다. 이렇게 되면 아이가 정말 부모의 도움을 받아야 하는 사춘기 시기까지 부모를 찾지 않을 확률이 높아진다.

　성교육은 생명의 소중함을 알고 나 자신이나 내 주위 것을 모두 귀하게 여기자는 교육이고 건강한 사람으로 사람답게 살자고 하는 교육이다. 성교육은 사실 아이의 인생 전반에 필요한 인성교육인 것이다. 이 때문에 자연을 통해서 아이가 생명이 얼마나 소중한지를 느끼게 하는 것에서 시작한다. 꽃이 열매를 맺는 것, 동물이 새끼를 낳는 것을 보면서 아이는 생명이 어떻게 만들어지고 왜 소중한지를 느끼게 된다. 학자들은 아이에게 섹스 이야기를 할 때 식물의 경우를 먼저 들려주라는 말을 많이 한다. 사실 예쁘게 피어 있는 꽃은 식물의 성기 부분이다. 꽃에는 암술과 수술이 있다. 암술이 발달하기 전에 수술이 먼저 발달해 씨를 뿌리고, 그다음에 암술이 발달해 씨를 받는다. 이런 식물의 성 이야기도 재미있게 들려주자.

아이가 물을 때 시작한다

엄마는 요즘 아들 범이의 질문이 겁난다. 만 5세 된 남자아이가 제법 낯 뜨거운 질문을 하기 때문이다. 3세 된 여동생의 몸과 제 몸을 비교하면서 남자는 고추가 있는데, 여자는 왜 고추가 없냐고 묻는다. 아이의 호기심을 다 충족시켜주어야 하는 것인지, 아니면 어느 정도 선에서 잘라야 하는 것인지 도무지 감이 잡히지 않는다.

아이의 성교육, 어디에서 어디까지 어떻게 해야 할까? 7세 이전 유아의 성교육은 두 가지만 기억하면 된다. 첫째, 주입식이 아닌 오감교육으로 한다. 둘째, 아이가 물을 때 시작한다.

가끔 유치원이나 어린이집에서 성교육을 한답시고 주입식으로 남녀 성기의 명칭을 외우게 하고, 아기가 만들어지는 과정을 여과 없이 설명한다. 유아 성교육은 눈높이에 맞춰 해야 한다. 정확하게 대답해주는 것도 중요하지만 너무 지나친 정보를 주는 것도 문제이다. 아이가 소화할 수 없는 정보를 너무 많이 주면 지나치게 그쪽에 몰입하도록 만들 수도 있다.

오감으로 교육하라는 것은 느낌으로 가르치라는 것이다. 7세 이전 아이는 느낌이 좋을 때 자신을 좋은 사람으로 느낀다. 자기 기분이 좋으면 이 세상은 기분 좋은 곳으로 느낀다. 성교육을 오감으로 하라는 것은 성을 기분 좋은 것으로 알게 하라는 것이다. 유아가 처음 만나는 성은 엄마 혹은 아빠이다. 남자아이가 처음 만나는 여성은 엄마이고, 여자아이가 처음 만나는 남성은 아빠이다. 엄마, 아빠가 그리는 성의 분위기가 좋으면 아이는 '성'에 대해 좋은 것으로 느낀다. 아이들은 느낌으로 여성상 혹은 남성상을 유아기 때 이미 형성하게 된다. 그렇기 때문에 아이가 좋은 이성상을 가지게 하려면 엄마, 아빠의 사이가 그 어느 때보다 좋아야 한다. 그렇게 되면 딸의 경우 아빠는 남자이고 남자는 바로 좋은 사람이라고 느끼게 되는 것이다. 이것이 오감으로 느끼는 교육이다. 유아 성교육은 부부관계가 좋으면 이미 50%는 완성되었다고 할 수 있다.

또 유아 성교육은 아이가 물을 때 시작해야 한다. 아이들은 대부분 만 3~4세 정도가 되면 자신의 성기에 대해 관심을 가진다. 그러면서 부모를 당황하게 하는 질문들을 툭툭 내놓는다. 아이의 이런 질문은 자기 자신에 대해서 좀 더 정확하게 알기 위한 것이다. 동생을 붙잡고도 "나는 남자, 너는 여자, 나는 고추가 있는데, 왜 너는 없어?"라는 질문을 한다. 이런 것에 대한 정보를 얻으면서 아이는 자신이 누구인지 알아간다. 아이는 이런 관찰과 질문을 통해 자신이 여자 혹은 남자라는 것을 알아간다. 그래서 아빠랑 똑같이 넥타이를 하려고 하고 엄마의 뾰족구두도 신어보는 것이다. 하지만 이런 질문들에 대한 답변을 미리 준비해두지 않으면 당황하기 십상이다. 성에 대한 질문에 당황하거나 꺼려하는 모습은 유아 성교육에 좋지 않다.

아이가 성에 관해 물을 때 어떻게 대답할까? 아이들이 무언가를 물으면 부모는 가장 정확하게 대답해주려고 애쓴다. 그러나 유아 성교육에서 정답은 중요하지 않다. 정답은 나중에 초등학교 들어가서 정확하게 알려주면 된다. 정답보다 중요한 것은 질문을 받아들이는 부모의 태도이다. '기꺼이 임하는 자세', 그것이 정답보다 중요하다.

7세 이전에는 답이 틀리든 맞든 아주 기꺼이 질문을 받아들여야 한다. 아이가 아빠에게 아이는 어디에서 오는지 물었다고 가정하자. 아빠는 장난스럽게 "자식아, 낳기는 어디서 낳아. 다리 밑에서 주워왔지"라고 해버린다. 이런 아빠의 태도를 보고 아이는 '아, 이런 것은 웃기는 거구나!' 하면서 성에 대해 장난스런 태도를 가지게 된다. 직장 내 성희롱도 유아기에 아빠가 가르쳐준 성에 대한 장난스러운 태도 때문에 발생하는지도 모른다. 아이의 질문을 심각하

Tip

아이의 낯 뜨거운 질문, 예상 답안

1. 아이는 어디서 나와요?

모범 답안 | 다리 사이에서 나온다고 구체적으로 말해주지 않아도 된다. "너는 어디서 온다고 생각해?"라고 되물을 수도 있다. "엄마 몸에는 아기가 나오는 문이 있는데, 아기가 다 자라고 나면 그 문이 열려"라고 말해준다. 아이가 "그 문이 어딨어? 한번 보여줘"라고 할 수도 있다. 그럴 때는 "아기가 나오고 나면 그 문이 닫혀서 안 보여"라고 말해준다. 4세 정도의 아이가 이런 질문을 할 때는 좀 상상하게 해도 좋다.

2. 아기는 어떻게 만들어져요?

모범 답안 | 성교육 그림책을 보면 아빠의 아기씨와 엄마의 아기씨가 만나서 어쩌고 저쩌고 자세하게 설명되어 있다. 이런 경우 아이는 "걔들은 어떻게 만나요?"라고 또 물을 수 있다. 따라서 굳이 구체적으로 말해주려고 노력하지 마라. "엄마와 아빠가 사랑을 하면 때때로 만들어진단다. 그런데 그것은 아주 기적 같은 일이야"라고 말해준다. 여기에 대한 답은 좀 미뤄놓아도 좋다. "네가 8세가 되면 엄마가 그 얘기를 해줄게" "네가 초등학교에 들어가면 얘기해줄게"라고 말해도 된다. 8세 정도 되면 생리적인 것을 설명해줘도 이해한다.

게 다룰 필요는 없지만 충분히 진지하게 다뤄야 한다. 정 힘들다면 엄마에게 은근슬쩍 키를 넘기며 이렇게 말하라. "엄마 얘기 잘 들어봐. 아빠는 아기를 낳을 수 없지만 엄마는 낳을 수 있거든. 아기를 낳는 곳은 여자 몸에만 있어. 그래서 여자 몸은 더욱 소중한 거야"라고 답해준다.

3. 나는 왜 이렇게 가슴이 작아요?

모범 답안 | "나는 왜 이렇게 가슴이 작고, 엄마는 왜 가슴이 커?" 남자아이가 아빠에게 고추에 대해 물었던 것처럼 여자아이가 물으면 "엄마처럼 크면 너도 커진단다"라고 얘기해준다. 엄마의 손과 아이의 손을 대보고 "이것 봐. 엄마의 손이 네 손보다 크지? 가슴도 그런 거란다"라고 말한다. 또 "외모와 상관없이 너는 정말 소중한단다"라는 말을 자연스럽게 많이 해주고, 외모가 어떻게 생겼든 사람은 누구나 소중하고 귀하다는 얘기를 많이 들려준다.

4. 왜 나는 앉아서 오줌을 누고 오빠는 서서 누지?

모범 답안 | 여자아이들이 많이 하는 질문이다. "오줌 나오는 길이 여자랑 남자랑 다르게 생겼어. 여자가 서서 누면 오줌이 다리를 타고 흐르기 때문에 앉아서 누게 된 거야"라고 말해준다.

5. 나는 왜 고추가 없어요?

모범 답안 | 우리는 흔히 남자는 고추가 있고, 여자는 고추가 없다는 말을 많이 한다. 특히 할머니들은 '고추 있네, 없네'라는 말을 많이 한다. 여자아이에게 이렇게 말하는 것은 괜한 상실감이나 자신은 처음부터 뭔가 갖지 못한 것 같은 느낌을 줄 수 있다. 부모는 "고추가 없는 것이 아니라 네 고추는 오빠와 다르게 생겼어. 네 고추는 이름도 다르고 있는 곳도 다르단다"라고 말해주어야 한다.

내 아이가 자위행위를 했다!

엄마가 아침 준비를 하고 있는 시간, 생후 31개월 된 동수가 눈을 뜨자마자 엎드려 온몸을 쭉 펴고 배밀이를 했다. 제법 몸에 힘을 주어서 끙끙댔다. 깜짝 놀란 엄마는 얼른 들어와 동수가 좋아하는 것으로 관심을 돌렸다. 그런데 잠시 후 동수는 또 자위행위를 시작했다. 동수의 이런 행동은 20개월 무렵 시작됐다. 처음에는 그러다가 말 줄 알았는데, 시간이 지나도 나아지지 않았다. 많을 때는 하루에서 5~6번, 적을 때는 1~2번, 엄마가 관심을 안 두면 어느새 자위행위를 하고 있다.

유아 성교육을 상담할 때 가장 많이 묻는 것이 '자위행위'에 관한 것이다. 엄마는 사춘기 청소년이라면 자위행위를 하는 것이 이해가 되지만, 어떻게 꼬맹이가 자위행위를 하냐고, 안 했으면 좋겠다고 한다. 부모가 걱정하는 자위행위는 아이가 자기 신체의 일부라고 생각하고 했던 행동에서 쾌감을 느끼면서 우연한 기회에 이것이 습관이 된 것을 말한다. 아이들은 대부분 한두 번씩 하다가 만다.

만약 횟수가 반복되면서 습관이 되었다면 아이에게 다른 문제가 있지 않은지 체크해보아야 한다. 아이가 자위행위에 너무 집착할 때는 신나게 뛰어노는 신체놀이를 많이 하게 하는 것이 필요하다. 그리고 아이가 엎드려서 하는 경우, 그 자세를 취하지 못하도록 텔레비전을 볼 때는 의자에 앉아 보게 하는 것도 도움이 된다. 또 보통 엄마들은 예민하게 관찰하고 있다가 그 행동을 하면 관심을 주게 되는데, 오히려 반대로 해야 한다. 아이가 자위행위를 하고 있을 때가 아니라 다른 행동을 할 때 더 관심을 주어야 한다. 무엇보다 부모가 자위행위에 대해 다른 시각을 가졌으면 좋겠다. 무조건 하면 안 된다는 선입견은 버린다. 외국에서는 아이가 자위행위를 하지 말도록 교육하는 것이 아니라 징소를 가려야 한다고 교육한다. 남이 보는 곳에서는 절대로 하면 안 되지만, 자기 방에서 아침에 일어나서 혹은 잠들기 전에 하는 것은 부모가 모른 척해준다. 우리는 눈에 띄면 무조건 나쁜 짓이라고 규정하다보니 아이가 수치심을 느끼고 몰래 숨어서 하는 경우가 많이 발생하는 것이다. 동수에게도 다른 사람과 함께 있을 때는 해서는 안 된다고 말하라. 그것은 마치 우리가 횡단보도에서 빨간불일 때는 건너가지 않고, 초록불일 때 건너가는 것과 같은 약속이라고 말해주자.

아이들의 자위행위에는 1차성 자위행위와 2차성 자위행위가 있다. 1차성 자위행위는 아이가 자신의 성기에 관심을 갖는 만 3~4세 이후 주로 나타난다. 이것은 일정한 패턴을 보이는데, 만화영화를 볼 때 곰 인형을 가지고 슬슬 성기를 문지른다거나 다리를 쭉 펴서 꼬면서 땀을 내기도 한다. 잘 때 팬티 속으로 손을 넣어 만지기도 한다. 이런 것은 감각의 기계적인 반응이다. 일상생활에 지장을 주지 않고 잠시 기분 좋게 하는 것이라면 전혀 걱정할 필요가 없다. 이때 주의할 것은 "너 뭐 하니?" 하고 묻거나 야단치지 말아야 한다. 걱정스러운 눈빛으로 쳐다봐도 안 된다. 아이가 자신을 나쁜 아이라고 생각하고 성적 수치심을 느낄 수 있다. 하지만 아이가 밖에서 만질 때는 고민해야 한다. 집 안에서는 엄마, 아빠가 이해해줄 수 있지만 남들은 아이를 보고 수군대거나 손가락질을 할 수도 있기 때문이다. 이렇게 되면 아이는 2차적 상처를 받게 된다.

2차성 자위행위는 문제가 되는 자위행위를 말한다. 일상생활이 불가능할 정도로 아이가 시도 때도 없이 자위행위를 하는 것이다. 어떤 아이는 아픈데도 계속한다. 이런 자위행위는 빨리 대책을 마련해야 한다. 보통 1차성 자위행위를 보일 때 아이를 심하게 야단쳤거나 신체적인 체벌을 가했을 때 나타나는 경우가 많다. 이때는 생활환경을 마음껏 뛰어놀 수 있도록 바꿔야 한다. 7세 이전의 아이에게는 뛰어노는 것만큼 몸과 마음이 모두 건강할 수 있는 방법은 없다. 신나게 뛰어놀게 되면 한 달 반 만에 아이의 자위행위 횟수가 반으로 줄어든다.

스트레스 때문에 2차성 자위행위가 생기기도 한다. 조기교육을 과도하게 하거나 동생이 생겼을 경우 아이는 스트레스를 받아 2차성 자위행위를 하기도 한다. 태어나서 7세까지는 일생 동안 살 '의지'가 형성된다고 한다. 그런데 이 의지는 아이가 뛰어놀 때 생긴다. 아이의 이런 의지를 너무 줄여놓으면 아이는 무기력한 사람이 된다. 그 무기력이 자위로 나타나는 것이다. 취학 전 주입식 조기교육은 반드시 줄여야 한다.

동생이 태어났을 때도 아이의 자위행위가 증가한다. 위안받을 때가 없으니까 스스로 위로하는 것이다. 이때는 아빠의 역할이 중요하다. 피곤하더라도 한 달만 첫째아이에게 잘하라. 아빠가 아이 마음을 대변해주어야 한다. 그러면 아이는 '아빠는 안 뺏겼구나. 내 마음을 알아주는구나' 하면서 여유가 생긴다.

2차성 자위행위를 하는 마지막 원인은 아이가 성추행이나 성폭행을 경험했기 때문이다. 아이가 악몽을 꾼 다음부터 너무 심하게 자위행위를 한다면 주변 사람들을 조용히 조사해야 한다. 너무 놀라 아이를 다그치며 물어서는 안 된다. 너무 다그치면 아이는 엄마 반응에 따라 대답하므로 그때 떠오르는 사람을 아무나 말해버린다. 2차성 자위행위를 조정하기 전에는 하루 정도 온 가족이 캠핑을 가서 신나게 뛰어노는 시간을 마련하는 것이 좋다.

성폭력에서 벗어나려면

> 만 5세 된 혜인이를 목욕시키는 중이었다. 엄마가 성기 쪽을 닦아주려고 하는데, 아이가 아프다고 했다. 자세히 살펴보았더니 아이의 성기가 빨갛게 부풀어 올라 있었다. '도대체 무슨 일이 있었던 거지?' 엄마는 갑자기 눈물도 나고 무서운 생각이 들었다. 그래도 아이를 놀라게 하면 안 될 것 같아 조용히 물었다. "혜인아, 너 여기 누가 만졌어?" "어, 엄마. 영철이가 매일 만져." 엄마는 하늘이 노래졌다. 유치원에서는 도대체 무엇을 하는 건지, 영철이라는 아이는 도대체 어떻게 생겨먹은 놈인지, 엄마는 정신을 차릴 수 없었다.

아이들이 자위행위 다음으로 많이 하는 것이 성적놀이다. 성적놀이는 아이가 어른들이 하는 성관계를 흉내 내는 것을 말한다. 그런데 이것은 자위행위와 마찬가지로 어떤 흥분을 느끼기 위한 것이라기보다는 그저 놀이에 가깝다. 7세 이하에서 일어나는 이런 행동은 본질적으로 놀이다. 절대 확대해석하지 말아야 한다. 그렇다고 계속하도록 두라는 말은 아니다. 유치원에 가서 말을 하되, 내 딸이 먼저 놀자고 했을지도 모른다는 생각을 한다. 이런 경우 대부분 아직 7세밖에 되지 않았는데 남자아이를 무조건 범죄자 취급한다. 아이들은 단지 논 것뿐인데 지나치게 야단치면 남자아이는 더 심한 성적 행동을 할 수도 있다. 또 아이들은 단지 놀이를 했다는 것을 잊으면 안 된다. 혜인이 엄마는 남자아이에게 "나 혜인이 엄만데 너한테 부탁하러 왔어. 어제 목욕하는데 혜인이가 잠지가 아프다고 하더라. 그래서 물어보니까 둘이 놀았다며. 지금까지 논 것은 괜찮지만 앞으로는 다른 소꿉놀이를 하면 좋겠어. 혜인이가 아프다고 하니까 말이야. 너 그렇게 해줄 수 있지?"라고 말한다. 7세 정도의 아이라면 이렇게 타이르면 "네"라고 대답한다. 그러면 "고맙다"라고 말해준다. 그래야만 문제가 없어진다. 이런 일이 있을 때는 유치원 선생님도 아이들을 너무 혼내지 말고 감싸주어야 한다.

우리가 정작 걱정해야 하는 것은 어른들이 유아들을 대상으로 하는 성폭행

아이에게 일러줘야 할 성폭력 예방법

1. 공공 화장실은 어른과 함께 간다.
2. 친구들끼리만 갈 때는 3명 이상이 함께 간다.
3. 모르는 사람이 길을 물으면 그 자리에 서서 손가락으로 보이는 곳까지만 알려준다.
4. 어두운 곳에서 모르는 사람이 부르면 가지 않는다.
5. 엘리베이터는 가급적 혼자 타지 않는다.
6. 엘리베이터에 탔을 때는 스위치 앞에 선다.
7. 차에 탄 사람이 부를 때는 너무 가까이 가지 않는다.

이다. 성폭행을 예방하기 위해서는 아이에게 구체적으로 얘기해주어야 한다. "어른이 예쁘다고 하면서 팬티 입은 곳을 보자고 하거나, 만지거나, 어른이 팬티 입은 곳을 보여주거나 만지라고 하는 것은 너를 예뻐하는 게 아니야"라고 신체 부위와 행위를 구체적으로 설명해준다. 이때 너무 심각한 분위기를 조성하여 아이에게 겁을 줄 필요는 없다.

어른들이 아이 몸에 나쁜 행동을 했을 때는 부모에게 빨리 말하도록 해야 한다. 그런데 많은 경우 어른들은 성폭행을 해놓고 "오늘 있었던 일, 아무한테도 말하면 안 돼. 말하면 혼나!"라고 일러둔다. 그러면 아이들은 착하기 때문에 80~90%가 정말 말을 하지 않는다. 그렇기 때문에 이런 경우를 대비해 부모가 먼저 선수를 쳐야 한다. 아이에게 "네가 '장난치지 마세요'라고 했는데도 나쁜 짓을 계속했을 때는 할 수 없어. 네 잘못이 아니니까. 그럴 때 엄마에게 꼭 얘기해줘야 해. 그런 사람들은 너한테 말하지 말라고 할 수도 있어. 나쁜 짓이니깐 숨기려고 하는 거야. 그럴 때는 거기서는 가만히 있더라도 엄마한테는 얘기해야 해. 네가 얘기해주면 엄마랑 아빠랑 경찰 아저씨랑 동네사람들이랑 모두 함께 가서 나쁜 사람을 혼내줄 거야. 그런 일이 생기면 언제든지 얘기해야 해"라고 말해둔다. 주의할 것은 모든 사람이 힘을 합쳐서 나쁜 사람을 혼내준다는 말을 꼭 해줘야 한다는 것이다. 아이들은 엄마나 아빠가 무서운 사람에게 질 것 같으면 얘기를 안 하는 경향이 있다. 실제로 많은 경우 그랬다. 이렇게 선수를 쳐놓으면 아이는 무슨 일이 생겼을 때 부모에게 말한다.

BONUS PAGE

김달래 사상체질 전문의의 지상 강좌

체질을 알아야
건강하게 키울 수 있다

한 달에 열흘은 병원에 입원하고, 3주는 감기약을 달고 산다는 8세 여자아이가 있습니다. 이렇게 감기에 자주 걸리는 아이를 보면 우리는 감기만 생각합니다. 아이들의 경우 체질적으로 약점이 있는 경우가 있습니다. 몸을 둘러싼 여러 가지 상황을 고려하지 않고 대증요법만 하다보면 감기는 계속 발병하게 마련입니다. 체질적으로 보강하는 법을 제대로 알고 근본적인 대책을 세우면 바이러스성이긴 하지만 감기도 가볍게 이겨낼 수 있습니다. 감기를 달고 사는 8세 여자아이의 경우 엄마가 체질에 맞게 먹여주고 대해주었더니 6개월 만에 건강을 되찾았습니다. 예전처럼 감기에 자주 걸리지도 않고 병원에 입원할 정도로 심각하지도 않았습니다. 그 아이는 맥이 약한 소음인이었습니다. 환경변화에 무척 민감했고, 운동을 안 하다보니 체력도 약했습니다. 목소리에서도 에너지가 떨어지는 것이 느껴졌지요. 기운도 없고 자기표현도 잘하지 않았습니다. 이런 여러 가지 조건이 합쳐져 아이의 밥맛을 떨어뜨리고, 신경질을 많이 내게 했습니다. 그러다보니 2차적으로 감기도 자주 걸리는 상황이었습니다.

아이의 체질 특성에 맞춰 육아법 바꿔야

태음인인 엄마는 소음인 아이의 특징을 알게 되었습니다. 한꺼번에 많이 먹지 않고, 조금씩 자주 먹고, 싱거운 음식보다는 조금 짭짤한 한국음식을 좋아하며, 많이 익혀서 소화가 잘되는 음식을 주어야 한다는 정보를 얻었습니다. 소음인 아이는 자기표현을 잘하지 않는 편으로 아이가 말을 했다면, 아주 많이 생각해서 자기에게는 절실해서 한 말이니 부모가 존중해주어야 한다는 것도 알았지요. 한마디로 엄마가 너무 이끌려고 하지 말고 아이를 배려해주라는 말을 들었습니다. 엄마가 지금까지 해온 방식과는 정반대였습니다. 엄마는 '이렇게 할까?' '저렇게 할까?'로 엄마의 말투부터 바꾸었습니다. 그리고 아이 입맛에 맞춰 음식을 준비했습니다. 그랬더니 아이는 잘 먹지 않던 것까지 잘 먹게 되었습니다. 몸이 너무 약해서 운동을 일부러 안 시켰는데 소음인에게는 운동이 좋다는 말을 듣고 밸리댄스를 시켰더니 아이는 아침에도 잘 일어나고 밥도 더 잘 먹게 되었습니다. 엄마는 그동안 아이에 대해 제대로 모르면서 억지로 바꾸려고만 한 것이 너무 미안하고, 아이가 얼마나 힘들었을까 싶어 마음이 짠했다는군요.

가족간 체질 불협화음을 조정하라

가족의 체질이 모두 같기는 힘듭니다. 엄마, 아빠의 체질이 다르면 아이들도 다 다르게 태어납니다. 그런데 음식은 보통 불평을 많이 하는 사람 쪽으로 맞춰지게 되지요. 아빠가 태음인이어서 태음인이 좋아하는 밥상이 차려졌다고 할 때, 아이가 소음인인 경우 소음인은 보통 표현을 잘 안 하는 특징이 있어 아무 말도 안 합니다. 말은 안 하고 짜증을 낸다거나 아침에 일어날 때 피곤해서 못 일어나는 행동을 보이지요. 소음인 아이에게 좋은 음식은 시간이 많이 들어가는 한국음식입니다. 우선 발효된 음식이 좋습니다. 생선 가운데에서도 흰살 생선이 좋고, 마늘이나 생강이 들어간 짭짤한 음식이 몸에 좋지요. 요즘은 싱겁게 먹는 것이 좋다는 이야기를 많이 합니다. 신선한 채소나 과일을 많이 먹는 것이 좋다고도 하지요. 그런데 소음인은 그게 영 맞지 않습니다. 차가운 해산물이나 차가운 음료, 싱거운 음식을 많이 먹으면 소음인은 입맛이 떨어집니다. 과일을 많이 먹으면 배가 아프고 대변을 자주 봅니다. 채소를 많이 먹어도 식욕을 잃습니다. 그래서 아이는 엄마가 주는 음식을 먹으면서 밥맛을 더 잃고 점점 더 신경질적으로 되는 것입니다.

엄마 체질보다 아이 체질이 우선이다

엄마와 아이가 체질이 다른 경우 엄마는 아이의 체질을 잘 이해해야 합니다. 방송에 출연한 아이의 엄마는 기운이 강한 태음인이었습니다. 엄마는 자신이 30년을 살면서 잘 먹고 건강했으니까 자신이 산 방식이 맞다고 생각합니다. 아침에 깨워놓으면 태음인은 일어나자마자 잘 먹습니다. 그런데 소음인은 잘 일어나지도 못하고 잘 먹지도 않습니다. 본격적으로 먹으려고 하면 엄마가 생각한 식사시간이 이미 끝난 경우가 많습니다. 소음인 아이는 천천히 조금씩 먹지만 나중에 다 먹습니다. 무슨 일을 할 때도 처음에는 표시가 나지 않지만 나중에는 아주 잘하지요. 이런 소음인의 특징을 이해한다면 엄마가 조금 참아주고 기다려주기가 쉬울 것입니다. 공부도 소음인 아이들은 강요해서 하는 것은 바람직하지 않습니다. 흥미를 보이는 대로 그냥 놔두고 지켜봐주는 것이 오히려 도움이 됩니다. 하지만 태음인 아이는 한번 공부하면 너무 여러 가지에 관심을 갖기 때문에 곁가지를 쳐주는 것이 아이 학습에 도움이 됩니다. 물론 강압적이면 안 됩니다. 태음인은 너무 강압적인 것에는 반발하는 특징이 있습니다. 그렇다면 다른 체질은 어떨까요? 엄마와 아이의 체질에 따라 어떤 특성이 있으며 어떻게 양육하면 좋을지 알아보겠습니다.

소양인 엄마 + 소양인 아이일 때

많지는 않은데 가장 문제가 되는 조합일 수 있습니다. 엄마와 아이의 충돌이 잦습니다. 소양인 아이의 경우 힘들면 가출도 불사합니다. 이 경우 엄마가 참는 것이 좋습니다. 어릴 때 책을 많이 읽어서 논리를 개발해주면 좋습니다. 소양인은 무조건 행동을 하고 보는 것이 탈입니다. 소양인 엄마의 경우 밖에서는 100점인데 집에서는 낙제점을 받는 경우가 많습니다. 아이와 남편에게 부드럽게 대할 수 있도록 노력해야 합니다. 되도록 남의 일이나 바깥일에는 참견하지 말아야 합니다.

소음인 엄마 + 소양인 아이일 때

아이의 기운이 더 세기 때문에 엄마가 아이한테 끌려다니는 경우가 많습니다. 아이와 싸운다면 엄마가 집니다. 그렇다고 아이를 방임해서도 안 됩니다. 잘잘못의 기준을 세워두고 옳고 그른 것을 가르쳐주어야 합니다. 엄마의 아이보다 약한 편이므로 엄마가 체력을 키우는 일에 힘을 쏟아야 합니다. 소양인의 경우 처음에는 잘하다가 나중에는 못하는 경우가 많아 어릴 때는 높은 기대감을 갖게 하지만 커서는 흐지부지될 수 있습니다. 아이가 지구력을 갖고 끝까지 할 수 있도록 하는 육아법이 필요합니다.

태음인 엄마 + 소양인 아이일 때

엄마가 지나치게 생각이 많은 편이라 겁을 많이 냅니다. 아이와 대화를 많이 해야 합니다. 태음인 엄마는 행동이 부족한 편인데, 자신을 적극적으로 표현하는 것이 좋습니다. 엄마가 미리 아이에게 정보를 많이 주면 소양인 아이는 잘 따라옵니다. 엄마가 공부를 많이 하고 그것을 아이에게 표현하세요. 태음인 엄마와 소양인 아이는 아이가 어릴 때부터 관계가 좋아야 청소년기가 되어서도 좋을 수 있으므로 관계형성에 신경 쓰는 것이 중요합니다. 소양인 아이는 자기 기운을 생각지 않고 열정적으로 움직여 병이 날 수 있습니다. 엄마가 미리 아이의 몸 증상을 읽어 관리해야 합니다.

소양인 엄마 + 소음인 아이일 때

엄마의 기가 아이보다 셉니다. 소양인 엄마는 본인이 섬세하지 못하다보니 아이의 섬세함을 무시하고 '무조건 나를 따르라'고 주장하기도 합니다. 아이의 섬세함을 인정하는 태도가 가장 중요합니다. 아이의 입맛이 까다로운 것을 받아들이고, 음식의 기준도 아이에게 맞춰야 합니다. 소양인 엄마의 장점은 '용기'입니다. 이것은 소음인 아이의 단점이기도 합니다. 아이를 충분히 배려하면서 용기의 시범을 보여 아이가 엄마의 장점을 배울 수 있도록 하세요.

소음인 엄마 + 소음인 아이일 때

엄마나 아이나 너무 약합니다. 둘 다 조금 조용합니다. 체질이 같아 갈등은 적은 편이지만 건강에 특히 신경 써야 합니다. 이유식 때부터 체질에 맞는 음식을 잘 찾아 먹이세요. 보통 소음인은

간이 좀 있고 많이 익혀서 소화가 잘되는 한국음식이 잘 맞습니다. 소음인은 밖에서 행동하고 자기 의견을 말하는 것을 어색해하므로 엄마가 밖에서도 적극적으로 행동하고 의견을 말하는 모습을 보여 서로 단점을 극복해가도록 합니다. 소음인 아이가 잘못했을 경우에는 강압적으로 윽박지르면 반항심이 생기므로 논리적으로 타이릅니다.

태음인 엄마 + 소음인 아이일 때

아이의 까다로운 입맛을 인정하고 아이 입맛에 맞는 음식을 준비합니다. 태음인 엄마는 뭐든지 잘 먹는 편이지만 아이는 짭짤한 것을 좋아합니다. 몸이 약해 보여도 운동은 하나 정도 시키는 것이 좋은데, 특히 상체운동이 좋습니다. 잠은 되도록 충분히 재우고 아침에는 너무 일찍 깨우지 않습니다. 아이가 말을 잘 하지 않는 편이므로 아이의 사소한 의견도 존중하고 항상 아이 의견을 물어보는 자세가 필요합니다.

소양인 엄마 + 태음인 아이일 때

그냥 두면 아이가 너무 많이 먹기 때문에 이런 조합인 경우 아이의 기호를 너무 따르면 안 됩니다. 아이의 호흡기가 약한 편이라 감기에 잘 걸리므로 항상 주의해야 합니다. 아이와 규칙적으로 운동하면 건강에 도움이 됩니다. 엄마의 목소리가 너무 크면 아이가 위축될 수 있으므로 엄마는 목소리를 낮추는 것이 좋습니다. 태음인 아이는 겁이 많기 때문에 뭔가 새로운 것을 할 때는 엄마가 먼저 시범을 보여 '아프지 않다' '위험하지 않다' '어렵지 않다'는 것을 알려줍니다. 그래야 아이가 서서히 따라옵니다.

소음인 엄마 + 태음인 아이일 때

엄마가 짭짤한 것을 좋아하는 체질이라 아이도 짭짤하게 먹을 확률이 높습니다. 태음인 아이는 무엇이든 잘 먹으므로 싱겁게 먹여 덜 먹고 살이 안 찌도록 해주어야 합니다. 태음인 아이는 힘들어도 먹고, 스트레스를 받아도 먹습니다. 특히 육류를 좋아하는데, 육류보다는 건강을 위해 콩류 음식을 자주 먹입니다. 엄마가 기운이 없다보니 아이를 방임하는 경우가 있는데, 아이가 학교 갔을 때 충분히 쉬어서 아이가 오면 조금 간섭하고 챙길 수 있는 여력을 남겨두어야 합니다. 태음인 아이는 엄마가 많이 안다고 생각하면 다소곳해지는 특징이 있습니다. 아이의 주장을 경청하되 너무 방임하지 않도록 합니다.

태음인 엄마 + 태음인 아이일 때

두 사람 모두 태음인인 경우 잘하면 좋은데, 문제는 둘 다 과식하는 경향이 있다는 것입니다. 어릴 때부터 채소와 과일을 자주 먹고 과식하지 않도록 합니다. 태음인 엄마의 경우 출산하고 나면 살이 많이 찌고, 태음인 아이의 경우 공부를 많이 해서 힘든 시기, 중학교 3학년이나 고등학교 3학년 때 살이 상당히 많이 찔 수 있습니다. 특히 이 시기에 살이 많이 찌지 않도록 조절합니다. 땀 흘리는 운동을 매일 하는 것을 습관화해야 합니다. 둘 다 호흡기가 약한 편이므로 더덕이나 도라지를 꾸준히 먹어 호흡기를 보강하도록 합니다.

사상체질의 특징과 체질별 건강법

	소음인	소양인
특징	밥맛이 없다. 식성이 까다로운 편이라 한번 나온 음식은 안 먹는 경향도 있다. 한 끼에 많이 먹지 않고 조금씩 천천히 먹는다. 대체로 마른 편이다. 감기를 달고 사는 경우가 많다. 신경질을 잘 내고, 자주 삐치고 오래간다. 땀은 잘 흘리지 않는다. 친구를 많이 사귀지 않고 한 친구를 깊게 사귄다.	잠잘 때 머리에서 땀이 많이 난다. 잘 먹힐 때는 많이 먹지만 안 먹힐 때는 전혀 안 먹기도 한다. 병이 날 정도로 너무 열심히 논다. 발이 가벼운 편이라고 할 정도로 자꾸 움직이고 잠시도 가만히 있지 못한다. 친구를 쉽게 사귀고 상처를 많이 받는다. 뒤끝이 없는 편이고, 아토피피부염이 있는 경우가 많다.
음식 선택	짭짤하고 매콤한 음식, 흰살생선, 닭고기 등 오래 익힌 따뜻한 한국음식이 좋다. 소화가 잘 되도록 조리해서 준다. 돼지고기, 아이스크림, 참외, 수박 등 차가운 음식은 잘 맞지 않는다.	해산물, 돼지고기, 아이스크림, 참외, 수박 등 차가운 음식이 잘 맞는다. 짭짤하고 매콤한 음식, 흰살생선, 닭고기, 따뜻한 한국음식은 맞지 않는다.
운동	복근이나 상체를 강화하는 운동이 적당하다. 윗몸일으키기나 작은 아령을 들고 맨손체조를 하는 것도 좋다. 신나게 뛰어놀 수 있는 운동을 하나 정도 시키는 것이 좋다.	등근육을 강화하는 운동이 좋다. 항상 바른 자세를 유지할 수 있도록 살핀다. 하체가 약한 편이라 하체를 강화하는 운동이 좋은데, 무릎이나 발목을 강화하는 운동을 하거나 천천히 걷기를 한다.
수면&양생	잘 놀고 충분히 재우는 것이 필요하다. 특히 아침에 못 일어난다. 환경에 민감한 편이므로 잠자리는 잘 바꾸지 않는다. 표현을 잘 하지 않는데, 특히 집에서는 활발한데 밖에 나가면 말을 못하는 경우가 많다. 조금씩 자기 의견을 말하는 연습을 시킨다.	일찍 자고 일찍 일어나는 습관이 들게 한다. 처음에는 열심히 하지만 조금 지나면 기운이 빠져 끝까지 하지 못하므로 바른 습관으로 지구력을 길러주어야 한다. 누구보다 가족에게 잘하게 한다. 앞서서 이끄는 것을 좋아하는데, 너무 나서지 않게 하고 말을 조심해서 하라고 한다. 책을 많이 읽어 아는 것이 많게 해주어야 한다.

태음인	태양인
평상시 땀을 많이 흘린다. 눈, 코, 입이 큰 편이고 배에 살이 좀 있는 경우가 많다. 피부도 두툼하다. 걸음걸이가 의젓하고 욕심이 많다. 먹는 것을 좋아하는데, 특히 육류를 좋아한다. 고집이 센 편이라 엄마가 당해내기 어렵다. 살이 잘 찌는 편이다.	과감하고 성급한 편이다. 목소리가 우렁차고 눈빛이 강하다. 성격이 동글동글하고 마음이 넓다.
쇠고기, 무, 더덕, 도라지, 배, 당근 등이 잘 맞는다. 홍삼, 인삼, 닭고기, 보신탕, 조개류, 포도주 등은 좋지 않다.	조개류, 포도, 배추 등이 좋고 지나친 육류, 술, 무, 더덕 등은 체질에 맞지 않는다.
대부분 상체가 약하다. 상체 스트레칭이 특히 좋지만 땀 흘리면서 할 수 있는 운동이라면 무엇이든 좋다. 호흡기가 약해 감기를 달고 사는 경우가 많으므로 등산이나 달리기 등을 해서 호흡기를 보강하도록 한다.	하체가 약해 잘 넘어지는 편이므로 하체를 보강하는 운동을 한다. 관절이 유연해지는 체조가 좋다.
잠은 너무 일찍 재우지 않도록 한다. 생각만 많이 하고 움직이지 않는 경향이 있다. 생각을 지나치게 하지 않도록 한다. 집 밖으로 나가 활동을 많이 하게 하여 주위 사람들에게 도움을 많이 받도록 한다.	12시 이전에 잠들게 하고 일찍 일어나게 한다. 성격이 급하다보니 화를 자주 내기도 하는데, 화내지 않는 훈련을 시킨다. 무엇보다 가족에게 잘하게 한다.

도움말_동서신의학병원 사상체질학과 전문의, 김달래 한의학 박사님

PART

06

육아, 교육에도 유행이 있다
부모의 소신 있는 선택
아이는 스스로 자란다

달라지는 육아, 부모의 선택

부모 공감

저희 딸아이가 밤에 잠들기 전에 항상 저에게 하는 말이 있어요. 자기 손을 잡아 달라고 해서 잡아주면 "엄마, 나 지켜줄 거지?"라고 말합니다. 불 끄고 잠드는 게 무서운가 봐요. "근데 엄마, 지켜주는 게 뭐지?"라며 반문하는 네 살 딸아이.

아이들이 무섭지 않도록 우리 엄마, 아빠들이 꼭 지켜주어야겠습니다.

-itshot

〈60분 부모〉 공감

우리는 아이의 꿈을 얼마나 키워주고 있을까요? 다소 허무맹랑할지라도 아이가 더 크고 멋진 꿈을 꿀 수 있도록, 어떤 시련이 와도 그 꿈을 포기하지 않고 길게 꿀 수 있도록 부모가 도와주어야 합니다. 또 꿈의 가치를 믿을 수 있도록 부모가 아이의 희망 모델이 되어야 합니다.

01

육아, 교육에도 유행이 있다

정보 홍수 속에서 내 것 찾기

"육아정보를 어디에서 가장 많이 얻습니까?" 〈60분 부모〉에 출연한 엄마들에게 물었다.

"아무래도 가장 손쉽게 접할 수 있는 것이 책이나 인터넷이에요. 책에서는 이유식 원칙이나 발달, 아이 병 같은 것에 대한 정보를 얻고, 인터넷에서는 우리 아이와 비슷한 또래의 사례가 올라온 것을 참고해요. 그런데 엄마들마다 이야기가 달라 심심풀이로 검색하다가 덜컥 내가 아이를 잘못 키우는 것은 아닌지 겁이 나기도 했어요. 저는 별것 아니라고 지나쳤는데, 어떤 엄마는 그게 무슨 병의 조짐이라고 써놓은 거예요. 간혹 멀쩡히 잘 자는 아이를 보면서 혹시 어디 아픈 것 아니냐며 걱정할 때도 있어요." 생후 24개월 된 소은이 엄마의 말이다.

"저희 아이는 미숙아로 태어났어요. 그러다보니 발달이 다른 아이들보다 느린 면이 많아요. 미숙아는 특히 조심스럽게 키워야 한다고 해서 아이가 태어나자마자 미숙아 엄마들 모임방에 가입했어요. 그런데 카페에서 본 정보를 가지고 소아청소년과에 가서 물었다가 의사선생님한테 혼난 적이 많아요. 아무리 비슷한 증상이라도 양육환경이나 여건에 따라 다른데 너무 한 면만 보고 믿는다는 거지요. 그런 면에서 엄마들이 경계를 좀 해야 할 것 같아요." 생후 8개월 된 인영 엄마의 말이다.

"저는 육아 잡지와 인터넷을 참고해요. 다른 엄마들이 아이를 어떻게 키우는지 알려면 아무래도 잡지나 인터넷 정보가 필요한 것 같아서요. 그런데 요즘 '견물생심'이라는 생각이 많이 듭니다. 잡지에 나오는 예쁜 옷이나 교구, 인터넷 책 카페나 장난감 카페에서 소개한 책이나 교구, 육아용품들을 자꾸 사게 돼요. 다른 엄마들은 다 사주는데 저만 아이한테 못해주는 것 같아 불안하거든요." 만 4세 된 성주 엄마의 말이다.

육아에 대한 엄청난 정보가 인터넷에서, 서점에서, 놀이터에서 또래 엄마들 입에서 쏟아져 나오고 있다. 저출산 시대에 아이를 더 잘 키우고 싶은 엄마들 마음을 이용한 육아정보가 너무 많다. 그런데 그런 정보는 대부분 엄마들끼리 주고받는 것이다. 상품 정보가 많고 개인 경험담이 많다. 내 아이 상황과 100% 맞아야 '아, 그렇구나' 하며 도움을 받을 텐데 그런 것은 없다. 사람은 무언가 정확한 것 같지 않으면 불안해진다. 그래서 밤새도록 더 정확한 정보를 찾으려고 인터넷을 헤매고 다닌다. 그래서 결국 인터넷 중독증상이 나타나기도 한다.

  엄마들은 흔히 인터넷과 육아책에서 육아 상식(?)을 얻는다. 그런데 인터넷에 올라와 있는 정보는 대부분 글을 쓴 사람이 의도한 대로 풀어 놓은 것이다. 입맛대로 틀린 정보아 맞는 정보를 서기도 한다.

  아이 건강이나 먹을거리 정보는 '과학'과 관련되어 시간이 지나면 바뀌는데 10년 전에 있던 정보의 제조일자가 오늘로 둔갑되어 새로운 정보가 되기도 한다. 그런데 이런 것을 엄마들이 알아채기란 쉽지 않다. 인터넷에서 정보를 접할 때는 '아, 이런 의견도 있구나' 정도로 생각해야 한다. 그것을 맹신하거나 직접 적용하면 위험하다.

  육아책은 그나마 인터넷보다는 낫다. 육아책은 인터넷에 비해 유행을 덜 타고 객관적이다. 그런데 그 속에는 수치나 원칙이 너무 많다. 원칙대로 아이를 잘 키우고 싶은 초보 엄마는 수치나 원칙에 숨이 탁탁 막힌다. 이유식은 이런저런 재료로 시작하고, 한 번에 얼마씩 먹여야 하며, 잠은 몇 시간은 자야 한다. 일정한 월령이 되면 이런저런 말이나 행동도 해야 한다. 엄마는 오늘 아이에게 먹인 음식이 책에 있는 것보다 적거나 영양소가 한두 가지 빠지면 아이가 금방 어떻게 될 것처럼 불안해진다. 육아책을 읽을 때는 그 정보에 너무 맞추려고 하지 말아야 한다. 그것은 그야말로 육아 안내서다. 육아책의 수치나 원칙은 요리를 처음 시작하는 사람에게 요리 감각을 익히기 전 연습용 지침일 뿐이다.

좋은 교육기관, 어떻게 찾을까

한 엄마가 얼굴이 조금 창백해 보이는 만 4세 여자아이의 손을 잡고 연구소로 들어왔다. 이 여자아이는 갓 돌이 지나면서 책을 읽었고, 두 돌이 지났을 때 한글을 뗐다. 지금 아이의 영어 발음과 말하기 능력은 중학생 수준이다. 한자에도 관심이 많아 한자능력시험도 여러 번 봤다. 엄마는 초등학교 3학년 과정까지 마친 아이에게 본격적으로 영재교육을 시켜볼까 싶어서 전문적인 검사를 받기 위해 연구소를 찾았다. 그런데 엄마는 청천벽력 같은 소리를 들었다. 영재성은 커녕 아이에게 선천성 의사소통장애가 있다는 진단을 받은 것이다. 지능지수도 평균 정도였으며 사회성에서는 평균 이하 검수를 받았다.

우리나라 부모가 교육에 대해 오해하는 것이 있다. 남보다 더 먼저, 더 일찍, 더 많이 시키면 공부를 잘하는 줄 안다. 그리고 초등교육은 물론 유아교육에서까지 대학입시에 올인한다. 어느 시기에 어떤 자극이 필요한지는 생각하지 않는다. 엄마들이 아이가 또래보다 뭔가 잘하는 것 같으면 묻는다. "우리 아이를 어디에 보내면 좋을까요?" 그런데 그럴 때마다 전문가는 말한다. "집 근처에 있는 어린이집이나 유치원에 보내세요. 그 정도면 충분합니다."

유아기에 좋은 교육기관은 아이가 또래와 어울리며 자기감정과 본능을 충분히 충족할 수 있는 곳이다. 단순 기억력에 의존하는 영어 단어를 외우거나 수학 문제를 푸는 곳이 아니다. 유아기에 감정과 본능이 충분히 충족되어야 뇌의 잠재능력까지 충분히 발달할 수 있다. 예습은 공부하기 몇 시간 전이나 하루 전에 하는 것이 효과가 가장 좋다.

그런데 우리는 감정과 본능을 충족해야 할 유아기에도 5년, 10년 앞당겨 예습을 시킨다. 고등학교 때 배워야 할 수학을 초등학생이 배우고, 초등학교 때 배울 내용을 유아기에 배운다. 이런 식으로 공부하면 아이의 뇌는 그것을 받아들일 수 없어 망가지고 만다. 유아기에는 어린이집이나 유치원에서 하는 전인교육 정도면 충분하다. 나머지 교육은 부모가 하면 된다. 책상에 앉아 영어 단어를 외우게 하고 수학 문제를 풀게 하는 것이 아니라 산으로 들로 나가 많은 것을 보고, 만지고, 느낄 수 있게 해야 한다. 그것이 유아기에 가장 중요한 창의성 교육의 기본이다.

전문적인 책을 읽고, 문제집을 풀면서 한 질문에 답이 하나인 것을 배우는 것이 아니라 한 질문에도 여러 답을 할 수 있는 아이로 키워야 한다. 예를 들어 "하늘이 무슨 색이야?"라고 물었을 때 아이가 판에 박히게 "파란색이오"라고 답하는 것이 아니라 계절에 따라, 시간에 따라, 장소에 따라 달라질 수 있는 하늘색을 경험에 비추어 대답할 수 있게 해야 한다.

책을 많이 읽히고 여러 교육기관을 데리고 다니다가 발달기관에 온 엄마들은 아이가 얼마나 똑똑한지, 어느 쪽에 재능이 있는지 알아보고자 한다. 엄마가 원하는 것은 발달지수로 알아볼 수 있는데, 보통 발달지수가 130 이상 나오면 발달이 우수하다고 한다. 그런데 아이가 똑똑한 것 같다며 검사를 받으러 온 경우 발달지수가 130이 넘는 아이는 이제까지 없었다. 반면에 우연히 방문한 아이 가운데 교육은 아무것도 하지 않았는데 130이 넘은 아이는 여러 명 있었다.

영유아기에 책을 많이 읽혀도 되고 교육기관을 많이 찾아갈 수도 있다. 그것이 아이를 위한 놀이방법의 하나라면 괜찮다. 그러나 특정 교육이나 교구, 책으로 아이 지능지수를 높이거나 창의성을 발달시키는 것은 그 결과를 확인하기 어렵다.

유아기에는 인위적으로 만들어진 학습보다는 체험하면서 즐거움을 자극할 수 있는 교육이 가장 좋다. 전집 그림책보다는 아이가 좋아하는 강아지가 그려진 낱권 그림책이 좋고, 낱권 그림책보다는 움직이는 장난감 강아지가 좋다. 그리고 장난감 강아지보다도 더 좋은 것은 살아 있는 진짜 강아지다. 강아지가 그려진 그림책은 여러 번 보다보면 더는 호기심이 생기지 않는다. 그럴 때 '멍멍' 소리를 내며 꼬리를 흔드는 장난감 강아지를 보면 아이는 새로운 호기심을 느낀다. 그런데 그 또한 시간이 지나 일정한 규칙이 있다는 것을 알게 되면 흥미를 잃는다. 그 순간 진짜 강아지가 등장하면 아이는 다시 자극을 받는다. 진짜 강아지와 함께 놀면 아이는 강아지 행동을 예측할 수 없다. 강아지가 언제 나한테 오고 오지 않을지 알 수 없다. 아이는 강아지를 자신에게 오게 하려고 고민한다. 어떻게 해야 강아지와 친해질 수 있을지, 강아지와 어떻게 놀아야 할지 연구한다. 그러면서 아이 두뇌는 발달한다.

02

부모의
소신 있는 선택

흔들리지 않는 육아의 방향을 잡아라

만 5세 된 남자아이 찬호는 지나치게 산만하고 공격적이다. 유치원에서 친구들과 놀다가도 10분도 안 돼 아이들과 싸움이 난다. 수업시간에도 괜스레 옆에 앉은 여자친구를 툭툭 건드려 벌 받는 날이 많다. 여자형제만 있는 엄마는 찬호의 행동이 정상인지, 비정상인지 분간할 수 없다. 찬호 할머니는 "네가 남자애를 못 봐서 그래. 남자애들은 다 그러면서 크는 거야. 남자답고 좋구먼" 하시면서 멀쩡한 아이 가지고 걱정한다고 핀잔하신다.

찬호한테 매일 당하는 또래 엄마는 "기분 나쁘게 듣지 마. 찬호가 혹시 ADHD 아닌지 검사 한번 받아 봐. 내가 보기에 찬호한테 문제가 있는 것 같아"라고 한다. 아이의 과격성이나 산만함이 걱정되어 여러 사람한테 물어보았지만 항상

> 의견은 '괜찮다' 아니면 '아니다'로 갈라지니 도대체 누구 말을 들어야 할지 갈피를 잡을 수 없다. 엄마 또한 '괜찮다'는 사람들 말을 들으면 '그래, 남자아이 키우기가 원래 힘들다잖아'라는 생각이 들고, '너무 심한 것 같다'는 말을 들으면 '하긴, 옆집 철이는 남자아이인데도 그러지 않잖아. 저러다 학교 가서 왕따 되는 거 아니야'라는 생각이 든다.

같은 아이가 오늘 이 사람 말을 들으니 ADHD 환자 같고, 내일 저 사람 말을 들으니 멀쩡한 것 같다. 이렇게 되면 엄마는 불안한 마음에 오늘은 산만하고 공격적으로 행동하는 아이를 엄하게 야단치고, 내일은 어제 야단 친 것이 미안해 지나치게 허용적이고 이해하는 태도를 보일 것이다.

엄마는 사람들 말에 갈피를 잡을 수 없어 그렇게 행동한다지만 아이는 엄마 행동을 보면서 어떻게 해야 할지 갈피를 잡지 못한다. 엄마가 자신을 정말 사랑하는지 어쩐지도 헷갈린다. 결국 아이는 점점 더 산만해져 충동적이고 공격적인 행동을 할 것이며, 줏대 없이 흔들리는 엄마를 조종하려고 떼만 늘어날 것이다.

우리는 흔히 아이가 잘 자라고 있는지 알고 싶을 때 주변 사람들에게 물어본다. 발달상태를 묻기도 하고, 교육방법을 묻기도 한다. 이유식을 어떻게 해야 할지, 어떤 장난감을 사야 할지도 묻는다. 그런데 사람들에게 물으면 물을수록 더 혼란스러워지고 어떻게 해야 할지 고민스러워진다. 그렇다고 경험도 지식도 부족한 초보 엄마가 누구 말도 귀담아듣지 않고 독불장군처럼 아이를 키울 수는 없다.

초보 엄마는 끊임없이 물어야 하고 배워야 하고 변해야 한다. 하지만 누구한테 물을 것인가? 지금 내 시야에 보이는 아무에게나 물어서는 안 된다. 아무에게나 묻게 되면 멀쩡한 일을 걱정하거나 문제가 엄연히 있는데도 간과하는 일이 생길 수 있다.

주위에 있는 사람들 가운데 내 아이의 육아정보원으로 자격을 갖춘 사람에게 물어야 올바른 정보를 얻을 수 있다. 믿을 만한 육아정보원은 다음 네 조건을 모두 갖춘 사람이다.

첫째, 아이와 충분히 시간을 같이 보내 아이를 잘 아는 사람이다. 오다가다 만난 이웃집 엄마, 멀리 살아서 일 년에 한두 번 보는 할머니는 여기서 탈락한다. 특히 할머니들은 "애들이 다 그렇지. 아비도 그랬어"라는 말씀을 많이 하신다. 할머니가 일 년에 한두 번 손자를 보다보니 문제의 심각성을 전혀 느낄 수 없어 하시는 말씀이다. 연장자의 말을 들었다가 아이에게 적절한 도움을 주어야 하는 시기를 놓치는 경우도 많다. 내 아이를 충분히 오랫동안 관찰해 온 사람에게 조언을 들어야 한다.

둘째, 아이의 양육과 발달에 대해 지식과 경험이 풍부한 사람이다. 아이와 시간을 가장 많이 보낸 사람이 가장 좋은 육아정보원이라고 한다면 그건 엄마가 될 수도 있다. 하지만 엄마는 최고의 육아정보원은 아니다. 정확한 정보를 얻으려면 아이의 정상발달을 잘 아는 사람이어야 한다. "7세 남자아이라면 충분히 그럴 수 있어"라고 말하려면 비교적 객관적인 지식과 경험이 있어야 한다.

아이를 겨우 한 명 키워본 이웃집 엄마가 자기 아이와 비교해서 "우리 아이는 안 그런데 얘는 이상하네"라고 말하거나 "우리 아이도 그랬어. 괜찮아"라고 말하는 것은 전혀 도움이 되지 않는다. 정상발달에 대한 정보를 많이 알면서 말하는 것이 아니기 때문에 기준 자체가 왜곡됐을 수 있다.

셋째, 단정적으로 말하지 않고 여러 가능성을 얘기해주는 사람이다. '이 아이는 ADHD다' 또는 '이 아이는 ADHD가 아니다'라는 말은 매우 단정적이다. 전문가일수록 단정적으로 말하지 않고 가능성이 보이는 몇 가지를 이야기한다. 전문가는 어떤 문제행동에 포괄적인 지식을 지닌 사람이기 때문에 한 가지 행동이지만 많은 가능성을 이야기할 수 있다. 그 가능성 하나하나가 맞는지 알아보려면 어떻게 해야 한다는 식으로 상담한다. 그런데 '척보면 압니다' 식으로 말하는 사람은 혹여 전문가라는 이름을 달고 있더라도 상대적으로 신뢰성이 떨어진다.

넷째, 과도하게 친밀하지 않은 사람이다. 친분이 있는 전문가가 있다면 그 사람에게는 가지 않는다. 친한 사람을 상담할 때 전문가도 사람이다보니 좋게 보려는 경향이 있다. 하물며 전문지식이 없는 친인척이라면 더하다. 누가 봐도 문제가 있는데 지나치게 좋게만 보고 걱정하지 말라는 말만 되풀이할 수 있다. 내 아이를 너무 좋게만 보는 사람의 말은 객관성이나 신뢰성이 떨어진다. 괜히 그 사람의 조언을 따랐다가는 관계만 나빠질 수 있다.

이런 네 가지 조건을 모두 따져봤을 때 가장 보편적으로 타당한 정보를 주는 사람은 선생님이다. 유치원이나 어린이집, 학원, 학습지 등으로 아이를 만나는 선생님의 의견이 가족이나 이웃의 의견보다 신뢰할 만한 경우가 많다. 선생님은 우리 아이 또래를 많이 경험했고 정상발달에 대한 기준도 가지고 있다. 게다가 내 아이를 예뻐하지만 여러 아이를 보기 때문에 감정적인 거리도 유지할 수 있다.

영유아기, 부모의 양육관을 세워라

　영유아기를 연구하는 사람은 영유아기가 가장 중요하다고 하고, 아동기를 연구하는 사람은 아동기가 가장 중요하다고 하고, 청소년기를 연구하는 사람은 청소년기가 가장 중요하다고 하고, 노년기를 연구하는 사람은 노년기가 가장 중요하다고 할 것이다. 영유아기는 중요하지만 부모 역할을 하기에는 그나마 가장 수월할 때이다. 아이가 영유아기 때는 그래도 주변 도움을 받을 수 있다. 아이 또한 부모의 말과 행동에 이토록 집중하는 시기는 없다. 부모 자신이 원하는 대로 생각과 행동을 수정하면 아이는 곧 효과를 보이고 갈등은 대부분 사라진다.

　영유아기 부모의 고민은 초보운전자의 공포와 같다. 낯선 첫 경험에 대해 느끼는 공포와 어려움 말이다. 하지만 아이가 자라 사춘기가 되면 달라진다. 아이는 부모의 말과 행동에 더는 귀 기울이지 않는다. 이 시기는 부모 아닌 사람이 부모 역할을 대신할 수 없다. 엄마와 아이 사이에 갈등이 생기면 두 사람이 풀어야 한다. 그러니 정말 아이 키우기가 힘들다. 도와달라고 육아도우미를 부를 수도 없고, 기관에 찾아가도 답이 나오지 않는다. 영유아기 때 마음대로 되지 않는 아이와 사춘기 때 마음대로 되지 않는 아이는 다르다.

　부모는 아이가 사춘기가 되기 전에 자신을 뒤돌아볼 필요가 있다. 부모는 영유아기에 아이 키우기가 힘든 것이 '아이' 때문이라고 말하지만 사실 '부모' 자신의 문제 때문이라는 것을 잘 안다. 자신이 부모와 해결하지 못한 갈등, 이루지 못한 꿈, 경제적인 문제……. 상처가 많은 부모일수록 아이에게 집착하고, 더 투자하려 든다. 영유아기 때는 그런 부모 행동 때문에 일어난 갈등이 그래도 손쉽게 해결되었지만 아이가 사춘기 때도 부모가 그런 문제를 갖고 있다면 아이와 갈등이 깊어질 확률이 높다. 따라서 영유기에 힘들다고 느끼는 부모는 자신이 왜 힘든지, 자기 안에 어떤 상처가 있는지 곰곰이 생각해야 한다.

부모는 아이에게 집착하기보다 자신의 상처를 치유하는 데 더 관심을 쏟아야 한다. 스스로 단단해져야 자기 자신에게 자부심을 가질 수 있고 자기 삶에 소신을 가질 수 있다. 그래야 아이를 품을 수 있다. 이런 부모는 흔들리는 아이를 잡아줄 수 있으며, 아이 능력도 믿어줄 수 있다. 자부심과 소신이 있어야 주변을 살피며 불안해하지도 않고 갑자기 날아오는 공격도 꿋꿋하게 막아낼 수 있다.

아이는 영유아기 때 키우기가 가장 쉽다. 이 시기에 부모는 양육의 즐거움과 고통을 두루 경험하면서 자신이 원하는 삶이 어떤 삶인지를 되돌아볼 기회를 가져본다. 1년 365일, 하루 24시간을 아이에게 올인하기보다 주변의 도움을 적극적으로 구하고 자기 내면과 대화하는 시간을 갖는다. 이것이 양육이라는 마라톤을 완주할 수 있도록 도와줄 것이다.

03

아이는 스스로 자란다

아이 능력을 믿어라

한 초등학교에서 선생님이 실험을 했다. "얘들아, 눈이 파란 아이가 눈이 갈색인 아이보다 공부를 잘한다고 하더라"라고 말하고 아이들에게 자기 눈 색깔을 명찰에 써서 달고 다니게 했다. 아이들은 눈이 파란 아이를 보며 '공부 잘하는 아이구나' 했고, 눈이 파란 아이 역시 '나는 공부를 잘하는 사람이야'라고 믿었다. 일주일쯤 지나 쪽지시험을 보니 눈이 파란 아이들의 성적이 좋았다. 선생님이 아이들에게 다시 말했다. "얘들아, 미안하다. 내가 잘못 말했더라. 눈이 갈색인 아이들이 공부를 더 잘한대." 일주일 후 쪽지시험 성적은 지난주와 정반대였다. 눈이 갈색인 아이들의 성적이 쭉 올라갔다.

아이가 스스로 '나는 잘할 수 있어' '나는 잘하는 쪽에 속해'라고 생각하면 정말 공부를 잘한다. 그런데 '나는 못해' '나는 공부를 못한대'라고 체념하면 공부를 잘 못한다. 아이 자신이 마음을 어떻게 먹느냐에 따라 모든 행동, 심지어 성적에까지 영향을 미친다. 지금 우리 아이는 자기 능력을 믿는가? 자신은 무엇이든 잘할 수 있다고 생각하는가? 아이가 '나는 원래 못해' '해봐도 안 될 텐데'라고 생각한다면 그것은 하루아침에 만들어진 것이 아니다.

긍정적인 생각, 부정적인 생각에는 '결 이론'이라는 것이 있다. '결'은 어떻게 만들어질까? 물결, 나뭇결, 바람결……. 이러한 결은 조금씩, 조금씩 아주 작은 움직임이 모여 만들어진다. 아이가 지금 부정적인 생각을 한다면 작은 부정적인 것이 모여 결이 만들어진 것이다. 여기에는 부모 책임이 크다. 아이가 조금씩 부정적으로 될 때 부모가 방관한 것이다. 부모가 일조했을 수도 있다. "거봐, 이건 네가 못한다고 했잖아" "그러게 아빠 말 들으라고 했지?" "네가 하는 일이 그렇지 뭐" "잘하지도 못하면서 괜히 건드려서 고장 났잖아."

하지만 그렇다고 체념하지 마라. 부정적인 생각이 결을 만들었듯 긍정적인 사고방식도 서서히 노력해서 만들어주면 된다. "난 네가 잘할 줄 알았어" "하면 되지 뭐가 걱정이야" "아, 이번에는 이렇게 하면 안 된다는 것을 알았네" "결과는 중요하지 않아. 너는 정말 열심히 했으니까. 엄만 네가 자랑스러워." 아이는 조금씩 부정적인 생각을 털어버리고 긍정적인 사고방식을 지니게 될 것이다.

물론 어떤 부모도 자기 자식이 부정적인 사고방식을 지니길 바라진 않는다. 부모들은 아이가 긍정적인 사고방식을 가지고 자기 능력을 믿으며 진취적으로 나아가기를 바란다. 그런데도 자기도 모르게 아이에게 부정적인 자극을 계속 준 것은 부모 자신의 부정적인 사고방식 때문이다. 자기 능력을 지나치게 비하하고, 쓸데없는 걱정에 시간을 보낸다. 해보기도 전에 부정적인 결과를 예측하고 도전하기를 꺼린다. 이런 부모는 자기 스스로 불행을 부르는 경우가 많다.

행복의 명제 가운데 이런 말이 있다. "그 무엇도 내 허락 없이는 나를 불행하게 만들 수 없다." 지금 자신이 부정적이고 패배자적인 생각을 한다면 불행 리스트를 점검하라. 그 항목은 왜 불행 리스트에 올라와 있을까? 그것이 다른 사람의 행복 리스트에 올라갈 확률은 없을까? 분명 내가 생각한 불행한 상황이 다른 사람에게는 행복한 상황이 될 수도 있다. 불행은 내가 생각한 것이다. 실패도 마찬가지다. 내가 그렇게 평가한 것이다. 사고방식이 부정적인 부모라면 되뇌어 본다. "내가 허락하지 않으면 나는 불행해지지 않는다."

긍정적으로 사고하는 것이 어렵다면 아이 모습에서 배운다. 어떤 사람이 퇴근하다가 동네 운동장에서 아이들끼리 야구시합을 하는 것을 보았다. 제법 재미있게 지켜보던 어른은 현재 스코어가 궁금했다. 그래서 큰 소리로 물었다. "얘들아, 지금 스코어가 몇 대 몇이냐?" 그랬더니 한 아이가 "14대0이오" 했다. 아이 목소리는 들떠 있었다. "너희 팀이 14점이냐?" 했더니 그 아이는 "아니요. 저희가 0점이에요" 했다. 14대0이면 이미 끝난 게임이 아닌가! 그런데 그 아이 목소리는 무척이나 생기 있었다. "그런데 뭐가 그렇게 신났어?" "우리는 아직 한 번도 공격하지 않았어요." 아이는 자기 팀 공격을 기다리고 있었다.

어른들은 이런 상황에서 시작부터 실패를 예상하지만 아이들은 좌절을 모르고 절망을 모른다. 아이들은 낙관적이다. 어른들이 좌절이나 절망을 꼬집어 주입시키지만 않으면 아이들은 오랫동안 그들이 가진 본성대로 낙관적이고 긍정적일 수 있다.

절대 희망, 절대 긍정은 도전을 부른다. 두려울 것이 없으므로 도전을 망설일 이유가 없다. 부모가 해야 할 일은 아이들의 이런 사고방식이 상처받지 않도록 아이 능력을 한없이 믿어주는 것이다.

행복한 부모가 행복한 아이를 만든다

하버드대학에 다니는 학생들 중 조건이 비슷한 100명을 뽑아 꿈을 물어봤다. 그중 27명은 "꿈이 없다"라고 대답했다. 60명은 "꿈이 있기는 한데 이뤄지면 좋고 안 이뤄져도 어쩔 수 없다"라고 대답했다. 10명은 "꿈이 있다. 확실히 이루겠다"라고 말했다. 이들 중 3명은 "꿈이 있다. 그런데 한두 가지가 아니라 다단계로 가지고 있다. 그 꿈을 모두 이루겠다"라고 대답했다.

25년 후 그 학생들을 추적하여 어떻게 살고 있는지 알아보았다. 처음 27명은 100명 중 가장 밑바닥 인생을 살고 있었다. 어중간한 대답을 한 60명 중에는 잘사는 사람도 있고 못사는 사람도 있었다. 확고한 꿈이 있던 10명은 교수, 의사, 변호사 등 전문 직업인이 되어 있었다. 그리고 나머지 3명은 한 집단의 리더, 지도자가 되어 있었다.

우리의 미래는 꿈에 달려 있다. 나는 10년 뒤 무엇이 되어 있을까? 지금 어떤 꿈을 꾸고 있느냐에 따라 10년 뒤 내 모습을 가늠할 수 있다. 지금 꾸는 꿈이 10년 뒤 내 모습을 결정한다. 여러분은 꿈을 꾸는가? 혹여 아이의 꿈 뒤에 숨어서 그것이 자기 꿈이라고 생각하는 것은 아닌가? 그렇다면 10년 후 아이만 있고 부모는 없을 수도 있다. 행복한 부모가 되려면 항상 꿈을 품어야 한다. 그래야 무엇이든지 될 수 있다. 아무것도 품지 않으면 아무것도 될 수 없다.

우리 아이의 미래는 어떻게 될까? 아이가 무언가 되기를 바란다면 꿈을 가르쳐야 한다. 성적을 관리하지 말고 꿈을 관리한다. "몇 점 맞았니? 몇 등 했니?"를 물어보지 말고 "너는 무엇이 되고 싶으니?" "아직도 되고 싶으니?" "확실히 되고 싶으니?" "진짜로 되고 싶으니?"라며 아이 꿈을 매일 관리하자. 아이가 해야 할 일을 조목조목 나열하지 말고 단지 꿈만 묻는다. 그러면 아이는 스스로 자란다.

평범한 사람 99%와 성공한 CEO 1%를 비교·연구해보았다. 연구결과 99% 사람들과 1% 사람들의 사고방식이 차이가 난다는 것을 발견했다. 일반적으로 99% 사람들은 현재 나는 무엇을 가지고 있느냐, 현재 나에게 어떤 능력이 있느냐에서 출발해 미래를 계획한다. 그래서 '나는 이렇게 될 것이다'라고 생각한다. 이는 언뜻 보면 합리적으로 보인다. 그들의 출발점은 현재이다.

그런데 단 1% 사람들은 미래를 먼저 정해놓고 미래에 맞춰 현재를 계획하고 살아간다. 그들은 지금 가지고 있는 것은 중요하게 생각하지 않는다. 지금 가지고 있는 능력은 미래를 위해 충분히 바꿀 수 있다고 믿는다. 아이도 마찬가지다. 아이가 지금 다른 아이보다 조금 떨어진다고 해서 그것에 맞추어 무엇을 계획할 필요는 없다. 미래의 꿈을 믿으면 아이는 그것에 맞춰 변한다. 지금 10등 하는 아이가 '이 정도 성적이면 어느 어느 대학을 갈 수 있겠군'이라고 생각하면 그 아이는 그 대학을 간다. 하지만 그 대학 이상 가지 못한다. 그러나 지금은 성적이 떨어지지만 '내 꿈을 위해 이 정도 대학은 가야겠군'이라고 목표를 확고부동하게 세우면 아이는 그 대학에 가기 위해 얼마나 공부해야 하는지 예측하고 그 대학에 들어가고야 만다. 꿈은 생각보다 우리에게 결정적인 역할을 한다.

사냥개 30마리가 토끼 한 마리를 추격하고 있었다. 토끼는 죽을힘을 다해 숲으로 도망갔다. 추격전이 길어지면 길어질수록 사냥개들은 지쳐서 한 마리씩 쓰러졌다. 결국 29마리가 쓰러졌다. 그런데 가장 앞서서 달리던 한 마리는 끝까지 토끼를 추격했다. 그리고 그 사냥개는 결국 토끼를 잡았다. 사냥개 한 마리만이 토끼를 잡은 이유는 간단하다. 사냥개 29마리는 앞에서 한 마리가 뛰니까 덩달아 뛰었지만 맨 앞에 있는 사냥개는 토끼를 보고 뛰었기 때문이다. 선두에 있던 사냥개는 토끼라는 목표를 향해 아무리 힘들어도 끝까지 달렸다.

목표가 있는 사람은 이 사냥개 같다. 아무리 힘들어도 쓰러지지 않는다. 누구에게나 역경도 있고 시련도 있다. 그래도 꿈을 이루기 위해 그것을 이겨낼 수 있다. 부모의 꿈은 무엇인가? 아이의 꿈은 무엇인가? 지금 우리는 모두 힘들다. 하지만 내 꿈이 있고, 아이의 꿈이 있으면 우리에게는 미래가 있고 희망이 있다. 꿈이 있는 자는 그래서 행복하다.

잉어에 대한 재미있는 이야기가 있다. 잉어는 어항에서 키우면 10cm 이상 자라지 않는다. 그런데 연못에서 키우면 30cm까지 자란다. 이것을 강물에서 키우면 1m까지 자란다. 잉어는 환경에 맞추어 자기 몸을 조절하는 것이다.

우리는 아이의 꿈을 얼마나 키워주고 있을까? 다소 허무맹랑할지라도 아이가 더 크고 멋진 꿈을 꿀 수 있도록, 어떤 시련이 와도 그 꿈을 포기하지 않고 길게 꿀 수 있도록 부모가 도와주어야 한다. 또 꿈에 대한 가치를 믿을 수 있도록 부모가 아이의 희망 모델이 되어야 한다.

BONUS PAGE

유태우 소장님의 지상 강좌

부모의 비교병이 아이를 병들게 한다

성인들이 병에 걸리는 근본적인 원인은 잘못된 생활습관과 비만 때문입니다. 그런데 아이들의 병의 원인은 바로 '비교'입니다. 부모의 비교 습관, 큰아이와 작은아이를 비교하고, 내 아이를 다른 집 아이와 비교하고, 같은 반에서 내 아이보다 잘하는 아이와 비교하고……. 이런 것들이 아이들이 걸리는 병의 근본원인입니다.

비교당하는 아이, 위로받을 곳 찾는다

비교를 자주 당한 아이는 화를 잘 냅니다. 항상 가슴에 화가 가득 차 있고, 분노가 있으며, 불안해합니다. 그리고 누가 잘한다고 하면 기분 나빠하고, 시기하고, 열등감을 느낍니다. 이런 상태가 지속되면 당연히 공부도 안 되지요. 아이는 뭔가 불안해서 산만하게 행동하기도 합니다. 당연히 친구들도 잘 못 사귑니다. 학교에서도 적응을 잘 못하고요. 시간이 지날수록 아이는 점점 힘들어합니다. 그런데 힘들어하면서 엄마와의 관계가 나빠집니다. 엄마에게 힘들다고 투정하고, 짜증내고, 심지어 욕하고 때리는 아이도 있습니다. 그렇게 해도 속에 있는 화가 풀리지 않으면 아이는 우울증이나 조울증에 걸립니다. 자살하는 아이도 있습니다. 막 먹어대는 것으로 화를 풀려고 하는 아이도 있지요. 폭식증에 걸리고 비만이 되기도 합니다. 인터넷 중독이 되기도 합니다. 아이가 인터넷만 하려는 것은 다른 것은 너무 힘들어 생각하고 싶지 않기 때문입니다.

비교 스트레스가 조울증, 폭식, 비만으로 나타나

어느 날, 조울증이 있는 30세 남자가 찾아왔습니다. 그는 청소년기 때 조울증을 진단받고 근 15년 동안 약을 먹고 있다고 하더군요. 조울증은 불치병이라 평생 이렇게 약을 먹으면서 살아야 할지도 모른다고 했습니다. 그런데 저는 상담 중에 그 사람의 조울증이 어린 시절부터 부모에게 받아온 '비교'에서 비롯되었다는 것을 발견했습니다. 그는 "너는 그것밖에 못해? 옆집 아이는 어떻다는데"라는 말을 정말 밥 먹듯이 듣고 자랐더군요. 그는 부모님에게 칭찬과 인정을 받으려고 아무 목표도 없이 부모가 좋아하는 대학에 가고, 자격증을 따고, 이 공부를 했다가, 저 공부를 했다가 했습니다. 그래도 부모의 비교는 끝나지 않았습니다.

> **Tip**
>
> ### 비교로 생기는 아이들의 병
>
> 1. 우울증, 조울증, 자살
> 2. 엄마에 대한 폭력
> 3. 화, 분노, 불안, 시기, 열등감, 기분 나쁨
> 4. 학습 · 관계 · 적응 능력 저하
> 5. 폭식증과 비만, 성장장애
> 6. 인터넷 · 게임중독
> 7. 불면증, 두통 등 신체기능의 병
> 8. 성장 후 일중독, 니코틴중독, 알코올중독, 카페인중독

현재 은행에 다니는 20대 중반의 여자도 그렇습니다. 그녀는 처음에는 체중 때문에 병원에 왔지요. 치료를 잘 받고 15kg이나 체중을 감량했습니다. 그런데 무슨 일만 있으면 체중이 오르락내리락하는 겁니다. 주위에서 누가 자기보다 좀 잘하기만 하면 그걸 견딜 수 없어서 정신없이 먹어대는 습관 때문이었습니다. 다른 사람들은 부러워할 직장에 다니고 준수한 외모인데도 그녀는 한시도 행복할 수 없었습니다. 비교하기 시작하면 우리 주위에는 나보다 잘난 사람이 항상 많기 때문이지요. 그런데 그녀의 비교병도 어린 시절 끊임없는 비교로 그녀를 채찍질하던 부모의 습관 때문에 생긴 것이었습니다.

엄마와의 대화가 아이에게 미치는 영향

비교병의 중심에는 '부모'가 있습니다. 부모의 가장 큰 문제는 아이의 대화 상대가 엄마밖에 없다는 것입니다. 청소년 아이들을 대상으로 대화상대를 조사해봤더니 3분의 2는 '엄마'라고 답했습니다. 아빠와의 대화는 전체의 10%도 안 되었습니다. 우리는 무의식적으로 이런 공식을 가지고 있는 듯합니다. 먹고사는 문제는 아빠의 몫, 자녀교육은 엄마의 몫입니다. 아빠가 사회에서 성공하면 그것은 아빠의 성공이고, 집에서 아이가 성공하면 그것은 엄마의 성공입니다. 실패하면 물론 엄마의 실패이지요. 이렇다보니 엄마들이 죽기 살기로 아이에게 매달리게 되고 엄마 주도 교육이 됩니다. 학습의 주체가 아이인데도 학습도 엄마 주도가 됩니다. 엄마는 "엄마가 다 알아서 할 테니까 너는 공부나 해"라고 말하게 된 것이지요. 엄마는 아이에게 최상의 것을 주기 위해서 현재 자신이 가진 것, 자신이 아이에게 해주는 것을 끊임없이 다른 집과 비교합니다. 그리고 더 열심히 하려고 하지요. 엄마는 시간이 갈수록 '아이 중독'이 되어갑니다. 이때 두 가지 상호작용관계가 존재합니다. 하나는 아이가 마마걸, 마마보이가 되는 것입니다. 아이에게 꼼짝도 못하는 엄마, 엄마가 없으면 아무것도 못하는 아이가 만들어집니다. 또 한 가지는 매일 서로 상처주는 관계입니다. 엄마는 쉼 없이 비교하고 아이는 쉼 없이 저항하는 것이지요. 결국 매일 싸우게 됩니다.

잘하는 것, 잘못하는 것을 함께 말하라

그렇다면 부모의 '비교병'은 어떻게 고칠까요? 우선 비교하는 습관을 고치는 부모훈련을 해야 합니다. 첫째, 무비교 훈련입니다. 어떤 엄마가 "첫째는 말을 잘 듣고요"라고 말을 했다고 합시다. 그 말에는 비교가 있을까요? 없을까요? 엄마의 말에는 이미 비교가 있습니다. "첫째는 말을 잘 듣고요"라는 한 문장으로 세 가지를 알 수 있습니다. 하나는 둘째가 말을 듣지 않는다는 것이고, 둘은 부모 마음대로 되지 않는다는 것이고, 셋은 아이에게 선택권을 주지 않고 엄마 주도의 교육을 할 확률이 높다는 것입니다. 아이는 있는 그대로 받아들여야 합니다. 비교는 한 아이 안에서 그 아이가 잘하는 것과 못하는 것으로 해야 합니다. 그러면 아이는 비교하더라도 상처받지 않습니다. 어떤 부모는 우리 아이는 아무리 봐도 잘하는 것이 하나도 없다고 투덜대기도 합니다. 설마 그럴리가요? 혹시 공부의 관점으로만 보는 것은 아닌지요. 간혹 공부는 못하지만 친구도 많고 대인관계가 정말 좋은 아이가 있습니다. 공부는 못하지만 나이답지 않게 요리를 잘하는 아이도 있지요. 운동을 잘하기도 하고요. 그런데 부모는 그런 종류의 잘하는 것들은 봐주지 않고 '공부' 하나만 가지고 다른 아이와 비교합니다. 비교하지 않으려면 아이가 못하는 것의 의미를 축소해야 합니다. 평소 잘못한 것을 더 크고 길게 이야기하던 습관을 고쳐야 합니다. 잘못한 것은 그 의미를 최대한 축소하고 거의 말하지 말아야 합니다. 반면 아이가 잘하는 것은 좀 과장해주십시오. 그러면 잘하는 것을 더 잘하게 됩니다.

중재자로서 아빠 역할이 중요하다

둘째, 엄마의 비교가 줄어들려면 아빠가 개입해야 합니다. 보통 아빠와 아이의 중간에 엄마가 끼어서 둘의 갈등을 해결하려고 하지요. 아빠와 아이를 직접 만나게 하십시오. 아빠는 흔히 말합니다. 다른 것은 다 마음대로 할 수 있는데 자기 몸하고 자식은 마음대로 되지 않는다고 말이지요. 아빠의 사상과 경험을 아이에게 강요하기 때문입니다. 자라나는 아이가 아빠의 사상과 경험을 이해하는 것은 거의 불가능합니다. 그것은 아이가 아빠만큼 자라야 가능합니다. 하지만 아빠가 아이한테 자신을 맞추는 것은 가능합니다. 단지 낮추면 되니까요. 아빠와 아이가 자꾸 부딪치는 것은 사실 아빠의 문제입니다. 아이는 아이이기 때문에 당연합니다. 자신의 가치관, 아이가 한심하다는 생각 따위는 버리고 100% 아이와 맞추십시오. 시간이 없어도 시간을 내야 합니다. 아빠가 개입해야 엄마도 아이에게 덜 집착하게 됩니다. 아이의 눈높이에 맞추어서 아이가 좋아하는 것만 해주십시오. 아빠가 아이를 함께 키우면 아이가 더 건강해집니다.

아이가 주도할 수 있는 역할을 주어라

셋째, 선택권 주기입니다. 비교병의 중심에는 '엄마'가 있고, 그 엄마의 중심에는 '엄마 주도'가 있습니다. 아이 일을 엄마가 다 끌어갑니다. 아이 문제를 엄마가 다 해결해주고, 아이 걱정을 엄마가 걱정합니다. 아이가 숙제를 잘하지 않는 이유는 무엇일까요? 그건 엄마가 항상 챙겨주기 때문입니다. 가만히 있어도 엄마가 다 알아서 하니까 굳이 아이가 알아서 할 필요가 없는 거지요. 흔히 아이가 숙제를 잘하지 않으니까 잔소리한다고 말하지만, 사실은 잔소리하기 때문에 숙제를 알아서 하지 않는 겁니다. 아이에게 아이 일을 맡기지 못하는 것은 아이 문제가 아니라 엄마 문제입니다. 아이에게 선택권을 줄 때는 A라는 한 가지를 두고 "하는 것이 어떻겠니?" 해서는 안 됩니다. 이것은 선택하라는 것이 아니라 그냥 하라는 말이나 다름없습니다. 선택하게 할 때는 두 가지 이상은 주어야 합니다. 선택할 수 있는 두 가지를 제시하면서 각각 장단점이 무엇인지 말해주십시오. 엄마가 보기에 빤히 잘못된 선택이라도 그냥 두십시오. 그렇게 몇 번만 해 보면 자기 선택의 결과를 알게 되어 올바른 선택을 하게 됩니다.

엄마가 먼저 아이를 돕겠다고 나서지 마라

비교에는 순기능도 있습니다. 아이가 더 잘하도록 동기부여를 하기도 합니다. 비교해서 더 잘되는 아이도 있다는 말입니다. 하지만 아이에게서 비교로 발생할 수 있는 병 중 단 하나라도 증세가 보인다면 더 비교해서는 안 됩니다. 사랑하는 내 아이에게 우울증, 비만, 각종 중독, 불면증 등을 일으키면서까지 '비교'가 꼭 필요하다고 생각하지는 않겠지요. '혹시 나도 아이한테 집착하는 것은 아닐까? 아이 중독이 아닐까?' 라는 생각이 드나요? 그런 생각이 든다면 당신은 이미 아이 중독일 확률이 높습니다. 중독된 엄마에게서 키워진 아이는 절대 건강할 수 없습니다. 어떤 엄마가 묻습니다. "아이가 소심한 편인데, 학교에 가면 잘할 수 있을까요? 잘하게 하려면 어떻게 도와주어야 할까요?" 그냥 내버려두십시오. 아이가 헤쳐나가야 할 문제입니다. 아이가 헤쳐나가면서 도움을 요청할 때 손만 잡아주면 됩니다. 아이의 문제를 해결해주고 싶은 것은 엄마가 소심하기 때문은 아닌지 돌아보십시오. 엄마가 대범하게 있으면 아이도 대범하게 이겨냅니다. 다른 아이와 내 아이를 비교하면서 아이를 그 수준까지 끌어올리려고 엄마가 주도해서는 안 됩니다.

비교당한 아이, 부모를 비교한다면?
부모라면 누구나 내 아이가 즐겁고 행복하게 살기를 바랍니다. 그런데 그것은 부모가 주는 것이 아닙니다. 아이는 부모가 행동하는 것을 배웁니다. 부모가 사는 방법을 배웁니다. 아이를 즐겁고 행복하게 살게 하려면 부모가 그렇게 살면 됩니다. 아이를 행복하게 살게 하기 위해 다른 사람과 비교할 필요는 없습니다. 자꾸 내 아이를 다른 사람과 비교하게 되면 결국 아이도 내 부모와 다른 부모를 비교하게 됩니다. 부모의 비교병이 아이에게 옮아간 것이지요. "다른 부모는 이만큼 해주는데 우리 부모는 왜 그렇게 못해줘?" 하고 자기에게 겨눠져 있던 칼날을 부모 쪽으로 돌립니다. 이렇게 되면 부모의 비교 때문에 아이에게 생기던 병들이 이번에는 부모에게 생길 수 있습니다. 엄마도 아이 때문에 이유 없이 머리가 아프고, 소화가 안 되고, 우울증이 생기고, 폭식할 수도 있습니다.

도움말_신건강인센터 유태우 소장님

전문가 도움말 목록

Part 1_부모 될 준비하셨나요?
- 한 아이의 부모가 되기까지 — **오은영**(신경정신과 전문의, 오은영소아청소년클리닉 원장)
- 올바른 육아해법 어디에서 찾을까 — **김수연**(아기발달 전문가, 김수연아기발달연구소 소장)
  — **오은영**(신경정신과 전문의, 오은영소아청소년클리닉 원장)
- 맞벌이 부모는 2인3각 주자이다 — **오은영**(신경정신과 전문의, 오은영소아청소년클리닉 원장)
- 초보 부모의 마음은 똑같다 — **김수연**(아기발달 전문가, 김수연아기발달연구소 소장)
- 아이는 부모의 거울 — **김수연**(아기발달 전문가, 김수연아기발달연구소 소장)
  — **오은영**(신경정신과 전문의, 오은영소아청소년클리닉 원장)
- 맞벌이 엄마, 이왕이면 즐겁게 일하라 — **오은영**(신경정신과 전문의, 오은영소아청소년클리닉 원장)
- 이 세상에 완벽한 부모는 없다 — **오은영**(신경정신과 전문의, 오은영소아청소년클리닉 원장)
- 부모 역할은 어디까지일까 — **김수연**(아기발달 전문가, 김수연아기발달연구소 소장)
- 부부관계부터 체크하라 — **오은영**(신경정신과 전문의, 오은영소아청소년클리닉 원장)

Part 2_세상 밖으로 나온 내 아이
- 아이는 부모의 소유물이 아니다 — **오은영**(신경정신과 전문의, 오은영소아청소년클리닉 원장)
- 양육환경이란 무엇인가 — **김수연**(아기발달 전문가, 김수연아기발달연구소 소장)
- 아이는 어떤 양육환경을 원할까 — **김수연**(아기발달 전문가, 김수연아기발달연구소 소장)
- 엄마의 불안은 아이에게 전염된다 — **김수연**(아기발달 전문가, 김수연아기발달연구소 소장)
  — **오은영**(신경정신과 전문의, 오은영소아청소년클리닉 원장)
- 발달에는 순서가 있다 — **김수연**(아기발달 전문가, 김수연아기발달연구소 소장)
- 기질은 타고난다 — **김수연**(아기발달 전문가, 김수연아기발달연구소 소장)
- 기질일까, 발달문제일까 — **김수연**(아기발달 전문가, 김수연아기발달연구소 소장)
- 기다릴 줄 알아야 한다 — **김수연**(아기발달 전문가, 김수연아기발달연구소 소장)

Part 3_힘내라, 육아의 전진 단계
- 육아 공포에서 탈출하기 — **김수연**(아기발달 전문가, 김수연아기발달연구소 소장)
- 과잉육아는 금물이다 — **오은영**(신경정신과 전문의, 오은영소아청소년클리닉 원장)
- 육아는 자기 훈련 과정이다 — **김수연**(아기발달 전문가, 김수연아기발달연구소 소장)

- 오은영 (신경정신과 전문의, 오은영소아청소년클리닉 원장)
- 이보연 (아동심리전문가, 이보연아동가족상담센터 소장)
- 하정훈 (소아청소년과 전문의, 하정훈소아청소년과 원장)

- 아이가 원할 때 먹여라 — 하정훈 (소아청소년과 전문의, 하정훈소아청소년과 원장)
- 이유식, 모유 수유와 재우기에 달렸다 — 하정훈 (소아청소년과 전문의, 하정훈소아청소년과 원장)
- 왜 아이는 자지 않고 보챌까 — 하정훈 (소아청소년과 전문의, 하정훈소아청소년과 원장)
- 잠자리의식으로 수면습관을 들여라 — 하정훈 (소아청소년과 전문의, 하정훈소아청소년과 원장)
- 반응하고, 자극하고, 놀아줘라 — 김수연 (아기발달 전문가, 김수연아기발달연구소 소장)
- 이영애 (놀이치료 전문가, 원광아동상담센터 소장)
- 아이의 욕구를 읽자 — 오은영 (신경정신과 전문의, 오은영소아청소년클리닉 원장)
- 이보연 (아동심리전문가, 이보연아동가족상담센터 소장)
- 자식 사랑에는 조건이 없다 — 오은영 (신경정신과 전문의, 오은영소아청소년클리닉 원장)
- 민감성이 애착형성의 노하우다 — 김수연 (아기발달 전문가, 김수연아기발달연구소 소장)
- 오은영 (신경정신과 전문의, 오은영소아청소년클리닉 원장)
- 이보연 (아동심리전문가, 이보연아동가족상담센터 소장)

Part 4_ 나도 아이를 잘 키우고 싶다

- 아이 두뇌는 정말 스펀지일까 — 김영훈 (가톨릭대의과대학 소아청소년과 교수, 의정부가톨릭성모병원 병원장)
- 서유헌 (서울대의과대학 교수, 인지과학연구소 소장)
- 만 3세 전에 오감각을 자극하라 — 김영훈 (가톨릭대의과대학 소아청소년과 교수, 의정부가톨릭성모병원 병원장)
- 학습이 아니라 놀이로 하라 — 김영훈 (가톨릭대의과대학 소아청소년과 교수, 의정부가톨릭성모병원 병원장)
- 두뇌발달에 좋은 장난감, 그림책 고르기 — 김영훈 (가톨릭대의과대학 소아청소년과 교수, 의정부가톨릭성모병원 병원장)
- 체험교육이 성장의 발판이다 — 김영훈 (가톨릭대의과대학 소아청소년과 교수, 의정부가톨릭성모병원 병원장)
- 서유헌 (서울대의과대학 교수, 인지과학연구소 소장)
- 또래관계, 어떻게 시작할까 — 조선미 (아주대의과대학 소아정신과 교수)
- 새로운 세상에 눈뜨게 하라 — 김수연 (아기발달 전문가, 김수연아기발달연구소 소장)
- 아이의 탐험과정을 지켜봐라 — 서유헌 (서울대의과대학 교수, 인지과학연구소 소장)
- 항상 공부하는 엄마가 되어라 — 김수연 (아기발달 전문가, 김수연아기발달연구소 소장)

Part 5_우리 아이, 건강 주치의

- 신체발달을 정기적으로 체크하라 — **김수연**(아기발달 전문가, 김수연아기발달연구소 소장)
- 건강 이상신호에는 어떤 것이 있나 — **하정훈**(소아청소년과 전문의, 하정훈소아청소년과 원장)
- 동네 소아청소년과, 제대로 활용하자 — **하정훈**(소아청소년과 전문의, 하정훈소아청소년과 원장)
- 소아비만 부르는 정크 푸드는 치워라 — **정지행**(한의학 박사, 정지행한의원 원장)
- 잘못된 식습관, 이렇게 바로잡자 — **하정훈**(소아청소년과 전문의, 하정훈소아청소년과 원장)
- 약이 아니라 기초건강을 챙겨라 — **하정훈**(소아청소년과 전문의, 하정훈소아청소년과 원장)
- 증상별 아픈 아이 돌보기 — **하정훈**(소아청소년과 전문의, 하정훈소아청소년과 원장)
- 아토피, 임신 전부터 대비하라 — **노건웅**(소아알레르기 전문의, 서울알레르기클리닉 원장)
- 원인을 알면 치료할 수 있다 — **노건웅**(소아알레르기 전문의, 서울알레르기클리닉 원장)
- 아토피에 지지 않으려면 — **김수연**(아기발달 전문가, 김수연아기발달연구소 소장)
  — **노건웅**(소아알레르기 전문의, 서울알레르기클리닉 원장)
- 성교육은 인성교육이다 — **배정원**(배정원의행복한성연구소 소장)
- 아이가 물을 때 시작한다 — **구성애**(성교육 전문가, 사단법인푸른아우성 대표)
  — **배정원**(배정원의행복한성연구소 소장)
- 내 아이가 자위행위를 했다! — **구성애**(성교육 전문가, 사단법인푸른아우성 대표)
  — **유미숙**(숙명여자대학교 아동복지학과 교수)
- 성폭력에서 벗어나려면 — **구성애**(성교육 전문가, 사단법인푸른아우성 대표)
  — **배정원**(배정원의행복한성연구소 소장)

Part 6_달라지는 육아, 부모의 선택

- 정보 홍수 속에서 내 것 찾기 — **김수연**(아기발달 전문가, 김수연아기발달연구소 소장)
  — **하정훈**(소아청소년과 전문의, 하정훈소아청소년과 원장)
- 좋은 교육기관, 어떻게 찾을까 — **김수연**(아기발달 전문가, 김수연아기발달연구소 소장)
  — **하정훈**(소아청소년과 전문의, 하정훈소아청소년과 원장)
- 흔들리지 않는 육아의 방향을 잡아라 — **조선미**(아주대의과대학 소아정신과 교수)
- 영유아기, 부모의 양육관을 세워라 — **김수연**(아기발달 전문가, 김수연아기발달연구소 소장)
- 아이 능력을 믿어라 — **차동엽**(신부, 인천가톨릭대학교 교수, 미래사목연구소 소장)
- 행복한 부모가 행복한 아이를 만든다 — **차동엽**(신부, 인천가톨릭대학교 교수, 미래사목연구소 소장)